扩张之壑

民营企业并购与风险传染

张小茜 著

ZHEJIANG UNIVERSITY PRESS
浙江大学出版社

图书在版编目（CIP）数据

扩张之壑：民营企业并购与风险传染 / 张小茜著
. —杭州：浙江大学出版社，2021.9
ISBN 978-7-308-21719-4

Ⅰ.①扩… Ⅱ.①张… Ⅲ.①民营企业—企业兼并—
风险管理—研究—中国 Ⅳ.①F279.245

中国版本图书馆 CIP 数据核字(2021)第 181268 号

扩张之壑:民营企业并购与风险传染

张小茜 著

责任编辑	陈佩钰(yukin_chen@zju.edu.cn)
责任校对	许艺涛
封面设计	周 灵
出版发行	浙江大学出版社
	（杭州市天目山路 148 号　邮政编码 310007）
	（网址:http://www.zjupress.com）
排　版	杭州青翊图文设计有限公司
印　刷	杭州高腾印务有限公司
开　本	710mm×1000mm　1/16
印　张	16.25
字　数	308 千
版 印 次	2021 年 9 月第 1 版　2021 年 9 月第 1 次印刷
书　号	ISBN 978-7-308-21719-4
定　价	78.00 元

前　　言

2008 年金融危机对民营企业造成很大冲击,民营企业出现保守经营、投资不足现象。2009 年 12 月 31 日国务院明确表示鼓励外资参与国内企业特别是民营企业的兼并重组。2010 年 1 月新三板扩大试点,非上市公司也可进行股份转让,2013 年新三板扩容方案出台,2014 年代办股份转让系统(即三板)—创业板—主板实现有效衔接。2013 年十八届三中全会《中共中央关于全面深化改革若干重大问题的决定》提出积极发展混合所有制经济,混合所有制成为非公有资本参与国企改革的重要方式,这是民营经济与市场接轨催生的产物。中央和地方新政策的出台为民营企业并购提供了更广阔的空间,新环境带来了新风险:民营企业随时可能成为被并购的对象、陷入控制权争夺,作为收购方的民营企业也可能由并购行为导致资金链断裂。因此,民营企业要想在新环境中生存必须正确面对并购问题。

金融危机后新一轮的并购浪潮也成为民营企业发展的关键。由于金融危机的影响,2009 年全球企业并购交易较 2008 年从金额到数量都出现了较大下滑,与国际趋势相反的是,中国的并购交易从数量、质量和规模三方面看都呈现上升趋势,而且,随着中国政府努力提高制造业水平、加快节能减排和产能优化进程,国内主要行业的业内整合将加快,这使得并购重组成为民营企业求发展的主题。从中国企业海外投资并购来看,2009 年出现了创纪录的突破,交易额高出 2008 年 200%多,中国民营企业纷纷试水跨国并购,这一热浪甚至被美化为"海外抄底"。如何正确利用金融危机带来的机遇,通过并购延伸产业链、收购核心技术、扩大盈利规模、增强品牌优势,是民营企业发展的关键。

后危机时代,国际国内环境发生巨大变化。经济发展趋缓时期民营企业面临许多新的挑战,这是以往经典理论尚未深入探讨的课题,也是本书旨在系统研究的重点。本书拟通过实证和典型案例,系统梳理国内外理论和经验,分析民营企业并购现状,揭示其在并购中存在的问题和即将面临的问题,深刻揭示这一轮并购浪潮中的不确定性因素。如何有效应对后危机时代的诸多不确定性因素,形成具有战略弹性的并购策略,是本书拟突破的关键。

风险传染问题作为金融危机发生后学术界关注的新热点,目前国内外对其的研究主要还是致力于模型方面,本书深入考察涉及并购的企业之间、投资者与企业之间两个层面的风险传染,是对风险传染相关理论的新尝试。源于民营企业在成长性、高风险性、资源有限、公司治理等方面的特点,本书对中国民营企业并购动因、并购风险传染机制进行深入分析,对民营企业高效论、民营企业大股东掏空行为等理论在经济衰退期进行实证检验,从融资约束、担保、隐性掏空、混合所有制改革等角度考察对民营企业的风险传染,相关理论和实证结果对于探索混合所有制的有效路径也具有一定的指导作用。本书具体内容如下:

第一章分析民营企业并购现状和存在的问题,总结并购的相关理论和经验,梳理各类并购动因及其形成机理,并且对并购风险、海外并购、危机中的并购整合进行案例分析。

第二章研究后危机时代的民营企业并购。通过理论模型和实证研究考察结构性变化,基于 2004—2015 年中国制造业企业公司层面的微观数据,采用不同时间窗口的 DID 分析,发现投资行为在 2008—2010 年与危机前并没有显著差异,2011 年后不同产权企业在投资行为上的差异才表现出来。本书提出了投资行为结构改变的 3 个时期——旧常态期(2004—2010 年)、过渡期(2011—2012 年)、新常态期(2013—2015 年),并进一步从国有产权的角度研究企业投资及其结构变化,发现民营企业的投资效率在新常态下得到了恢复但不再是旧常态的"利润驱动型"。

第三章考察民营企业的融资安排。基于中国上市公司普遍面临融资约束问题的现实情况,本书着重研究融资约束公司的现金持有行为以及并购能否缓解融资约束这两个问题。在梳理国内外相关研究成果的基础上,本书以我国沪深两市的 A 股上市公司为研究对象,借鉴 Almeida 等(2004)、Erel 等(2015)的实证模型,并结合我国资本市场与上市公司的实际情况确定影响因素与衡量指标,运用描述性统计分析和建立多元回归模型的方法探究融资约束、并购与现金持有行为之间的关系。

第四章和第五章关注后危机时期民营企业并购中的风险传染。考察了两个新的现象:混改和关联交易。混改是最新的一种并购方式,第四章研究了正在进行的混合所有制改革对企业创新活动的影响。我们发现,混合所有制改革对促进民营企业创新具有积极作用。为了处理内生性问题,使用了PSM、DiD和IV估计。我们还将高速公路作为一个工具变量引入,2SLS估计的结果均稳健。进一步的检验有助于将干预效果与宏观经济的影响区分开来,包括房价、信贷和股权融资。这部分的研究一上线就得到了国际著名财经杂志 *The Economist* 的长文引用,文章引用了本节的重要观点,认为混改是中国经济改革重要的市场机制。

并购中有一种方式是关联交易,会造成掏空。第五章发现关联担保会增加企业掏空。对于规模较小、负债较高且盈利能力较弱的企业而言,这种影响更为显著。隐性掏空对掏空和银行融资机制具有重要影响,个体掏空显示出较小和较短期的影响。此外,经济发展、时变经济自由、区域经济发展、企业与政府关系以及政府干预都是可以解释掏空规模的重要变量。我们的结果是稳健的,因为我们提供了两个工具变量,即隐性关联交易以及公司贷款公告的文本分析,可以进一步预测"不相关"贷款的欺诈行为。

第六章进一步考察政府隐性担保的影响。地方政府融资平台和国有企业受到隐性担保,表现为债券发行利差显著低于民营企业、融资相当便宜,民营企业却要负担更高的债券融资成本。本书还解释了旨在降低隐性担保的43号文出台后,城投债利差反而下降的异常现象,发现中国债券市场打破刚兑、民营企业债券违约频发,即使政府通过监管主导城投债市场化、公司化,市场也还是要追逐具有政府隐性担保的城投债,原因在于市场担心民营企业债券违约。

第七章是民营企业并购风险案例,基于研究期间形成的20万字案例,选取具有代表性的经典案例。(1)白色家电龙头美的集团。当并购行为考虑到企业长远的战略规划,与企业文化及发展前景相吻合时,并购能为公司拓展产业链带来帮助,美的集团整体上市后,多次利用跨国并购达到产业升级、核心技术完善的目的,进而促成全产业链上的供应链融资。(2)转型升级阵痛的沈阳商业城。传统百货业转型困难,虽然沈阳商业城试图通过并购涉足汽车租赁、电商和物业等领域,但是盲目并购不仅会造成公司战略混乱、发展不清晰,还会带来一系列融资问题,导致公司陷入财务困境。沈阳商业城迫于退市压力,多次实行并购,但其并购行为整体表现出一种盲目性,并未真正改善自身主营业务,这也注定了商业城几次并购的失败结局。(3)新光和盾安的债券违约。债券市场融资是民营企业融资的重要部分,新时期我国债券市场支持实体经济力度加大。浙江省在盾安案例中的有效处置引起全国的关注和点赞,地方政府在盾安案例中在债券违约前就协商债权人解决,盾安不但没有再爆发进一步债务危机,反而在复盘后多次涨停。相反,新光债连续违约、深陷财务困境,2018 年 12 月 4 日复牌后更名为 ST 新光,公司董事长个人被法院强制执行。两个债务违约处置案例显示了地方政府救助的差异。(4)新湖中宝庞大的担保链风险。上市公司往往同时扮演着贷款担保人和被担保人的双重角色,使得企业之间的担保关系形成一个或有债务链条,甚至一个担保圈。倘若其中的某一环节出现问题,这一链条上的众多其他企业就会受到严重影响。新湖中宝的担保链中贯穿了很多重大风险,如集团内外复杂关联、担保金额巨大、类金融化、互保假象,这些都是高风险担保链的共同特征。(5)云南白药通过混改成功转型升级。云南白药在 2011 年提出"新白药、大健康"战略,在控股层面以增资控股的方式实施混合所有制改革,吸收了新华都和江苏鱼跃 200 多亿元民营资本,混改完成后公司业绩止跌、实现稳定增长,2019 年 4 月实现整体上市,国有和民营资本并列两大股东,被誉为成功混改的"白药模式"。这个案例佐证了第四章"混合所有制改革能有效提高公司效率促进企业创新"的结论。

本书的完成得到了各界的大力支持和积极配合,作者要特别感谢国家自然科学基金项目(No. 71472167)、教育部人文社科基地重大项目(No. 14JJD790010)、国家发改委财金司、浙江大学民营经济研究中心、浙江大学金融研究院对研究的大力支持,感谢浙江大学史晋川教授、黄先海副校长、张俊森院长、肖文教授、马述忠教授、郑华老师等领导和同事,以及北京大学林毅夫教授、世界银行首席经济学家徐立新、清华大学周皓教授等大前辈在我学术迷茫时给予的鼓励,特别感谢我在哥伦比亚大学访问期间姜纬教授、王能教授、Patrick Bolton 教授的帮助让我畅游学海、受益终身,还有韩立岩、孙谦、曹夏平、王浩、刘晓蕾、陈卓、彭俞超、高昊宇、刘岩、梅冬州、郑志刚、姜付秀、余明桂、吴育辉、谭小芬、沈吉、潘越等诸多学术前辈和同仁提供的宝贵意见和帮助。

学海无涯,感谢研究期间能够有机会入选诸多高级别学术会议,多届美国经济学年会、FMA 年会和亚洲会议、SIF 国际会议、中国金融学术年会、YES 年会,《经济研究》《管理世界》《中国工业经济》组织的宏观经济学者论坛、金融学者论坛、微观经济学者、青年经济学者论坛、青年管理学者论坛、应用经济学前沿会议、发展经济学者论坛等。这些会议让我更加坚定了学术追求的初心,打开心扉、努力学习好文章、新政策、新技术,不畏困难探索新问题。希望通过自己的工作对民营企业并购风险提供一点浅见,新时期能够尽自己拳拳赤子心,助力中华民族伟大复兴,为全面建设社会主义现代化国家竭尽全力。特别感谢朱佳雪、王志伟、黄彬、王笑妍、余明强、陈高权、吕栋、吕诗娴、余晓妍、钱学敏等学生的资料搜集和研究工作。当然,由于时间、精力有限,本书肯定存在一定的局限和瑕疵,敬请学术界和实务界的同仁提出宝贵建议,以便作者进一步完善。

张小茜

2021 年 6 月于浙大紫金港

目　　录

第一章　民营企业并购现状和存在的问题 ……………………………… 1

　第一节　国内外并购动因与风险防范的经验研究 ……………… 1

　第二节　民营企业并购现状及案例分析 ………………………… 10

第二章　后危机时代民营企业并购研究 ………………………… 32

　第一节　后危机时代民营企业并购动因分析 ………………… 32

　第二节　新常态下的企业投资异质性——国有产权的结构模型 … 38

第三章　融资约束与并购的实证研究 ………………………… 72

　第一节　理论回顾与分析 ………………………………………… 72

　第二节　样本选择与数据来源 …………………………………… 79

　第三节　实证结果分析 ………………………………………… 86

　第四节　结论与展望 ……………………………………………… 96

第四章　混合所有制改革是否有助于促进国有企业创新 ………… 100

　第一节　引　言 ……………………………………………… 100

　第二节　背景和研究假设 ……………………………………… 103

　第三节　数据和样本 ………………………………………… 107

　第四节　实证结果 ………………………………………… 114

　第五节　稳健性检验 ………………………………………… 128

　第六节　结　论 ………………………………………… 131

第五章　关联担保和隐性掏空 ·················· 139

第一节　引　言 ································· 139

第二节　理论综述 ······························ 142

第三节　样本和变量 ···························· 145

第四节　掏空和银行融资 ························ 152

第五节　关联交易中的隐性掏空 ·················· 162

第六节　"无关联"担保贷款中的欺诈现象 ·········· 168

第七节　结　论 ································· 171

第六章　市场化与市场追逐——来自政府隐性担保的证据 ·········· 178

第一节　引　言 ································· 178

第二节　背景与理论综述 ························ 181

第三节　数据与变量 ···························· 187

第四节　实证结果 ······························ 192

第五节　机制分析 ······························ 199

第六节　进一步研究 ···························· 204

第七节　稳健性检验 ···························· 208

第八节　结　论 ································· 211

第七章　并购风险案例分析 ······················ 218

第一节　全产业链科技集团——美的集团 ·········· 218

第二节　东北三省传统百货业转型困难——沈阳商业城 ·········· 224

第三节　民营企业债券违约风险高企——新光和盾安 ·········· 229

第四节　庞杂担保链中隐藏巨大风险——新湖中宝 ·········· 236

第五节　成功转型的混合所有制企业——云南白药 ·········· 243

第一章　民营企业并购现状和存在的问题

第一节　国内外并购动因与风险防范的经验研究

企业并购这一经济现象有着源远流长的历史,不同地区、不同历史时期企业并购的产生和发展都有深刻的社会、政治、经济等动因。对于不同企业来说,它进行并购的动因也不同,甚至同一企业在不同时期的并购也有不同的动因。对于并购动因这一问题,西方学者进行广泛而深入的研究,提出了多种并购动因理论。从宏观角度来讲,主要动因有政府的干预、市场环境的变化和企业发展阶段的需要等;从微观角度来讲,主要有效率理论、信息与信号理论、委托代理理论、税收节约理论、市场力量理论、再分配理论和自由现金流理论等。

本节主要对美、英、日、德等发达国家并购的相关理论和经验进行回顾,梳理各类并购动因及其形成机理,分析不同社会、制度环境下并购风险的影响因素。

一、并购动因理论

(一)效率理论

效率理论认为企业的并购活动能够给社会收益带来一个潜在的增量,而且能够提高并购双方的效率。这一理论包含两个基本的要点:第一,公司并购活动的发生有利于改进管理层的经营业绩;第二,公司并购能够导致某种形式的协同效应。该理论具体又可以细分为管理协同效应理论、经营协同效应理论、财务协同效应理论、纯粹多样化经营理论、价值低估理论等多个子理论(见表1.1)。

表1.1 效率理论的若干分支

效率理论分支	简述
管理协同效应理论	通过并购提高企业的管理效率
经营协同效应理论	通过并购可以使企业达到规模效应,改善企业经营状况
财务协同效应理论	通过并购可以提高企业的资金使用效率
纯粹多样化经营理论	通过并购来实现多元化战略,提高集团的整体效率
价值低估理论	通过并购价值被低估的企业来获得并购绩效

1. 管理协同效应理论

企业并购是否产生协同效应,通常是人们判断此次并购活动是否成功的一个重要标准,而同时协同效应也是企业并购的动因之一。所谓协同效应,是指企业在并购以后,其总体效益会大于并购前两个企业的效益之和,即可以达到"1+1>2"的经济效应。管理协同效应是合理配置管理资源的结果,如果两个公司的管理效率不同,在管理效率较高的企业并购了另一个企业之后,低效率企业的管理效率将会提高,从而提高企业的利润。

2. 经营协同效应理论

经营协同效应理论假定,由于机器设备、人力或经费支出等方面具有不可分割性,因此企业的经营活动存在规模经济,并且在企业并购之前,企业的经营活动还没有达到实现规模经济的潜在要求。通过并购可以对企业规模进行扩充和调整,从而使之达到最佳规模经济或范围经济,从而改善企业的经营状况,提高企业的经营效益。该理论认为,横向并购、纵向并购甚至混合并购都能够实现经营协同效应。

3. 财务协同效应理论

财务协同效应理论是指企业并购之后,通过将并购企业的低资本成本的内部资金投资于被并购企业的高收益项目上,提高并购后企业的资金使用效率。一般而言,已进入成熟期或衰退期的企业有着充足的现金流入,但是缺乏合适的投资机会,而处于成长期的新兴企业往往具有良好的投资机会,但是却面临着融资难和融资贵的问题。在这种情况下,企业并购可以将两家企业的资金进行重新分配,提高企业的资金使用效率。

4.纯粹多样化经营理论

纯粹多样化经营理论认为通过并购可以实现企业经营业务的多样化,以减少企业经营的不确定性,从而为企业管理者和雇员分散风险,也能保护企业的组织资本和声誉资本。公司分散化经营可以给管理者和其他雇员以工作的安全感,以及凭借其专属知识获取报酬和提升的机会,从而鼓励他们进行专属于公司的人力资本的投资,而这种投资往往可以降低劳动力成本,使公司有更高的劳动生产率。另外,任何产品、产业都有其生长发展的生命周期,当公司原先所处的产业、行业衰退时,分散经营使得公司可以向其拥有的其他产业转移,从而提高公司的组织资本和声誉资本受保护的可能性。

5.价值低估理论

价值低估理论认为,当目标企业股票的市场价格由于某种原因不能反映出其真实价值或潜在价值时,其他企业就可能通过收购股份来获得对该企业的控制权,从而用相对低廉的成本完成扩张,获得高额的回报。价值低估的原因主要有:一是目标企业的经营者由于管理能力的原因,未能充分发挥自己应有的潜能;二是并购企业拥有外部市场所没有的关于目标企业真实价值的内部信息;三是由于通货膨胀造成资产的市场价值与重置成本的差异,企业价值被低估。

(二)其他并购动机理论

1.基于委托—代理关系的并购动机理论

该理论认为股东和管理层之间存在委托—代理关系,管理层通常只有公司的小部分股权甚至没有任何股权,这使得管理层与股东之间的目标存在差异,因此不可避免地会产生冲突,导致管理层管理效率的低下以及较高的监管成本。而企业并购是对过度分权导致的委托—代理问题的一种矫正,它能较好地解决委托—代理关系所带来的逆向选择和道德风险。在面对外部管理者取代现有管理者的威胁时,现有管理层就会有动力去提升管理效率,从而提高企业的价值。

2.信息与信号理论

信息与信号理论认为企业的并购行为会向外界传递积极的信号,提高市场对目标企业的信心。一方面,企业的并购活动会向外界传递目标企业价值被低估的信号,从而促使资本市场对这些股票进行重新估价。另一方面,并购要约的公布也向外界表明了目标企业的管理层将从事更有效率的管理活动,提高市场参与者对目标企业的信心,从而有利于目标企业股价的提升。

3. 税收节约理论

税收节约理论认为企业的并购活动是出于减少税收负担的目的。税法对企业的财务决策有着重大的影响,不同类型的资产所征收的税率是不同的。由于这种区别,企业能够采取某些财务处理方法达到合理避税的目的。例如,企业可以利用税法中亏损递延条款来达到避税的目的。因此,如果企业在一年中严重亏损,或该企业连续几年不曾盈利,那么这家企业往往会被考虑作为并购对象,并购企业可以充分利用它在纳税方面的优势。但是,一般来说,税收因素不是主要的并购动因来源。

4. 市场力量论

市场力量论认为,企业通过并购,可以增加企业的市场占有率,最终达到垄断的效果。当一个企业进行横向并购时,一方面可以增强自身的实力,另一方面又会减少竞争对手,从而达到对市场的垄断。即使没有形成垄断,企业并购所带来的规模效应也将成为市场进入的壁垒,从而对自身的利益进行有效的保护。企业面对以下 3 种情况,会通过并购来增加市场控制力:当市场需求缩水时,通过横向并购,能够控制价格以锁定利润;面对外国竞争对手冲击时,通过并购来形成更具有竞争力的集团来对抗外来竞争;通过并购来规避严格的法律监管。

5. 再分配理论

再分配理论认为,并购活动会引起公司利益相关者(股东、员工和债权人)之间的利益再分配。通过再分配,能够提升企业的价值,而这个再分配过程通常是由并购活动来实现的。并购的利益从债权人转移至股东,或从一般员工转移至股东及消费者。由于利益向有利于股东的方向转移,因此,多数情况下主并公司股东作为受益人,一般都会赞成这种并购活动。

6. 自由现金流理论

自由现金流理论最早由迈克尔·詹森提出。所谓的自由现金流是指将净现值为正的项目资金扣除其所需的资金后剩余的现金流量。该理论认为,减少企业的自由现金流量可以降低管理层的控制权,从而缓解企业所有者与管理层之间的冲突,对企业的代理问题产生积极影响。企业并购需要有大量资金的支持,减少了管理层对自由现金流量的支配权,这在一定程度上可以抑制公司管理层的过度投资或在职消费行为,有利于提升企业的价值。

根据上述企业并购动因的理论研究(见表1.2)可以看出,发达国家进行企业并购主要是为了提高企业的市场价值。通过纵向并购,避免了国家对中间产品价格的宏观调控,免除了市场对中间产品价格的干预,使得企业能够以成本价来获得中间产品。通过横向并购,企业可以扩大其经营规模,提高其在市场上的占有率,从而提高企业的市场价值(张文硕,2019)。

表1.2　国外主要并购动因理论

理论名称	理论的主要内容
效率理论	企业通过并购提高效率
基于委托—代理关系的并购动机理论	企业通过并购来替换无效率的现有管理层
信息与信号理论	通过并购向外界传达并购双方的价值信息
税收节约理论	企业通过并购来达到避税的效果
市场力量理论	企业通过并购来提高公司的市场竞争力
再分配理论	企业通过并购来影响利益的分配
自由现金流理论	管理层希望通过并购来增强自己的控制力

二、国内特有因素研究

(一)已有研究总结

我国企业并购重组相比于西方国家起步较晚。由于我国企业并购是在经济转轨这种特殊的社会经济背景下形成的,因而我国的企业并购及其理论带有鲜明的中国特色。国内学者也对我国企业并购动因进行了研究,归纳起来主要有消除亏损假说、破产代替假说、利用优惠政策假说以及强壮民族工业假说等(汤文仙,朱才斌,2004;邱金辉,王红昕,2006),具体见表1.3。

1.消除亏损假说

许多学者指出我国经济发展的同时却遭受着长期且规模不断扩大的企

业亏损问题的困扰,并购是消灭企业亏损的一个有效方法。大量亏损企业无效占用社会资源,为了实现资源向高效率部门的转移,提高资源的使用效率,政府引入企业并购机制。目的在于:第一,通过企业并购机制加大亏损企业的经营压力,使其努力提高经营效率;第二,通过企业并购实现资源向优势企业的合理流动;第三,通过并购实现优势企业带动劣势企业的发展。

2. 破产代替假说

"破产代替假说"认为,并购是一种破产替代的机制。由于我国的资本市场还没有像发达国家那样完善,因此,我国承受不了大规模的企业破产,而企业并购可以解决这一点。对于大多数亏损企业,通过被发展前景良好的企业并购,可以避免其破产。用并购代替破产的好处在于:由于破产涉及银行、企业及员工的相关利益,特别是在中国社会保障体系尚不健全的情况下,破产引起的社会动荡较大,并购则一揽子解决被并购企业的债务、职工安置等问题,可以尽量减少社会动荡,保证了国家经济的稳定,避免了大企业破产对国家经济带来的影响。

3. 利用优惠政策假说

"利用优惠政策假说"认为,我国政府为了鼓励企业并购,尤其是那些对我国经济与社会发展具有突出公益性作用的企业并购,制定了许多财税、信贷方面的优惠政策。我国对企业并购主要采取减免税收等直接优惠方式,例如,企业合并免征收契税与印花税,目标企业属于上市公司的其个人股东免征个人所得税等。直接优惠方式可以使纳税人直接感受到税收政策鼓励的方向,促使纳税人有强烈的动机去进行企业并购。

4. 强壮民族工业假说

"强壮民族工业假说"认为,强强联合式的企业并购实际上是强壮民族工业的需要。我国民族工业目前面临着前所未有的国际竞争挑战,外资以资本实力上的竞争优势对我国民族工业展开攻势,争取市场份额,已经形成大范围占领我国国内市场的态势。面对激烈的竞争态势,我国的民族工业只有强强联合,才能在日益激烈的国际竞争中求得生存与发展。

表 1.3 国内特有因素

假说名称	假说的主要内容
消除亏损假说	企业通过并购可以避免亏损企业无效占用社会资源

假说名称	假说的主要内容
破产代替假说	通过并购可以防止企业破产
利用优惠政策假说	政府的税收优惠政策促使企业进行并购
强壮民族工业假说	并购可以促使企业快速发展壮大,提高国际竞争力

(二)简短评价

从上述民营企业并购动因的研究可以看出,我国企业并购的动因带有鲜明的中国特色。国外企业并购动因理论大多从企业自身角度出发,强调提高企业的市场价值。但是,我国企业并购的动因不仅仅来自企业本身,而且来自政府部门,甚至有时政府部门的动机强于企业本身,政府的推动在中国企业并购中起了相当大的作用(汤文仙,朱才斌,2004)。

三、民营企业并购财务风险分析

并购是我国民营企业加强资源利用效率、实行低成本扩张的有效途径。但是,并购失败的案例频频发生。企业并购是一项充斥着各种风险的活动,这些风险贯穿于整个并购活动的始终。影响企业并购风险的因素主要是不确定性和信息不对称。首先,企业并购是一项持续时间较长、较为复杂的交易活动,在企业并购过程中,不确定因素普遍存在。比如,国家在企业并购期间出台了新的经济政策、并购方的资金情况发生了变化、被并购方实施了反并购等,这些不确定因素都会促使企业并购结果与预期存在很大的差异。其次,并购企业与目标企业之间存在严重的信息不对称。由于我国的信息披露机制不健全,并购企业难以对目标企业的资产质量、偿债能力、盈利能力以及运营情况进行准确估计。而且,目标企业的高管人员为了从被收购中获取更多的利益,往往会对企业的实际情况进行隐瞒,使得并购方的决策者难以作出正确的决策,这又进一步加大了企业并购的风险。

(一)主要财务风险

民营企业并购过程中存在的财务风险主要有定价风险、融资风险、支付风险和财务整合风险等(李金田,李红琨,2012;刘嘉鑫,2020)。

1. 定价风险

在企业并购过程中,对目标企业的价值评估是企业并购定价风险的关键。一方面,由于并购企业与目标企业之间的信息不对称,并购方难以了解目标企业真实的财务状况,这就容易导致并购方高估目标企业的价值。另一方面,企业价值评估方法有现金流贴现法、内部收益率法、重置成本法和市盈率法等,如果并购方选择了不恰当的评估方法,就会导致企业价值的评估结果失真。并购方对目标企业的估值过高,会增加并购企业的并购成本,提升企业发生财务风险的可能性;并购方对目标企业的估值过低,又会加大并购失败的可能性。

2. 融资风险

企业并购通常需要巨额资金的支持,而企业的自有资金很难满足要求,这就需要借助外部融资来完成。因此,并购方在实施并购之前,应当准确预测并购资金的需要量、确定并购的支付方式以及选择恰当的融资渠道。预测过程中一旦出现错误,就可能导致并购企业出现现金流断裂、资金周转困难的财务风险。

此外,企业为了满足并购的资金需求而进行融资,会引起企业的资本结构发生变化。企业的融资方式包括内部融资和外部融资。如果企业使用自有资金进行并购,虽然会降低企业的并购成本,但是企业容易出现现金短缺的现象,导致企业发生财务风险。如果企业通过发行股票来进行融资,就会增加企业的并购成本,并且会分散企业的控制权。债券和信贷融资虽然资本成本较低,但是,当企业的经济效益出现下滑时,又会使得企业面临巨大的债务风险。

3. 支付风险

企业并购有现金支付、股票支付、杠杆支付和混合支付等支付方式,不同的支付方式会产生不同的财务效果和财务风险。现金支付是企业并购最简便的支付方式,但是,企业并购使用现金支付会增加企业的债务负担,产生资金流动性风险。采用股票支付,并购企业就需要发行新股,在一定程度上减轻了并购企业的资金压力,但是发行新股又会分散对企业的控制权。杠杆支付是指收购方从投资银行或其他金融机构借贷大量资金进行收购活动,从而达到以少量资金来赚取高额利润的目的。但是,如果目标企业的未来现金流不稳定,就容易导致并购企业出现高负债风险。混合支付就是并购企业采用现金支付、股票支付、债券支付等多种方式组合支付,如果各种支付方式合理搭配,那么混合支付可以弥补各种支付方式的不足。但是,多种支付方式同时使用也会增加企业并购后财务整合的难度。

4. 财务整合风险

企业并购交易完成后,并购方需要对被并购企业进行战略整合、人力资源整合、财务整合、企业文化整合等,其中,财务整合是企业并购整合的核心环节。一方面,在财务整合的过程中,并购双方可能会因财务制度、财务机构设置的不同而发生矛盾,从而导致并购企业发生损失。另一方面,被并购企业的财务状况将会在财务整合中被充分地暴露出来。如果并购方在并购交易完成后发现被并购企业的财务状况与前期尽调情况存在较大的偏差,将会增加并购企业的并购成本以及后续的资金投入,给并购企业带来较大的资金压力。

(二)企业并购财务风险防范

1. 定价风险防范

企业并购定价风险防范就是要对目标企业价值评估与在其基础上的价格谈判方面采取防范措施。首先,并购方需要对目标企业的财务报表进行详尽的审查与评阅,确认目标企业所提供的财务报表和财务资料的真实性及可靠性,以便正确估算目标企业的真实价值。其次,影响企业价值的因素有很多,比如商誉、知识产权等,而这些信息一般不会反映在财务报表中。因此,并购方应当通过尽职调查最大限度地了解目标企业的现状,减少并购后的不确定风险。

2. 融资风险防范

实施并购的企业应当从被并购企业的经营状况等基本财务信息出发,制定每一个并购环节的资金预算,并根据自身的资产负债情况制定合理的融资计划,为完成并购做好资金保障,防止出现并购后期支付压力过大的情况。其次,在选择融资方式时,并购企业要充分考虑资本结构,合理确定长短期融资比例、自有资金与负债比例,将负债有效地控制在偿债能力之内,当并购企业采用股票融资时,要充分考虑股权稀释问题(李金田,李红琨,2012)。

3. 支付风险防范

企业并购应选择合理的支付方式,支付方式不同,其带来的财务风险也不同。目前我国的资本市场不够成熟,使用频率最高的依然是现金支付,但是这种方式容易导致企业背负沉重的现金负担。而股票支付会改变企业的所有者结构，分散企业的控制权。所以，企业要依据自身的经营状况、财务状况以及外部市场环境，合理地选择最恰当的支付方式，将企业并购的支付风险降到最低。

4. 整合风险防范

企业并购交易完成后，许多企业因为整合问题产生巨额重组费用从而陷入财务困境。因此，在整合阶段，企业仍然不能掉以轻心。一方面，企业应整合双方的财务管理目标，在保持双方独立发展的同时，设立统一的财务目标。另一方面，企业应该将重心放在人力资源整合上，现代企业的竞争核心是人才竞争，为了提高企业的竞争力，企业应特别重视人力资源结构的调整。

第二节　民营企业并购现状及案例分析

在经济的全球化不断深入的时代背景下，我国的经济建设和对外贸易取得了辉煌的成就。如今，越来越多的公司开始从事海外业务，越来越多的企业通过各种各样的渠道进行资金融通。而与此同时，金融风险和各方面的不稳定因素仍然令人担忧。虽然相较欧美国家，2008 年的金融危机给我国带来的损失较小，但这并不意味着我国已经具备非常稳定的金融体系。相反，金融市场的波动性和风险管理手段的缺乏很可能对我国企业造成巨大亏损。因此合理有效地防范企业融资决策过程中面临的风险是十分必要的。

一、民营企业并购现状

（一）2015—2019 年民企并购分析

1. 整体规模

从图 1.1 来看，2015 年以来，中国企业并购交易量与交易总额呈现一定的波动性。其中 2017 年和 2019 年交易量和交易总额都出现了明显下降，2019 年交易总金额下降到 5587 亿美元，为 2015 年以来的最低数。

按投资者性质对中国企业海外并购进行分析，图 1.2、图 1.3 分别展现了中国海外并购交易数量与总金额。按交易金额计算，2019 年中国企业海外并购回落到 2015 年的水平，但是整体交易量略有上升，说明仍然存在大量较小

规模的海外并购。可以看出,民企是最活跃的海外并购方,但自 2016 年以来,
民企海外并购交易总额显著减少,2019 年民企海外并购交易量较前一年有所
增加,说明民营企业超大型海外并购交易有所减少。

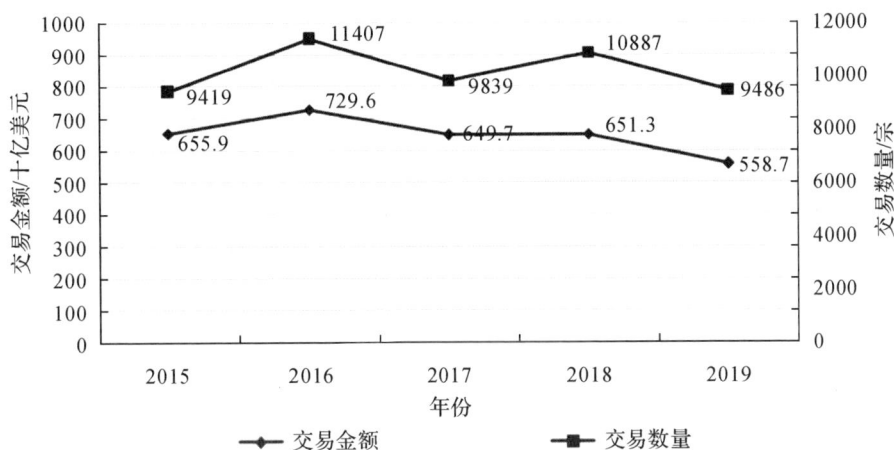

图 1.1　2015—2019 年中国企业并购总交易量和交易额

数据来源:《2019 年普华永道企业并购市场回顾与 2020 年展望》。

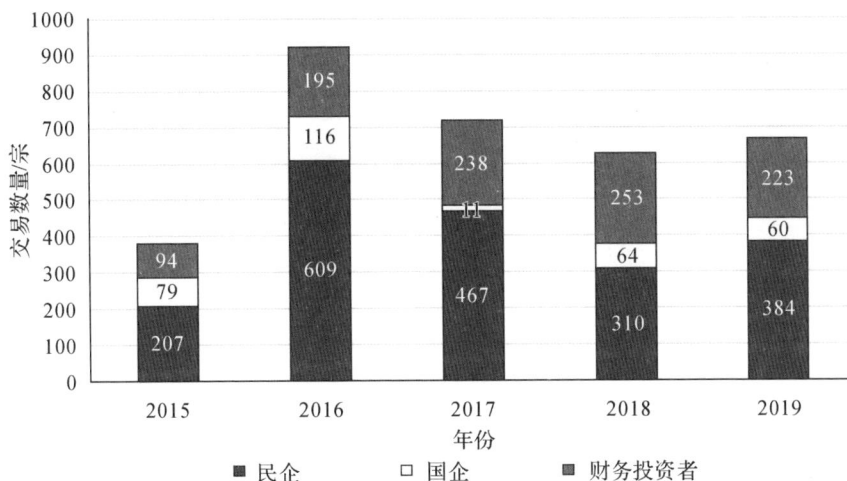

图 1.2　中国企业海外并购交易数量按投资者性质分类

数据来源:《2019 年普华永道企业并购市场回顾与 2020 年展望》。

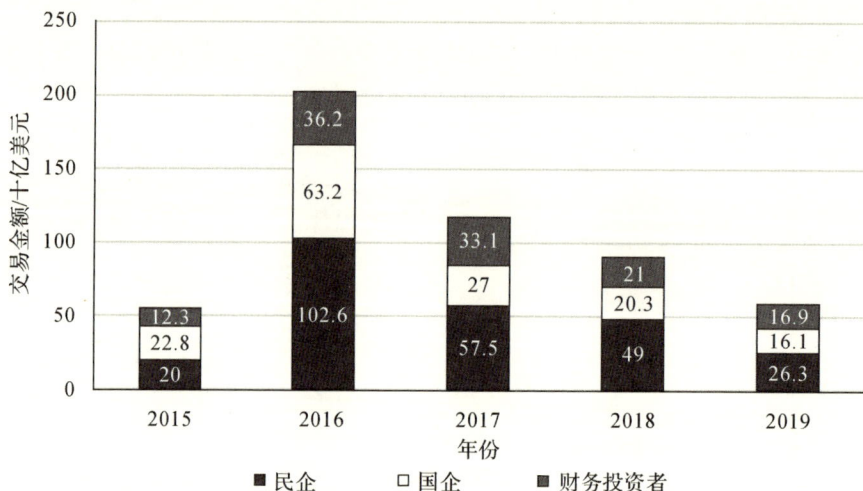

图 1.3　中国企业海外并购交易额按投资者性质分类

数据来源:《2019 年普华永道企业并购市场回顾与 2020 年展望》。

2. 行业分布

在过去,中国民营企业进行海外投资并购主要聚集在制造业、消费品等行业。但是近年来中国企业海外并购热点行业在逐渐向高新技术行业转变,以技术获取为主要目的的跨国并购日益增多。如小天鹅洗衣机公司与美国洛杉矶公司建立技术研发合作,格兰仕集团在美国设立分公司并且成立微波炉研究机构,海尔世界范围内设立 20 个设计中心等。

(二)影响并购的因素

1. 政策因素

民营企业并购与政策因素密切相关。由于反垄断政策的存在,企业在选择并购目标和并购的过程中都可能会遇到很多限制。民营企业在海外并购还会受到目标企业所在国家的政策影响,比如海外国家出于对本国贸易的保护,可能会采取行政或法律手段对我国民营企业的海外并购活动进行干涉,甚至阻碍我国民营企业海外并购的正常进行。企业在并购前需要考虑政策因素,它可能影响到并购过程以及最终的并购结果。

2. 行业因素

企业并购有横向并购、纵向并购和混合并购 3 种类型。横向并购是竞争对手间的并购;纵向并购是客户或供应商的并购,即在原料生产、供应和加工及销售上有密切关联关系、买卖关系的企业间的并购;混合并购是没有关联产业的企业之间的并购。并购双方的行业关系会决定并购后是否能发挥协同效应,因此行业因素会影响民营企业并购。

3. 管理团队因素

并购后会出现管理团队调整的问题,因此双方管理团队对并购的态度、并购方目前的管理团队的能力等都会影响到并购。对并购持积极态度的管理团队会积极促进并购事项,在并购完成后也会积极参与并购后企业组织框架设立和业务调整的事项中,有利于并购后企业的长期发展。因此团队管理因素是影响并购的关键因素。

4. 融资因素

融资风险是指企业在并购活动中能否在指定时间内筹集到足额的资金以及选择何种筹资方式或渠道所带来的风险。企业在并购过程中会采取多种融资方式获取资金,除了银行贷款,还可以通过发行股票和债券进行融资。融资筹集时间过早容易产生许多不必要的财务费用,时间过晚会影响整个并购活动的进度,甚至导致并购失败。而融资也会影响民营企业的资金结构和现金流动,一旦引起资金链断裂还很可能影响到企业的正常经营。

(三)民营企业并购存在的问题

1. 民营企业并购缺乏应有的战略规划

民营企业进行并购的动机多种多样,但多数并购是为了在短期内改善企业的财务状况,而没有考虑长远的企业战略规划,这很容易带来与企业发展战略相冲突的问题。如果并购企业间发展战略不同,可能会导致并购后公司业务发展不顺利,经济效益显著降低,反而会影响公司正常发展壮大,致使并购项目的失败。缺乏应有的战略规划是民企并购中比较常见的问题。

2. 民营企业缺乏良好的公司治理

民营类上市公司股权过度集中和公众股权高度分散,没有形成高效、独立的董事会来对实际控制人及管理团队形成有效的监督。部分民营企业可能出于操纵股价和圈钱的目的进行并购。这样出于获取非正常利益的并购往往存在投机的心理，而没有对并购企业进行充分的了解与评估，往往不会达到改善企业经营的目的，甚至有可能导致被并购企业面临更严重的经营困境。

3.民营企业团队管理较为落后，导致并购企业文化冲突

民营企业可能存在家族式管理、任人唯亲等人员管理的问题，导致企业并购前考虑更多的是家族和私人利益，而非企业利益最大化。企业并购后也可能出现并购企业与被并购企业公司文化相冲突的问题，导致公司合并后日常运营中出现各种摩擦。同时民营企业落后的团队管理理念可能会导致并购后企业经营效率低下，不利于企业未来的长远发展。

二、并购中企业融资决策风险与对冲策略——以浙江龙盛并购德司达为例

（一）并购过程

1.并购主体

浙江龙盛对德司达公司的跨国收购始于 2010 年 1 月，直至 2012 年 12 月 29 日才正式完成。这次收购主要涉及的公司如表 1.4 所示。

表 1.4　收购涉及公司及简介

涉及公司简称	公司情况	并购中的作用
浙江龙盛	浙江龙盛集团股份有限公司是一家主营业务为染料化工的大型企业，成立于 1970 年	主并公司
桦盛公司	Well Prospering Limited（桦盛有限公司）是浙江龙盛集团设立于香港的全资子公司，专用于收购德司达集团	主并公司子公司
盛达国际	Senda International Capital Limited（盛达国际资本有限公司）也是浙江龙盛位于香港的为完成收购德司达集团而设立的全资子公司	主并公司子公司

涉及公司简称	公司情况	并购中的作用
德司达控股公司（前新加坡 KIRI 公司）	原名 KIRI Holding Singapore Pte. Ltd.（新加坡 KIRI 控股有限公司），由印度 KIRI 公司在新加坡设立，目的为收购德国德司公司。2012 年 2 月，更名为 Dystar Global Holdings（Singapore）Pte. Ltd.［德司达全球控股（新加坡）有限公司］	被并公司
德司达集团	拥有引领世界的染料生产技术，占有约 20％的全球市场份额。2009 年 9 月资金链断裂，申请破产。分为美国外的全球业务和美国业务，其中美国公司由美国白金私募持有 100％股权	被并公司
印度 KIRI 公司	KIRI Industries Limited，曾用名 KIRI Dyes and Chemicals Limited，于 2011 年 3 月更名。2009 年 12 月成立新加坡 KIRI 公司，当时占股比例为 99.99％	

2. 并购过程

2008 年，德国德司达纺织纤维股份公司破产。2009 年 12 月，为收购德司达集团，印度 KIRI 公司成立了新加坡 KIRI 公司。2010 年 1 月 31 日，作为国内行业龙头的浙江龙盛为扩大业务范围，由全资子公司桦盛公司斥资 2200 万欧元购买了新加坡 KIRI 公司的可转换债券。认购协议约定 5 年内，桦盛公司可以按每股 10 新加坡元的价格转为股份。按照协议，桦盛公司出资的这 2200 万欧元将定向用于收购德司达公司。另外，浙江龙盛还委派董事阮伟祥和常盛、副总徐亚林担任新加坡 KIRI 公司的董事，以指导新加坡 KIRI 公司的业务。

2010 年 2 月 4 日，新加坡 KIRI 公司耗资 4000 万欧元购买了德司达集团除美国外的全球业务。同年 11 月，新加坡 KIRI 公司又花费 1000 万美元购买了德司达美国公司 100％的股权。

在接下来的两年中，为加快新加坡 KIRI 公司正常经营的恢复，再择机转股以实现对德司达的收购，浙江龙盛在 2011 年 12 月与新加坡 KIRI 公司下属控股子公司进行日常性关联交易，如购买产品、提供贷款等。2012 年 9 月，德司达控股又受到浙江龙盛 8500 万美元的担保，流动资金增加、融资成本降低，生产状况得到迅速改善。

浙江龙盛收购德司达的过程如图 1.4 所示。

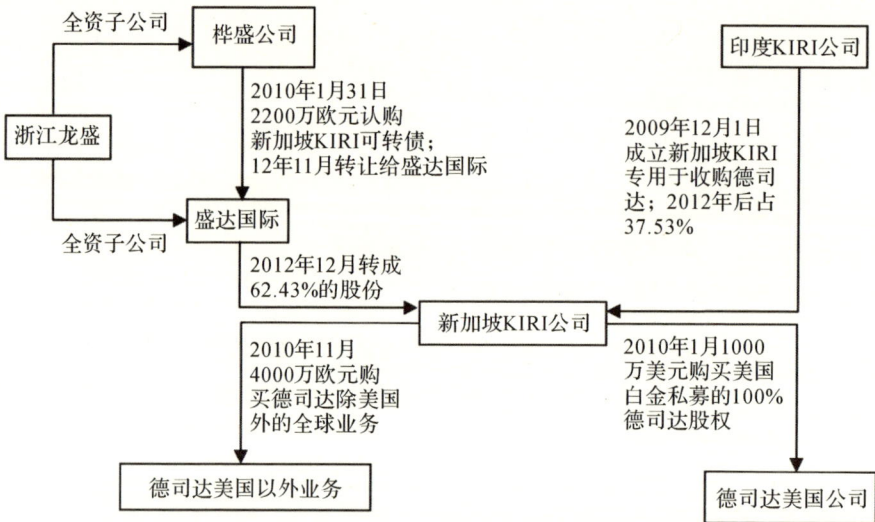

图 1.4　浙江龙盛收购德司达过程

在满足转股条件后,2012 年 11 月,浙江龙盛全资子公司盛达国际收到母公司 3000 万美元的增资;另一子公司桦盛公司则以 2200 万欧元向盛达国际出让持有的全部德司达控股可转换债券;在接下来的 12 月,盛达国际将其持有的德司达控股公司可转换债券全部转股,浙江龙盛通过桦盛公司和盛达国际总共持有德司达公司 62.43％的股权,完成对德司达的收购。并购完成后,德司达控股的股权结构如图 1.5 所示。

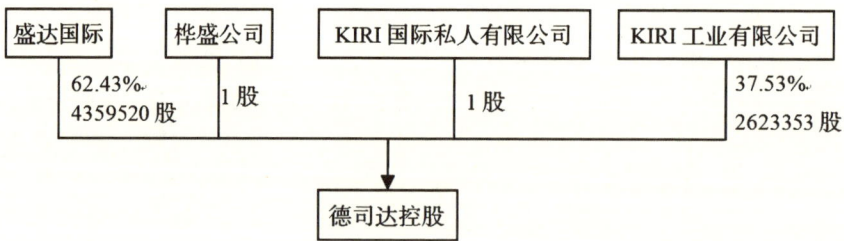

图 1.5　转股后的德司达控股股权结构

(二)企业并购中的融资风险分析

德司达控股公司业务遍布全球多个国家和地区,是一个全球性经营的集团,经营过程中涉及的货币包括美元、欧元、新加坡元等,而浙江龙盛的合并报表记账本位币却是人民币。随着各种货币两两之间汇率的不断变化,龙盛在收购德司达公司的过程中以及在未来国际市场的运营上都将面临外汇风险。下面以美元兑欧元的汇率波动(见图1.6)为例分析外汇风险。

首先,按照认购约定:第一,浙江龙盛可以在5年内将可转换债券以每股10新加坡元的价格一次性或分多次转成股权;第二,2010年德司达控股、桦盛公司和印度KIRI公司的补充声明书约定,可转换债券转股时按照1.9816的汇率将欧元兑换为新加坡元,这样就避免了欧元兑新加坡元的汇率波动对交易产生影响。

由此可见,在收购过程中面临的风险如下:为实现转股,盛达国际需支付2200万欧元;而这2200万欧元来自浙江龙盛2012年11月对盛达国际增加的3000万美元注册资本,其中1500万美元是母公司向中国银行申请的并购贷款。所以,从贷款到增资、转股,再到最后的还款,这一系列过程中浙江龙盛面临汇率波动的风险。选择合适的交易时机,就能够节约收购成本;否则就会使成本增加。

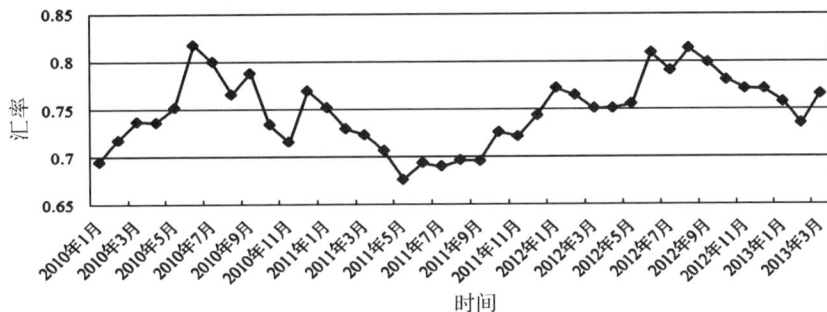

图1.6　2010年1月—2013月3月美元兑欧元汇率走势

其次,在公司未来的经营过程中存在的风险如下:浙江龙盛2012年6月发布的《重组公告》中提到,如果收购德司达控股完成,德司达控股的经营状况将包含在浙江龙盛的合并报表中,浙江龙盛的外汇风险将会与德司达控股目前面临的美元/欧元货币风险相似。

从表1.5可以看出,德司达控股收入来源众多,资产分布广泛,从2012年上半年的销售收入中可以看出德司达控股的日常生产和销售涉及的主要货币有美元、欧元、土耳其拉里、人民币等。因此在进行重组后,德司达控股将纳入浙江龙盛合并报表内,届时汇率波动将会对德司达控股在浙江龙盛合并报表中的净利润产生影响。

表 1.5   2012 年上半年德司达控股的销售收入按货币币种分类

原币种	原币种计价金额	折合美元金额	折合美元占比/%
美元	138506121.15	138506121.15	35.63
欧元	47461551.33	61580302.95	15.84
土耳其里拉	83722459.09	46420962.54	11.94
人民币	256073123.12	40513300.77	10.42
里亚尔	65711898.30	35235283.98	9.06
其他		66517044.07	17.11
2012 年上半年总收入		388773015.56	100

数据来源:浙江龙盛重组公告。

从表 1.6 和表 1.7 可以看出,德司达控股的报表折算并入浙江龙盛合并报表后,人民币贬值会对报表结果产生负面影响;相反,人民币升值就会对报表折算结果产生正面影响。所以,在收购和重组完成后,浙江龙盛在未来对德司达控股的经营中仍然会存在汇率波动的风险和业务整合的风险。

表 1.6   其他汇率不变,人民币对美元汇率变动对德司达控股的净利润影响

项 目	2012 年上半年	2011 年	2010 年
净利润/美元	−10233973	−1510520	106661415
折合人民币/元	−64529292	−9757507	722257773
人民币对美元升值 1% 对净利润的影响金额/元	−1102002	−2957390	−11809803
人民币对美元升值 10% 对净利润的影响金额/元	−11020017	−29573903	−118098031

数据来源:浙江龙盛重组公告。

表 1.7   其他汇率不变,人民币对欧元汇率变动对德司达控股的净利润影响

项 目	2012 年上半年	2011 年	2010 年
净利润/美元	−10233973	−1510520	106661415
折合人民币/元	−64529292	−9757507	722257773

续表

项　　目	2012 年上半年	2011 年	2010 年
人民币对欧元升值 1% 对净利润的影响金额/元	−3480378	−6044920	−6401891
人民币对欧元升值 10% 对净利润的影响金额/元	−34803781	−60449200	−64018907

数据来源:浙江龙盛重组公告。

(三)风险对冲策略

近年来,越来越多的国内企业加入了国际市场竞争之中,我国企业也面临着日益增加的外汇风险。本国货币能否兑换外国货币、外汇汇出、汇率波动面临管制等因素,都可能会影响到企业生产成本和利润。

在不稳定的经济环境中,企业能否规避生产经营过程中的风险,能否运用各种各样的手段进行套期保值,降低由汇率变动造成的额外风险,对于企业的发展具有重要意义。如图 1.7 所示,浙江龙盛在收购过程中的各个时间点都存在潜在的外汇风险,因而需要以静态规避和动态规避的视角,针对不同的外汇风险暴露情况设计浙江龙盛的风险对冲策略。

购买可转债　　　　　　　与新加坡 KIRI 子公司关联交易

2010年1月　　　　2011年12月　　　　2012年9月　　　2012年11月　2012年12月

图 1.7　浙江龙盛收购过程中潜在外汇风险的时间轴

1. 静态规避

目前防范外汇风险较为常用的静态金融衍生工具有:外汇远期、外汇期货、货币互换、货币期权等。金融衍生工具的场合又分为场外市场和场内市场。

情景 1:场外市场产品品种

场外市场交易是指在交易所外进行的交易,又称柜台交易,以工商银行和中国银行风险管理产品为例,表 1.8 总结了现存的主要外汇风险管理衍生工具。

表 1.8　国内主要汇率类风险管理产品

产品名称	简介	效果
远期结售汇	约定将来办理结汇或售汇的外汇币种、数量、汇率和期限,在交割日外汇或支出发生时,按照合同办理结售汇业务	固定交易发生时的汇率
远期外汇买卖	约定在未来某一日按约定的币种、数量、汇率、期限进行资金清算	固定预计将发生交易时的汇率
择期外汇买卖	约定在未来一段时间内任何一日,按预定汇率进行外汇买卖	固定汇率,并具有选择交割日的灵活性
外汇平价远期	未来进行多笔相同币种、相同方向、相同汇率、不同金额、不同交易日的外汇远期合约	固定未来多笔外汇买卖的汇率
单边终止型外汇远期	具有自动终止条款(如汇率指标等)的外汇远期合约	固定汇率,可避免汇率较大波动带来的损失,执行价一般优于普通远期
累积终止型外汇远期	含有累积收益目标的交易自动终止条款的一笔或多笔外汇买卖的外汇远期合约	固定汇率,执行价一般优于普通远期;同时,可降低金融机构因汇率波动的累积损失
人民币外汇掉期	在近端交割日按约定汇率交换人民币和外币本金,在远端交割日以相同汇率、相同金额进行反向交换,其间双方定期向对方支付换入货币利息	固定汇率,可实现债务结构转换
掉期外汇买卖	约定以市场汇率交换货币 A 与 B,在交割日以约定汇率反向换回相同数量的外币 A	固定汇率,可根据对货币、期限等需求进行个性化设计
人民币外汇期权	客户支付期权费即有权在约定日期按约定汇率买卖约定数量的外汇	固定汇率,同时可避免因汇率波动造成损失
外汇期权	客户支付期权费即有权在约定日期按约定汇率交换约定数量的外汇	固定汇率,并规避汇率不利变动风险

从表 1.8 中可以看出,虽然每个外汇风险管理工具的目的都是固定未来的汇率,但是各个工具又具有其独特的效果。根据浙江龙盛不同的风险暴露,可以有针对性地选取衍生工具规避外汇风险。

例如,若浙江龙盛将在 5 个月后收到 1000 万美元的货款,目前人民币存在升值预期,则为锁定汇率波动带来的财务风险。浙江龙盛可以与提供远期结售汇服务的金融机构签订合约,约定在 5 个月后进行一笔美元兑人民币远期汇率为 6.20、金额为 1000 万美元的远期结汇交易。

浙江龙盛目前持有一年期的 1500 万美元贷款。假如浙江龙盛目前美元过剩欧元资金却短缺,并且在一年后又要偿还 1500 万美元的贷款。出于资金利用和规避外汇风险的考虑,浙江龙盛可以与金融机构签订掉期外汇买卖的合约,在期初以 0.70 的汇率将美元兑换成欧元,再约定在一年后以 0.71 的汇率换回等量美元,以锁定汇率。

场外市场交易与场内市场相比具有独特的优势,场外交易一般是企业与金融机构直接签订协议,可以根据企业需要进行产品的个性化定制,但也存在相对较高的违约风险。

情景 2:场内市场产品品种

场内市场交易则是在交易所内进行的交易,签订的都是标准化的合约。以美国的芝加哥商业交易所集团(CME Group)为例,CME 集团拥有 4 个主要交易中心:芝加哥商品交易所、芝加哥商品期货交易所、纽约商业交易所和纽约商品交易所。其中芝加哥商业交易所集团(CME)作为国际货币市场上首次推出外汇期货合约的交易所,同时拥有世界上最多的期货期权未平仓合约,其良好的流动性、中央结算的安全性、价格的透明性以及时间和空间上的便捷性使得浙江龙盛拥有多样且安全的期权或期货合约来进行交易。

为降低外汇风险,同时又为避免场外交易中的违约风险,浙江龙盛可在芝加哥商业交易所进行场内交易,表 1.9 总结了部分可用于汇率风险管理的标准化衍生工具。

表 1.9 CME Group 主要外汇期货期权合约

衍生工具	欧元/美元期货(EC)	电子微型欧元/美元期货(M6E)	标准美元/人民币期货(CNY)	标准美元/离岸人民币期货(CNH)
合约大小	125000 欧元	12500 欧元	100000 美元	100000 美元

续表

				13 个连续日历月份（当年 1、2、3、4、5、6、7、8、9、10、11、12 月以及第二年 1 月）加上 8 个三月季度周期月份（3 年范围）	13 个连续日历月份（当年 1、2、3、4、5、6、7、8、9、10、11、12 月以及第二年 1 月）加上 8 个三月季度周期月份（3 年范围）
交割月		6 个季月（3 月、6 月、9 月、12 月）	2 个季月（3 月、6 月、9 月、12 月）	13 个连续日历月份（当年 1、2、3、4、5、6、7、8、9、10、11、12 月以及第二年 1 月）加上 8 个三月季度周期月份（3 年范围）	13 个连续日历月份（当年 1、2、3、4、5、6、7、8、9、10、11、12 月以及第二年 1 月）加上 8 个三月季度周期月份（3 年范围）
结算方式		实物交割	实物交割	实物交割	实物交割
持仓限制		10000 口	100000 口	6000 口	1000 口
最小价格增量		每欧元变动价位 $0.0001（$12.50/合约）	每欧元变动价位 $0.0001（$12.50/合约）	每美元变动￥0.0001（￥10/合约）	每美元变动￥0.0001（￥10/合约）
交易时间	公开喊价	美中时间 7:20 A. M.—2:00P. M.	无	无	无
	全球电子交易	周日—周五：5:00 P. M.—第二天 4:00 P. M.（美中时间）；周五 4:00P. M. 关闭，周日 5:00P. M. 复市	周日—周五：5:00 P. M.—第二天 4:00 P. M.（美中时间）；周五 4:00P. M. 关闭，周日 5:00P. M. 复市	周日—周五：5:00 P. M.—第二天 4:00 P. M.（美中时间）；周五 4:00P. M. 关闭，周日 5:00P. M. 复市	周日—周五：5:00 P. M.—第二天 4:00 P. M.（美中时间）；周五 4:00P. M. 关闭，周日 5:01P. M. 复市
	CME group ClearPort	周日—周五：5:00 P. M.—第二天 4:15 P. M.（美中时间）	周日—周五：5:00 P. M.—第二天 4:15 P. M.（美中时间）	周日—周五：5:00 P. M.—第二天 4:15 P. M.（美中时间）	周日—周五：5:00 P. M.—第二天 4:16 P. M.（美中时间）
最后交易时间		交割月第三个周三前倒数第二个工作日 9:16A. M.（美中时间）	交割月第三个周三前倒数第二个工作日 9:16A. M.（美中时间）	交割月第三个周三前倒数第一个北京工作日 9:00A. M.（北京时间）	交割月第三个周三前倒数第一个香港交易日 11:00A. M.
衍生工具		美式期权	欧式期权	欧式波动期权	美式波动期权
合约大小		125000 欧元	125000 欧元	125000 欧元	125000 欧元
交割月		4 个季月（3 月、6 月、9 月、12 月），两个连续月和 4 周	4 个季月（3 月、6 月、9 月、12 月），两个连续月和 4 周	4 个季月（3 月、6 月、9 月、12 月），两个连续月和 4 周	4 个季月（3 月、6 月、9 月、12 月），两个连续月和 4 周
结算方式		实物交割	实物交割	实物交割	实物交割
持仓限制		10000 口	10000 口	10000 口	10000 口

续表

最小价格增量		每欧元变动价位 $0.0001（$12.50/合约）	每欧元变动价位 $0.0001（$12.50/合约）	潜在波动的0.025％，近似为0.00001美元/欧元	潜在波动的0.025％，近似为0.00001美元/欧元
交易时间	公开喊价	美中时间7:20A.M.—2:00P.M.	美中时间7:20A.M.—2:01P.M.	无	无
	全球电子交易	周日—周五：5:00P.M.—第二天下午4:00P.M.（美中时间）；周五4:00P.M.关闭，周日5:00P.M.复市	周日—周五：5:00P.M.—第二天下午4:00P.M.（美中时间）；周五4:00P.M.关闭，周日5:00P.M.复市	周日—周五：5:00P.M.—第二天下午4:00P.M.（美中时间）；周五4:00P.M.关闭，周日5:00P.M.复市	周日—周五：5:00P.M.—第二天下午4:00P.M.（美中时间）；周五4:00PM.关闭，周日5:1P.M.复市
最后交易时间		季度和月度期权：2:00P.M.交割月第三个周三前倒数第二个周五；周期权：2:00P.M.第四个周五（美中时间）	季度和月度期权：9:00A.M.交割月第三前周三倒数第二个周五；周期权：9:00A.M.第四个周五（美中时间）	季度和月度期权：9:00A.M.交割月第三个周三倒数第二个周五；周期权：9:00A.M.第四个周五（美中时间）	季度和月度期权：2:00P.M.交割月第三个周三倒数第二个周五；周期权：2:00P.M.第四个周五（美中时间）

假设浙江龙盛持有1500万美元的贷款，一年后到期，预期美元将会升值。浙江龙盛可以在芝加哥商业交易所（CME Group）买入120份美元的欧式看涨期权，考虑这样一个标准化的外汇期权合约：USD CALL/EUR PUT，执行价格0.73，期权费为270/300，有效期1年。也就是说在一年后，浙江龙盛有权利将1100万欧元按照0.73的汇率兑换成1500万美元，需要支付的期权费为1500×0.0300＝45万美元。到约定执行日时，若美元升值，则执行期权；若美元贬值，则放弃期权，以更低的价格买入美元。浙江龙盛只需支付一定的期权费，就能够固定未来的汇率，避开汇率波动造成的不利影响。

2.动态规避

与静态规避后不需再做调整相比，动态对冲是指在一段时间内不停地进行交易以达到动态平衡的一种策略，常用的动态对冲手段有 Delta 对冲。一个期权的 Delta 值是期权价格变化与其基础标的价格变化之比，是为构造无风险组合在买入一份期权时而需减持的标的数量，也是在卖出一份期权时需持有的标的数量。Delta 的取值在－1 到 1 之间，Delta 中性策略是定期调整资产组合使得资产组合 Delta 值为 0 的动态对冲策略。Delta 对冲的目标，就是通过不断地调整对冲策略以满足 Delta 中性，从而防止对冲过度或对冲不足。

情景 3:Delta 对冲策略

由于无法得到未来一年的汇率数据,为更直观地模拟买入看涨期权后进行 Delta 对冲的过程,我们假设浙江龙盛在 2011 年 4 月买入了为期一年的美元看涨期权,就可以得到 2011 年 4 月至 2012 年 3 月间美元兑欧元的汇率,演示如何根据汇率变化来调整持有头寸。

假设在买入期权后,浙江龙盛无法在金融市场找到相应的看涨期权空头对冲,就面临着风险管理的问题:如果汇率波动,会使企业面临期权或期权组合价值变动的影响。因此可以采用 Delta 对冲的方法进行套期保值操作。首先从 Black-Scholes-Merton 模型得到:

$$d_1 = \frac{\ln(即期价格/执行价格)+(贷款利率+价格波动率^2/2)\times 期限}{价格波动率\times\sqrt{期限}}$$

然后从正态分布表中可以得到 d_1 对应的 Delta 值,最后根据 Delta 值的变化调整持有的头寸。若当时的美元兑欧元汇率为 0.7063,期权约定的执行价格为 0.73,一年期的贷款利率为 6.31%,由表 1.10 的数据得到美元兑欧元汇率的波动率为 12%,表 1.10 第二列列出了持有期权期间每月的汇率变化。

表 1.10　期权 Delta 对冲模拟

时间	汇率	d_1	Delta	调整头寸/万美元(买入为+,卖出为一)	累积卖出头寸/万美元	利息费用/万美元	包含利息的累计成本/万美元
2011 年 4 月	0.7063	0.3108	0.6220	−933.0333	933.0333	4.9062	937.9395
2011 年 5 月	0.6761	−0.0534	0.4787	+214.9512	718.0821	3.7759	721.8580
2011 年 6 月	0.6931	0.1536	0.5610	−123.4630	841.5451	4.4251	845.9702
2011 年 7 月	0.6898	0.1138	0.5453	+23.5866	817.9585	4.3011	822.2596
2011 年 8 月	0.6962	0.1908	0.5756	−45.5123	863.4709	4.5404	868.0113
2011 年 9 月	0.6957	0.1848	0.5733	+3.5201	859.9508	4.5219	864.4727
2011 年 10 月	0.7261	0.5412	0.7058	−198.7685	1058.7193	5.5671	1064.2864
2011 年 11 月	0.7215	0.4882	0.6873	+27.7584	1030.9609	5.4211	1036.3820
2011 年 12 月	0.7438	0.7419	0.7709	−125.4268	1156.3877	6.0807	1162.4684
2012 年 1 月	0.7718	1.0498	0.8531	−123.2688	1279.6566	6.7289	1286.3854

时间	汇率	d_1	Delta	调整头寸/万美元(买入为+,卖出为一)	累积卖出头寸/万美元	利息费用/万美元	包含利息的累计成本/万美元
2012 年 2 月	0.7647	0.9728	0.8347	+27.6366	1252.0200	6.5835	1258.6035
2012 年 3 月	0.7507	0.8188	0.7936	+61.6755	1190.3445	6.2592	1196.6037

如表 1.10 所示,假如浙江龙盛采取每月调整一次头寸的频率,在第一期也就是签订期权合约第一个月时,根据标准正态分布表可以得到美元看涨期权的 Delta 对冲比例为 0.5799。由于浙江龙盛买入的是美元的看涨期权,则需用负的 Delta 值进行对冲,即卖出 $1500 \times 0.5799 = 869.85$ 万美元来对冲期权价格变化所带来的损失,在表 1.10 第 5 列中表现为负值。期权的 Delta 值是随着标的价格的变化而不断变化的,在本案例中表现为美元兑欧元的汇率在不停地波动。为了保持 Delta 中性,浙江龙盛需要在期权持有期间根据 Delta 值对持有的美元或欧元进行调整来保持交易组合无风险。当第二期的汇率变化到 0.6761 时,Delta 值变为 0.4354,为填补期间 Delta 值的变化,浙江龙盛需要根据两期 Delta 的差值,买入 $1500 \times (0.5799 - 0.4354) = 216.75$ 万美元,在表 1.10 第 5 列中表现为正值。以此类推,浙江龙盛需要在每月对头寸做出的调整过程如表 1.10 所示,通过配对美元和期权的数量保持 Delta 中性,使得组合价值不会受到汇率波动的影响,实现套期保值的目的。

(三)对未来的展望

更广泛地,浙江龙盛还可以根据企业的需要,采用其他金融衍生工具,或者将上述这些衍生工具结合起来,设计更符合企业具体情况和经济大环境的方法进行套期保值。企业跨国并购的外汇风险不仅存在于上述的融资决策中,对目标企业的运营也会受到汇率波动的影响。因此,企业在进行海外投资时注意控制外汇风险是十分必要的。

反观当前的外汇衍生品市场,也存在着巨大的潜力。表 1.11 中列出的是中国外汇交易中心的银行间市场运行报告中有关外汇衍生品交易量的数据,可以看出近年来,尽管不同种类衍生品的交易量存在较大的起伏,但我国外汇衍生品总的交易量是不断扩大的,而且增长十分明显。这些显著的增长说明越来越多的企业开始运用衍生工具来对冲融资决策风险。另外,外汇掉期的交易量在这些外汇衍生品总交易量中占了 90% 以上,这也暴露了我国企业缺乏规避外汇风险的手段。

表 1.11　银行间外汇衍生品市场交易量统计

	2010 年全年累计	同比/%	2011 年全年累计	同比/%	2012 年全年累计	同比/%	2013 年 1 月	同比/%
外汇掉期	12835	60.1	17709.8	38.0	25383.5	42.8	2475.3	72.0
外汇远期	327	234.5	2145.5	556.1	892.9	−58.8	6.8	−94.7
货币掉期	1.6	—	0.8	−50.0	65.3	8378.6	1.0	−97.1
外汇期权	—	—	10.1		33.4	231.8	10.9	14.6
合计	13163	62.2	19866.2	50.9	26375.1	32.2	2494.0	59.1

数据来源:历年中国外汇交易中心银行间市场运行报告。

图 1.8 展示的是 2013 年 4 月第一周 CME 集团主要的一些外汇期货的每日交易量,这些期货的日交易量都在 3 万口以上,其中欧元/美元期货的

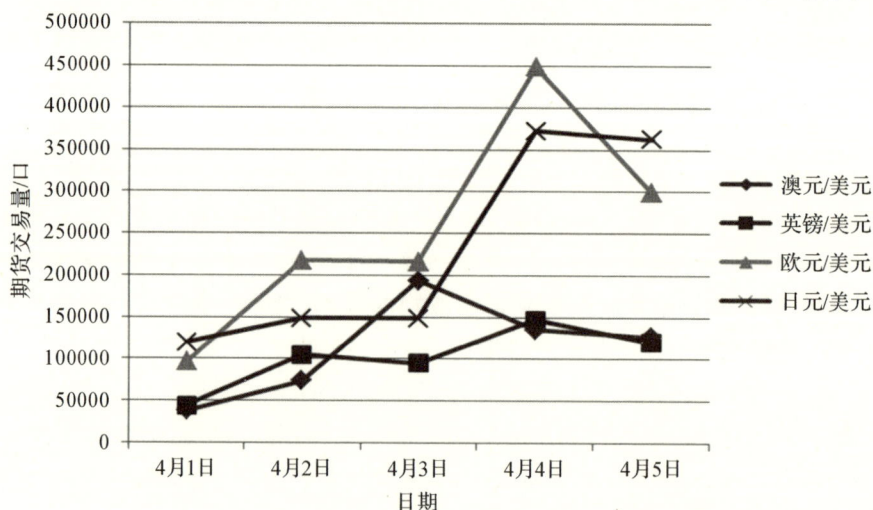

图 1.8　2013 年 4 月第一周 CME Group 主要外汇期货交易量

总交易量最大。另外,人民币/美元期货的交易量相对图中的这些期货产品是较小的,一般在 10 口以下,所以在图中并未列出。可以看到,每一个交易日,都有成千上万的套期保值者、投机者和套利者在这个平台上进行外汇风险运作,以达到规避风险或者获益的目的。同时,人民币/美元期货微小的交易量也暴露了我国企业在海外市场对外汇风险规避的不足。

与原生金融工具相比,金融衍生工具在规避风险时,有其独特的优势:首先,金融衍生品可以影响交易者未来的现金流;其次,衍生品可以随着市场变化和基础头寸的变动作出及时的调整;最后,在交易时只需缴纳交易金额的一小部分作为保证金,具有高风险和高收益并存的特征。是否能根据企业现状和未来融资需求以及对市场形势的合理预测,选择合适的金融衍生工具有效地规避企业经营中潜在的风险,关系着企业的生死存亡。因此,衍生工具的开发、交易平台的建立、市场制度的完善,对于拓宽企业风险管理渠道和促进金融市场的发展具有十分重要的现实意义。

三、民企海外并购——以美的集团并购德国库卡为例

(一)并购过程

1. 并购双方背景介绍

本次并购双方为美的集团和库卡集团。并购方美的集团于 1968 年在广东省成立,现已成为一家经营消费电器、暖通空调、智能供应链、机器人、自动化系统等的综合型现代化科技集团。美的集团主要有四大业务板块:大家电业务板块、小家电业务板块、电机业务板块、物流业务板块。被并购方库卡(KUKA)公司 1898 年成立于德国,经过一百多年的发展,库卡集团已经成为具有全球影响力的机器人技术、自动化服务技术、系统设备技术领域的供应商,其机器人制造水平处于全球领先的地位。

2. 美的集团并购德国库卡的主要过程

2015 年 8 月份,美的集团就开始布局收购库卡,通过境外全资子公司 MECCA 第一次买入了库卡 5.4% 的持股比例。2016 年 2 月份,美的又将所持库卡股份的比例迅速提升到了 10.2%,从而成为这家全球知名工业机器人公司的第二大股东。2016 年 5 月 18 日,美的集团召开董事会,并于会上通过议案,拟定以每股 115 欧元的价格,通过境外全资子公司 MECCA 全面要约

收购德国库卡至少 30％的股权,美的集团并购德国库卡之路正式开始。2017年 1 月 6 日,美的以 292 亿元、溢价 36.2％成功收购德国库卡,持股比例超过94.5％。这场从发出收购要约、历时近 8 个月的中国民营企业跨国并购,成为2017 年中国跨境并购交易中交易规模第二大的案例。图 1.9 展示了这场并购的主要过程。

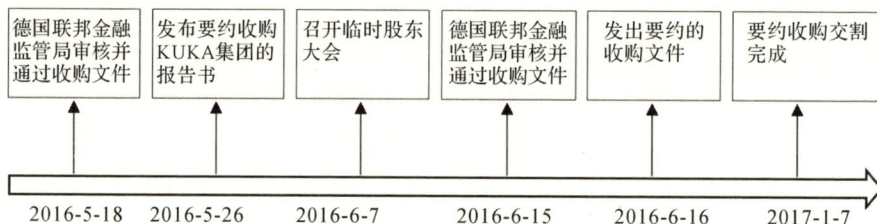

| 德国联邦金融监管局审核并通过收购文件 | 发布要约收购KUKA集团的报告书 | 召开临时股东大会 | 德国联邦金融监管局审核并通过收购文件 | 发出要约的收购文件 | 要约收购交割完成 |

2016-5-18　　2016-5-26　　2016-6-7　　2016-6-15　　2016-6-16　　2017-1-7

图 1.9　美的集团并购 KUKA 的主要过程

(二)并购动因分析

海外并购是指某一国家的企业突破国家地域的限制,购买他国企业的资产或股权,以此实现对其绝对控制的交易行为。是企业对外直接投资的一种方式,有利于企业迅速壮大规模、实现低成本扩张和战略转型。随着经济全球化浪潮的来临,海外并购逐渐成为主要趋势。伴随我国市场经济 40 多年来的高速发展,国内逐渐培育出一批实力较为强劲的民营企业。近年来,越来越多的中国民营企业通过海外并购来进军海外市场和引进国外先进技术,以此提升企业的竞争优势。美的集团并购德国库卡有以下原因。

1. 战略布局

美的集团借助库卡优势,推进美的的"双智"战略。2014 年,美的集团首次提出"智慧家居＋智能制造"战略,简称"双智"战略。此次跨国并购是美的集团实施其"双智"战略的一个重大举措,有利于美的全球化经营的推进以及在机器人产业的全面布局。

2. 产业升级

库卡拥有世界领先的机器人技术,拥有多项与机器人及自动化技术相关的专利,而美的集团在该领域相关技术都较为薄弱。因此,美的集团并购库卡是对其自身机器人智能制造领域强有力的补充,有希望进一步实现生产自动化以及家居智能化,有利于美的集团实现产业升级。

3. 业务多元化

通过此次并购,美的集团可与库卡开展全方位的业务合作,有利于美的集团扩大与工业服务机器人和控制系统业务相关的业务范围,开拓全新的产品体系,从而实现多元化经营。业务多元化有利于企业长期发展,是企业做大做强的有效途径。

四、危机中的并购整合——以美团并购摩拜单车为例

(一)并购过程

1. 并购双方背景介绍

并购方美团作为团购网站于 2010 年成立,业务范围涉及电影、外卖、酒店机票、旅游、支付等领域,且于 2017 年 3 月推出美团打车服务,在出行领域进行业务布局。被并购方摩拜单车于 2016 年在上海成立,是全球最大的智能共享单车运营平台,旨在解决出行最后一公里的问题,被并购前拥有超过 2 亿的用户。并购前摩拜单车就已经陷入资金困局,其经营模式导致了巨大的固定支出,但又缺乏后续的用户资金支持,并且公司股东也不愿再继续提供资金支持,公司陷入了现金流通困难以及融资难的尴尬境地。

2. 美团并购摩拜的主要过程

美团 CEO 王兴曾在 2016 年 10 月个人参与了摩拜的 C 轮融资,当时美团内部就已经在探讨两个业务的协同可能性。2017 年 9 月美团开始了对摩拜的收购谈判,但当时各方都寄希望于摩拜与另一家共享单车公司 ofo 进行合并,因此美团的收购被拒绝。2017 年冬天,共享单车的单量急剧下滑,而摩拜单车也因为之前无节制投放单车等原因面临资金链断裂的危机,并且融资也遇到困难。2018 年春节后,美团再次展开与摩拜的并购谈判。2018 年 4 月 3 日,美团对摩拜单车进行了全资收购,耗资 27 亿美元,其中美团股权支付占比 35%,现金支付占比 65%。2019 年 1 月 23 日,摩拜单车也正式改名为美团单车,美团 App 是唯一进入端口。

(二)美团并购摩拜的并购动因分析

1. 美团的扩张需求

从美团方面看,一是为完善出行领域的竞争格局:经过多年发展,美团已经由最初的团购发展到覆盖吃喝玩乐各个领域,并且积累了巨大的流量。2017年12月,美团成立出行事业部,开始进军出行领域,而共享单车与美团打车有相同的客户群体,并购后能完善出行领域的竞争格局,并与现有的业务更好地发挥系统效应。二是提升估值:美团计划在2018年完成上市,收购摩拜能完善其出行领域的产业布局,可能带来新的利润增长点,从而提升估值,加快IPO上市。

2. 摩拜的危机处理

从摩拜方面看,在被并购前摩拜自身面临着巨大的危机。首先是盈利模式存在缺陷,导致公司未能像最初设想的一样快速实现盈利,反而陷入了"烧钱模式",而此时公司投资人也不愿再投入新的资金。其次是补贴减少加上冬天用户骑单车频率降低导致订单量急剧减少,公司面临资金链断裂的问题,账面资金十分紧张。

参考文献

[1] 冯梅,郑紫夫.中国企业海外并购绩效影响因素的实证研究[J].宏观经济研究,2016(1):93-100.

[2] 胡伟,李婧.我国国有企业跨国并购现状分析——基于技术获取视角[J].中国注册会计师,2018(8):54-57.

[3] 刘飏,李元旭.我国企业跨国并购绩效影响因素的研究[J].国际商务:对外经济贸易大学学报,2016(3):65-73.

[4] 刘娜.论工业企业海外并购的动因与成效——以美的收购库卡为例[J].商业经济,2018(1):86-87.

[5] 刘嘉鑫.跨国并购的财务风险——以吉利汽车并购沃尔沃汽车为例[J].时代金融,2020(18):73-74.

[6] 李金田,李红琨.企业并购财务风险分析与防范[J].经济研究导刊,2012(3):114-116.

[7] 吕栋.融资约束、支付方式与并购绩效[D].杭州:浙江大学,2015.

［8］邱金辉,王红昕.我国企业并购理论研究现状分析[J].经济问题,2006(7):7-9.

［9］舒迅.企业并购中的财务风险问题——以美的并购库卡为例[J].现代企业,2019(2):104-105.

［10］宋林,彬彬.我国上市公司跨国并购动因及影响因素研究——基于多项Logit 模型的实证分析[J].北京工商大学学报(社会科学版),2016 (5):98-106.

［11］汤文仙,朱才斌.国内外企业并购理论比较研究[J].经济经纬,2004 (5):63-67.

［12］王静.我国企业跨国并购的现状、问题及对策建议[J].技术经济,2020(2):73-78.

［13］魏铭辉.企业并购动机和效能探析——美团并购摩拜案例[J].全国流通经济,2020(4):67-69.

［14］王艳,阚铄.企业文化与并购绩效[J].管理世界,2014 (11):146-157.

［15］王菁,田满文.上市公司并购整合效率的影响因素新探[J].四川大学学报(哲学社会科学版),2010 (1):101-112.

［16］王宛秋,张永安.企业技术并购协同效应影响因素分析[J].北京工业大学学报(社会科学版),2009,9(1):16-20.

［17］余鹏翼,王满四.国内上市公司跨国并购绩效影响因素的实证研究[J].会计研究,2014 (3):64-70.

［18］张文硕.国内外企业并购理论研究[J].神州,2019(3):244-245.

［19］朱勤,刘垚.我国上市公司跨国并购财务绩效的影响因素分析[J].国际贸易问题,2013 (8):151-160.

［20］周小春,李善民.并购价值创造的影响因素研究[J].管理世界,2008 (5):134-143.

第二章 后危机时代民营企业并购研究

在后危机时代,各经济体正处于从经济危机中复苏的阶段。很多企业,尤其是民营企业在危机的冲击下,不可避免地需要面对行业调整、转型升级等问题;当然,这也为我国民营企业的发展带来了新的机遇。其中很重要的一点便是,民营企业通过并购的方式寻求发展。本章重在深入分析金融危机后民营企业并购的主要原因,辨析产权性质对企业并购的影响,是否有利于产业转型升级,探索混合所有制经济的新路径。具体而言,主要包括民营企业并购动因分析、产权性质与企业并购和民营企业并购、混合所有制与国企改革这 3 个部分。

第一节 后危机时代民营企业并购动因分析

我国民营企业并购表现出以下特殊性:通过并购来完成企业产品和行业的转移、追求规模经济和协同效应、节税问题、民营上市公司复杂的代理关系、避开上市额度管制、筹集发展资金、改善企业机制、发展自身实力等。后危机时代民营企业并购动因可以归结为以下两个方面。

一、优化企业财务和经营

(一)企业产品和行业的转移需要

许多民营企业通过并购实现产业转移和多元化经营以优化产业结构,从而发掘新的利润增长点,获得高额利润回报,同时降低经营风险,使企业整体业绩稳步提高。

另外,企业会制定与产品和行业转移相关的企业战略,那么企业也会依据该战略实施并购。战略动机是公司的非对称战略竞争目标,体现于企业经营的全过程;战略动机以开拓市场、控制资源及防范风险为目的。从世界范围来看,当前企业并购的主体是以企业战略为导向的并购。因此,企业并购的目的已不再是实现投机性的收益,而更多地通过并购来实现企业的战略目标。

(二)规模经济和协同效应

1. 追求规模效应

追求规模经济也是民企并购的一大动因。规模效应是指,企业通过一定的经济规模形成的产业链的完整性和资源配置与再生效率的提高带来企业边际效益的增加。发展初期,民营企业本身的规模较小,在处于迅速发展阶段时,它们则更乐意通过并购的方式扩大自身规模,从而取得一定的规模经济。通常,企业可以通过横向、纵向、混合3种方式实现并购。

通过横向并购实现规模经济的民营企业能在一定范围内取得垄断地位优势,在讨价还价、市场开发等方面较之小企业也更容易获得经济利益。另一些民营企业则通过纵向并购,构成以管理为主的内部市场体系,从而以内部的管理协调替代部分市场协调,极大地降低交易成本:通过收购上游供应商,收购方可以稳定货源、保证供货质量;通过收购下游分销渠道,收购方可以稳定销路,缩短与消费市场的距离。这样就通过纵向并购延长了企业的价值链,增强企业对价值链的控制力,也有利于经营业绩的改善。企业也会采用混合并购的方式,混合并购是指生产和经营彼此没有关联的产品或服务的企业之间的并购行为。其主要目的是分散经营风险,提高企业的市场适应能力。这通常是民营企业在面临激烈的市场竞争环境时,决定实施多元化战略以扩大业务经营范围、分散风险时采取的并购策略。

2. 追求协同效应

实际上,企业通过并购不仅能获得规模效应,还能取得协同效应。协同效应,简单地说,就是"1+1>2"的效应,是使公司整体效益大于各个独立组成部分总和的效应。当从公司一个部分中积累的资源可以被同时且无成本地应用于公司的其他部分的时候,就产生了协同效应。从协同效应的分类来看,大致可分为6个大类,分别是:收入协同、成本协同、金融协同、市场协同、技术协同及熨平效应。

在民营企业的成长过程中,总会有一部分未被充分利用的资产,在发展初期还可能缺少某些必需的经济资源。这些多余或者紧缺的资源会使企业资产的各个组成部分出现不均衡,并影响企业的发展。而通过并购活动,企业之间将资源重新分配,可以将原有资源的利用效果发挥到最佳状态,其获得的效果远远超过独立存在于某个企业内的水平。资源的有效配置和合理利用促进了企业价值的增值,实现了企业价值最大化。这样就实现了收入、成本、市场等多个方面的协同效应。这样的资源互补、优势互现、价值增值的整体优势,也是企业实施并购的重要动因。

(三) 筹集发展资金

并购融资也是市场中通用的一种融资方式。通常可分为债务融资、权益融资和混合融资 3 种。若企业采用发行债券的方法进行融资,则不会对股权产生稀释,还能获得一定的节税效应。同时,债权人一般不拥有对公司日常经营的发言权,有利于正常的公司治理。而在权益融资中,通常采用公开发行股票的方式进行并购融资。也存在换股并购融资的方式,是指收购公司将目标公司的股票按一定比例换成本公司股票,目标公司即被终止,或成为收购公司的子公司。这一方式可以在上市公司之间、非上市公司之间和上市公司与非上市公司之间进行。

二、改善公司治理

(一)优化民营企业复杂的代理关系

我国民营企业存在一些复杂的代理关系和其可能导致的公司内控失效问题,这同样构成了民企并购的动机,包括以下两方面问题。

1.公司代理问题

股权结构是决定公司治理结构的重要因素。我国民营企业本身就存在一定的家族特性,股权集中度较高,尤其存在大股东持股比例与内部人控制程度呈现高度相关性的特点。这样一来,公司的内部约束机制就较难发挥作用,并购则可以成为最有效的外部机制解决代理问题:主要是通过并购解决我国上市公司"一股独大"带来的代理问题,这样就优化了上市公司的股权结构,同时也对公司高管人员形成了外部监督。

2. 公司内控失效问题

内控失效的问题在民营企业上市后更加凸显,上市后中小股东众多,极易出现大股东侵害小股东利益的现象。股权结构的不合理又导致上市公司股东大会、董事会、监事会的功能无法正常发挥,内控机制因此无法正常执行。在这种情况下,可以通过并购的方式优化股权结构,例如企业通过并购以分散原本集中的控制权,就减少了治理层、管理层凌驾于内容之上的舞弊风险。因此,并购可以为解决民企上市公司内控失效问题提供有效途径。

三、突破管制障碍

(一)节税目的

民营企业会出于节税目的进行并购。依据我国实施的《关于促进企业重组有关企业所得税处理问题的通知》(财税〔2014〕109 号)将适用特殊性税务处理的股权收购和资产收购比例由不低于 75% 调整为不低于 50%,因此,满足以下条件可申请特殊性税务处理,暂时不用缴纳税款(见表 2.1)。

表 2.1　企业重组相关的所得税问题处理

通知编号	具体条款
(1)	具有合理的商业目的,且不以减少、免除或者推迟缴纳税款为主要目的
(2)	被收购、合并或分立部分的资产或股权比例符合本通知规定的比例(50%)
(3)	企业重组后的连续 12 个月内不改变重组资产原来的实质性经营活动
(4)	重组交易对价中涉及股权支付金额符合本通知规定比例(85%)
(5)	企业重组中取得股权支付的原主要股东,在重组后连续 12 个月内,不得转让所取得的股权

可以看出,该通知中涉及大量与并购、重组企业相关的条款。据此,并购可以使企业获得推迟、减少甚至免除税款的机会。例如,当企业重组后的连续 12 个月内不改变重组资产原来的实质性经营活动,就可以申请特殊性税务处理,争取暂时不需缴款的机会。因此,并购也成为了企业节税、扩大盈利空间的有效措施。

(二)避免上市额度管制

民企通过并购、定增的方式,以避免上市额度管制,从而实现上市融资的目的。《2019年A股上市公司并购直接融资报告(1—9月)》数据显示:在今年的并购潮中,民营企业是并购主力军,并购定增募资同比增长39.40%。

2019年前三季度,已完成并购定增的108家上市公司里,上海主板的企业有38家(占比35.18%),深圳主板的企业有15家(占比13.89%),创业板的企业有28家(占比25.93%),中小板的企业有27家(占比25%)。其中,民营企业上市公司有69家,占并购定增上市公司的63.89%,合计募资金额2090.54亿元,平均募资金额30.30亿元。可以看出,并购定增上市的公司中,有超过半数的公司属于民营企业,也印证了民企通过并购方式实现上市的策略(见图2.1)。

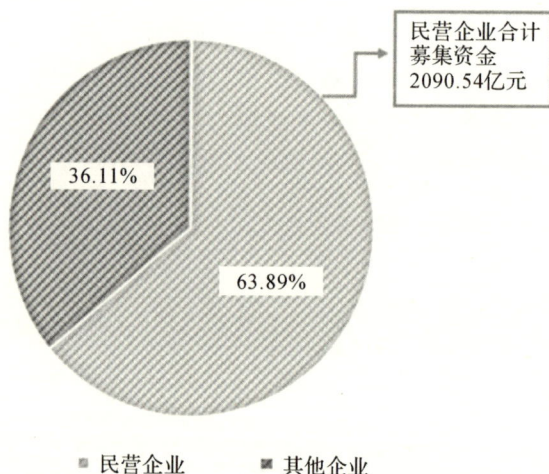

图2.1 2019年前三季度定增上市的民营企业占比

(三)改善企业机制

我国民营企业具有一定的特殊性。它们的家族特性决定了从诞生之日起,企业就可能存在着一些制度性缺陷,诸如产权不清、治理结构混乱等问题。而并购可以通过股权结构的改善来完善其存在缺陷的治理结构。因此,部分进入成长后期的民营企业也开始了以建立清晰的产权关系、保持产权的流动性、促使产权结构更趋合理、企业治理机制更为有效为动因的并购。

（四）国企混改

当前，国企混改正如火如荼地进行。而国家六部委也提出：引入民企等社会资本参与混合所有制改革，这堪称为最受重视的内容之一；混改一直是国企改革的重要抓手，其意义在于民企和国企优势互补，因此吸引和鼓励民营企业的积极参与，是国企混改顺利推进的关键因素之一。于是，支持和引导民企参与混改的政策，为民企并购提供了机遇。随着混改的进行，第一，市场准入门槛被进一步放宽，民企也能够参与到混改中。第二，民企投资的行业"禁区"会越来越少。第三，混改中的产权利益分配已趋近完善，一直以来制约民企参与混改的主要原因是企业担心自身产权利益受到损害，进入和退出机制不够完善，未来这些问题将会得到妥善解决，相关制度也会趋于合理和完备。

这样一来，民营企业就能通过出资入股、收购股权、认购可转债、股权置换等多种形式参与相关领域国企的改制重组、合资经营和混合所有制改革。中南财经政法大学数字经济研究院执行院长、教授盘和林表示："首先，参与混改让民企得以有机会参与到之前无法进入的领域，如能源、化工等，不但能显著降低民企的前期投入，还是民企进入公共领域、规模经济领域等的"捷径"。其次，民企参与混改后，自身就相当于有了国企背景，在当前的资本市场和商品市场中，国企的社会信誉非常高，这将有助于民企后续生产经营和市场融资。最后，参与混改后，民企将可享受到国企的许多资源，如更低的原材料购买成本，更稳定的产业链、销售链，这对于民企自身做大做强而言非常关键。"这也同样是民企参与并购的重要动因。

（五）国家政策与经济管制

在经济体制从计划经济向市场经济转轨的过程中，国家政策的多变和管制的放松，虽然给企业带来经营活动的不确定性，但也带来了更多的市场机会。1978年起，我国开始实行改革开放的政策，但区域开放、市场开放和行业开放的程度都很低，这导致民营和三资企业的数量稀少。到20世纪90年代，尤其是在1992年邓小平南方谈话以后，非国有企业得到迅速发展，存在一些竞争性行业处于生命周期初期阶段，进入障碍比较低，此时民营企业抓住机会，跨入另一行业赚取利润。2000年，中国加入世界贸易组织（WTO），这又为民营企业的多元化带来新一轮契机，大力发展多种所有制并存的混合经济，国有资产逐步从竞争性行业中撤退，这就促进了企业收购绩效较差的中小国有企业，形成规模经济，从而享受优惠政策和税收的好处。

这样一来,政策的多变以及行业的管制,就促使民营企业通过并购等方式进行转型或实施多元化战略。一个典型的案例就是吉列集团,该集团的前是身黄岩县制冷元件厂,1989 年国家实行行业限制,进行电冰箱行业的定点生产,但其未能进入国家的定点生产企业名录,被迫退出制冷行业。因此,经济管制变化对一个企业甚至是一个行业的打击可能是毁灭性的,但如果企业能够探索跟进开放的市场,就能获得机会利益。垄断产业一旦开放,就形成管制放松,企业进入机会平等,此时企业就可以抓住时间"脉搏"获取以时间为基础的竞争优势。

中国渐进式改革是一种计划经济向市场经济的过渡,也是一种政府逐步放松经济管制的过程。民营企业抓住制度变迁过程中的先行优势,在另一个行业寻找机会,通过并购或是新建厂房来占据新的市场,迅速做大做强。当然,这也是民营企业以多元化并购为战略方向的重要原因之一。

本章的第一节从多个方面,总结了后危机时代我国民营企业并购的动因。根据民银智库的研究,我国民营企业经历了 40 年曲折发展的道路。它们历经改革开放、创新创业浪潮,至今日,已经成为中国市场主体生力军。民企通过并购等方式,取得规模效应、协同效应,走出多元化发展道路;完善公司内部控制,优化内部股权结构;拓宽融资方式和渠道,全方面提升了自身实力。

第二节　新常态下的企业投资异质性
——国有产权的结构模型[1]

一、引言

2015 年底起,中国经济增长放缓及其结构转型成为全球关注的焦点[2],过度债务和过度投资被认为是主要原因。在正常的经济时期,Diego(2013)指

---

① 原文"How to explain corporate investment heterogeneity in China's new normal: Structural models with state-owned property rights"由 Jinchuan Shi 和 Xiaoqian Zhang 2018 年发表在 *China Economic Review* 第 50 期。

② 2015 年 9 月,耶伦在联邦公开市场委员会(FOMC)上一次关于加息的讲话首次揭示了人们对中国经济放缓的担忧。

出中国增长奇迹关键在于投资,而中国经济增长奇迹正是利用了 1952—2006年的结构转型。Knight(2014)也认为高投资是中国这类发展中国家发展的关键因素,因为这一因素产生并保持了一个快速增长的良性循环,即高信心—高投资—高增长—高信心。为了探索中国可持续增长的关键,本节考察了微观企业投资行为的结构性变化,重点关注国有产权这一中国企业异质性资源。

本节从纵向和横向两个维度对我国企业投资行为进行了研究。纵向维度上,结构性转型是通过时间的演变来检验的。问题在于对企业投资及其微观机制的影响是否存在结构性转变。如果答案是肯定的,那么中国的旧常态和新常态有什么不同? 横向维度上,国有产权是中国企业的一个特点。Song、Storesletten 和 Zilibotti(2011)研究了国有企业(SOEs)和民营企业(POEs)在生产率和金融市场准入方面的差异。在当前中国经济放缓的背景下,企业投资行为有何不同?

一些文章研究了 2008 年金融危机的影响,发现美国和欧洲企业的投资下降。Campello、Graham 和 Harvey(2010),Campello、Giambona、Graham 和 Harvey(2011)、Kahle 和 Stulz(2013)从信贷约束角度研究了资本支出的下降。在金融危机期间,中国没有出现投资减少的迹象,这是因为没有像美国和欧盟那样的银行贷款供应冲击。相反,中国的国有企业从中国的经济刺激计划中获得了大量的银行贷款。Liu、Pan 和 Tian(2018)发现银行贷款对企业盈利能力的响应变弱,刺激方案和银行贷款供应的相应增加导致更多资源分配给国有企业。因此,美国和欧盟企业所面临的信贷约束并未出现在中国国有企业身上,但对于民营企业来说,这种约束可能仍然存在。但国有企业必须承担社会责任,其管理者可能更担心高风险投资对其升职的影响。本章的分析基于考虑不同国有产权的企业投资策略的动态模型。我国企业投资存在异质性的原因在于国有企业与民营企业的优化目标函数转移不同。民营企业的融资约束边界来自最近的全球金融危机后信贷紧缩。一些民营企业在面临财务约束和经济低迷的情况下,放弃了原有的价值最大化目标,导致投资扩张。其他民营企业由于担心风险增加而减少了投资。他们的投资下降趋势与欧洲和美国公司在大衰退后的趋势相同。对于国有企业来说,尽管中央政府一再推动他们扩大投资,包括提供大量资金,但其中一些企业还是减少了投资。我们的理论模型解释了国有企业虽然必须承担社会责任,但由于 Milton 和 Raviv(1996)提出的信息分散和激励问题导致的严重代理问题,国有企业的投资策略也发生了变化。

利用 2004—2015 年的企业面板数据,可以得出以下 3 个结论。首先,在考察了中国新常态下企业投资结构的变化后，基于不同时间窗口的三阶段双重差分分析表明，结构的转型是显著的。两个冲击需要被考虑到——金融危机和转型的转折点。实证结果表明，2013 年是中国新常态的起点，2011—2012 年是过渡时期。这为中国的结构转型提供了证据，尤其是在微观企业投资行为方面①。

其次，进一步考察结构转型的投资扩张的实际效果。为了了解投资扩张是否促进了经济的可持续增长，除了财务绩效外，社会绩效也需要被考察。实证检验表明，扩大投资能够改善财务绩效（平均约为 3%），但没有显著的证据证明其能够改善社会绩效。尽管国有企业的社会绩效优于民营企业，但没有证据表明投资扩张改善了国有企业和民营企业的就业问题。国际货币基金组织（2016）从 7 个角度强调了全球经济下行风险，第二个方面是中国经济转型的国际影响。结合我国国有产权的特殊性，可以揭示我国真实的结构性转型及其效果。

最后，无论是国有企业还是民营企业，其投资行为存在异质性的原因在于，他们对利润与风险之间的权衡发生了不同的变化。转型时期，43.3% 的国有企业扩大了投资，而民营企业的这一比例为 51.1%。新常态下，国有企业和民营企业的这一比例分别下降到 33.3% 和 39.5%。使用倾向得分匹配法，代理问题、外部融资、利润与风险权衡的影响的异质性表明，民营企业已经从 Knight（2014）所描述的旧常态经济中的利润激励转变为新常态经济中的风险规避。由于投资扩张是不可持续的，对就业没有明显的好处，中国的正式发展政策，即 Knight（2014）提出的高信心、高投资、高增长的良性循环将被打破。投资扩张作为中国经济可持续增长的主要有效因素，在新常态下是不可持续的，因此中国经济可持续增长确实存在一定的隐忧。

我们的研究试图对科斯的企业理论的文献做出一定的贡献。Grossman 和 Hart（1986）以及 Hart 和 Moore（1990）使用不完全契约研究了这个主题。但是，正如 Hart（2008）所提到的，由于难以将议价成本形式化，因此很难取得进展。现在这一问题正面临新兴的发展，一个重要的突破和观察是对中国市

---

① Stern 和 Green（2015）将增长率作为衡量中国新常态的指标。他们定义了 2012—2014 年的新常态，因为中国的经济增速在 2012—2014 年期间放缓至 7%—8%，而在旧常态时期的 2000—2010 年期间的平均增速超过 10.5%。世界银行（2015）也指出，在中国，结构性改革作为一个逐步退出的财政刺激以及持续性地采取谨慎措施来放缓信贷扩张，将导致 2017 年经济增速从 2014 年的 7.4% 放缓至 6.9%。

场的探索。Huang、Li、Ma 和 Xu(2017)在这一主题文献中增加了地方信息和企业分权。Chen 和 Wen(2017)将中国的房地产繁荣解释为一种理性泡沫,它会挤出生产性资本投资,并且民营企业的资本回报率对超额住房回报率的预测能力比国有企业更大,也更显著。我们首先描述了企业生产的动态过程,记录了不同性质国有企业的目标,试图通过分析企业在大衰退冲击下的动态转移来检验这一主题。从目标函数和信用约束两方面描述了与国有企业的区别。尽管中国政府启动了经济刺激计划,但不仅民营企业的投资在下降,国有企业的投资也在下降。减少投资的公司比扩大投资的公司更多,这不仅体现在理论模拟中,也体现在实证回归中。我们的研究有助于为中国企业投资异质性的存在提供证据,并为今后的研究提供一个更加清晰的结构性变化视角。

本节的其余部分如下组织:第二部分描述了研究背景,并对相关理论进行了综述;第三部分对优化目标的动态位移进行理论分析;第四部分基于 DID 模型分析结构变化;第五部分检验了扩大投资的效果;第六部分从 3 个角度探讨了中国投资异质性的形成机制及其结构变化;第六部分是简要的结论。

二、背景和理论

(一)中国刺激政策和新常态

2008 年全球金融危机后,中国中央和地方政府至少实施了四轮刺激和稳定经济增长的政策。第一轮是在 2008—2009 年新增银行贷款 4 万亿元,标志着 2009 年底中国经济出现复苏迹象,成为世界第二大经济体。第二轮,中国国家发展和改革委员会(NDRC)加快批准项目以刺激经济增长。结果,经济反弹持续了 18 个月,国内 A 股市场从底部上涨 33%,达到周期性高点。第三轮,为缓解 2012 年经济下行压力,央行下调存款准备金率,国家发改委继续加快项目审批。但经济反弹只持续了 12 个月,市场上涨了 23%。2013 年第二季度,中国经济再次放缓。2013 年 7 月,中央银行实施了第四轮经济刺激计划,增加了公开市场操作。但经济反弹只持续了 6 个月,中国 A 股市场上涨了 12%。在此期间,投资占 GDP 的比重从 2010 年的 48% 上升到 2013 年的 50% 以上。不难发现,这些经济刺激计划都是围绕投资展开的,但其有效期限却越来越短。因此,人们对中国投融资的可持续性产生了怀疑,这也被认为是影响中国经济稳定增长的关键因素。①

2014 年 8 月,《人民日报》连续刊登了"新常态下的中国经济"系列评论。新常态的定义是当前经济是增长转型、经济调整和经济刺激消化的叠加(Zhang,2015)。Lin(2012)认为中国的新常态不会一成不变。"无论是现在还是将来,基础设施投资都将是发达国家和发展中国家的双赢战略。"近几年,宏观经济学家们开始讨论中国未来 GDP 增长是 L 形还是 U 形(Higginsa,Zha,and Zhong,2016),这也意味着中国经济正面临拐点。企业投资行为是否存在结构性变化,以及何时发生结构性变化是首先被检验的问题,然后需要考虑金融危机和转型两个冲击。

金融危机是要研究的第一个冲击,它导致信贷约束(Campello et al.,2010)。关于美国和欧洲公司的文献得出的结论是,由于流动性匮乏,公司减少了投资(Campello et al.,2011;Tong and Wei,2018)和需求萎缩(Kahleand and Stulz,2013)。Bianchi 和 Melosi(2017)强调了大衰退之前和之后的财政冲击对宏观经济的影响。金融危机或大衰退被认为是新常态的转折点(Greenstone,Mas,and Nguyen,2015),这之中发现贷款冲击导致小企业和整体就业的经济性小幅下降。但 2008—2011 年,中国固定资产总投资增速有一个超过 15% 的特殊趋势,甚至在 2009 年达到 30% 的峰值(Xu,Wang,and Xu,2013;Higginsa et al.,2016)。扩大投资是我国经济刺激计划的重要组成部分,是经济稳定增长的关键。考虑到对新常态开始时间有很多看法,在第四部分,不同的时间窗口将被逐一测试。

特异性风险是金融危机期间对企业投资的第二个影响。Bachmann、Elstner 和 Sims(2013)构建了时变的经营层战略不确定性的实证代理变量。特异性风险上升,公司投资下降,当管理者拥有公司更大比例的股份时,情况更是如此(Panousi and Papanikolaou,2012)。Gulen 和 Ion(2016)发现企业层面的资本投资与总体不确定性水平之间存在很强的负相关关系。由于政策的不确定性,投资的不可逆性会导致预防性延误,从而抑制企业投资。他们发现,在 2007—2009 年 32% 的资本投资中,约有 1/3 出现了下降。虽然在 2009 年的 SOE 和 POE 子样本中发现了大约 20% 的下降,但仍然高于 Gulen 和 Ion(2016)所指出的美国公司的下降。Bloom(2009)提供了一个结构框架来分析这些不确定性冲击的影响,该框架发现,股票市场层面产生了

---

① 世界银行 2014 年全球监测报告显示,中国经济增速放缓将拖累发达国家经济增长约 0.15%。

持续 2—3 年的更为缓慢的下跌和反弹。因此,应该使用股票市场的风险来分析每个公司的风险,而非政策的不确定性。

(二)国有产权

图 2.2 为投资增长与不同的产权性质情况。HZZ 线由 Higginsa et al. (2016)基于 CEIC 的中国高端数据库计算,该数据库编制了中国官方宏观经济时间序列。为了检验国有产权的效果,投资增长被分为两组进行比较:一组应该直接受到国有产权的影响,作为实验组;另一组不应该直接受到国有制的影响,作为对照组。实验组来自样本中的国有企业,对照组来自样本中的民营企业。在民营企业子样本中,利用最近邻倾向得分匹配方法,根据二级行业分类、省份、企业规模和年龄对每个国企和民企进行匹配。图 2.2 中的实验组投资增长的中位数,远低于对照组。对民营企业而言,2010 年和 2011 年的投资增长为正,2013—2015 年为负,可以发现,在这段时间的大部分时间里,国有企业的投资增长为负。

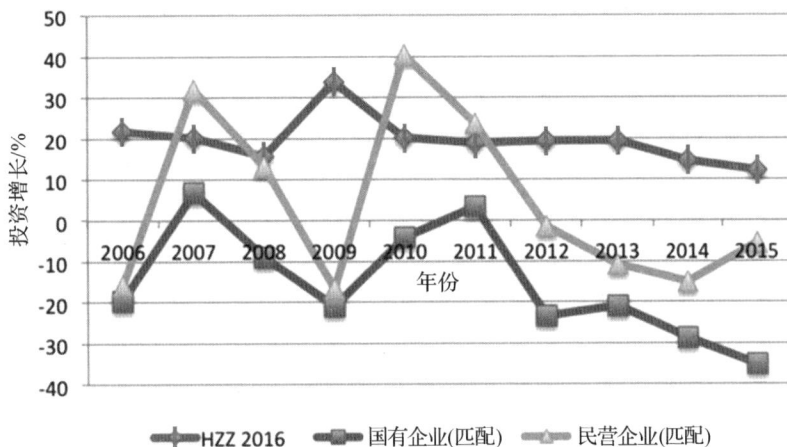

图 2.2　投资增长与不同的产权性质

注:HZZ 投资增长由 Higginsa et al. (2016)基于 CEIC 的中国数据库计算,该数据库编制了中国官方宏观经济时间序列。国企和民企是由样本的中位数绘制的,样本在每年的第 1 和第 99 个百分位进行缩尾处理。

国有产权性质是中国企业的一个特点,对企业的投资具有重要意义。(Liu and Siu,2012)。[1] Hart,Shleifer 和 Vishny(1996)将投资动机归纳为降低成本和提高质量。国有企业的管理者对这两个目标都缺乏热情(Shleifer,1998)。代理成本、低投资效率和预算软约束导致国有企业投资不足(Knyazeva,Knyazeva,and Stiglitz,2013)。不良贷款(NPL)也是我国国有企业投资效率低下的一种具体表现形式。[2] 国内的学术研究揭示了国有企业投资的双重性。一方面,国有企业普遍存在股东与经理人之间的第一类委托代理问题。事实上,国有上市公司长期以来一直处于所有者缺位状态。管理者追求的是职位晋升、在职消费和灰色收入(Lu,Liu and Xu,2013)。中央国有企业经营收入的增加与经理晋升呈正相关(Yang,Wang,and Nie,2013),国有企业的投资取决于其资产的回报(Li,Qing,and Zhang,2011)。因此,许多国有企业的管理者什么都不做,希望安全晋升。另一方面,国有企业必须承担社会责任来解决就业、社会稳定和养老金问题(Lin,Liu,and Zhang,2004),并得到比民营企业多的政府补贴[Kong,Liu,and Wang(2013)甚至发现损失的公司倾向于获得更多的补贴],导致长期的预算软约束的存在。在本次金融危机之后,国有企业通过经济刺激计划获得了大量的银行贷款。他们必须承担扩大投资和吸纳就业的责任。总体来看,金融危机后国有企业表现出两种行为,一种是委托代理问题导致的投资减少,另一种是政治负担导致的投资扩张。

民营企业在治理机制方面优于国有企业(Hu,Song,and Zhang,2005)。实证结果表明,与国有企业相比,民营企业的投资对现金流更为敏感(Luo,2007)。民营企业的行为可能与国际文献的结论相一致,因为融资约束的增加会减少其投资,因为其投资对金融危机后下降的现金流十分敏感。此外,一些民营企业的企业家在致富后总是在寻求稳定,这些民营企业会表现出与 Lins,Volpin 和 Wagner(2013)的结论类似的趋势。与国有企业相反的是,民营企业一直面临着大股东与小股东之间的第二类委托代理问题。通过现金持有,在国有企业中普遍存在着堑壕效应(Luo,2007),尤其是在上市公司中。现金股利被用作通道的手段,而不是减少代理问题的手段(Huang,Shen and Sun,

---

① 他们估算了 2001—2005 年中国上市公司的投资贴现率,发现非国有企业的贴现率比国有企业高出 10%。与此同时,非国有企业和公司治理较好的企业投资相对较少。

② 不良贷款占中国 GDP 的 162% (Siqueira,Sandler,and Cauley,2009)。

2011）。企业并购和债券融资市场发展迅速[①]。大量的互联网企业通过股权融资在国外获取了大量的现金流，并进行了投资扩张。因此，企业的委托代理问题导致了投资的扩张。综上所述，民营企业还存在着融资约束导致的投资减少和委托代理问题导致的投资扩张两种投资行为。

国有产权的影响需要被探讨。国有产权对我国企业投资的影响已在大量文献中得到检验，但其作用机理较为复杂。Jiang 和 Kim（2015）提供了中国公司治理的前沿回顾，调查了国有企业和非国有企业之间的差异。一些文章显示，民营企业和大型国有企业的投资更积极，更渴望扩张（Luo，2007）。这一结论在金融危机后或是在中国的新常态下依然成立吗？或者中国国有企业和民营企业是否会像欧美的企业那样削减投资（Campello et al.，2010；Campello et al.，2011；Lins et al.，2013）？

三、理论分析

（一）企业生产的动态过程

Baker 和 Wurgler（2013）指出，对融资和投资模式的完整解释需要正确理解管理者和投资者的信念和偏好。这两类代理人应该对未来事件作出公正的预测，并利用这些预测作出最符合他们自身利益的决策。由于议价成本难以形式化，科斯的企业理论一直难以取得进展。使用合同作为双方都认可的参照点，可以替代不完全合同的假设和事后对盈余的议价，后者产生了 Grossman、Hart（1986）和 Hart、Moore（1990）的研究结果。Hart（2008）更广泛地使用参考点作为公司理论的基础。因为没有在真实的公司中观察到这种议价，参考点方法可能比公司现有的产权理论架构更有生命力。

我们构建了动态过程来考察企业的投资决策。设 K 和 I 分别表示股本水平和总投资率。根据 DeMarzo、Fishman、He 和 Wang（2012）的资本积累模型，公司的资本存量 K 根据下式可得：

$$dK_t = (I_t - \delta K_t)dt \tag{2-1}$$

---

① 从 Wind 的 2013 年的报告来看，非上市公司的公司债券 2136 只，票面价值 2.9 万亿元，上市公司的公司债券 1071 只，票面价值 0.76 万亿元。截至 2007 年底，我国仅发行 210 只非上市公司债券（0.34 万亿元人民币）和 5 只上市公司债券（0.011 万亿元人民币）。金融危机后，我国债券融资从无到有，发展迅速。

其中 $\delta > 0$ 是折旧率。

因为雷曼兄弟在 2008 年 9 月 15 日破产，全球金融危机对经济产生了严峻的冲击。引入 Albuquerue 和 Wang(2008)的下述不确定性：

$$dK_t = (I_t - \delta K_t)dt + \sigma_1 I_t dZ_t \tag{2-2}$$

其中 $\sigma_1 > 0$ 是波动率参数常数，Z_t 是一个布朗运动，且 $K_0 > 0$。

假设 I_{old} 是未结构性改革的总投资比例，源于政府行政命令的超额投资或由于风险规避的缩减投资为 ΔI_t，则资本存量将在冲击后改变，并满足：

$$dK_t = (I_{old} + I_t - \delta K_t)dt + \sigma_2(I_{old} + I_t)dZ_t \tag{2-3}$$

其中波动率参数 σ_2 有别于旧常态的风险波动参数 σ_1。如果在新常态，这仍然是外生的常数。但是如果是在转型期间，旧的均衡被打破，新的均衡尚未形成，σ_2 将取决于投资的内生变量，且应当是 I_t 的递增函数。

企业营业利润 dY_t 是随时间增量 dt 变动的资本收益和生产成本的净值，满足以下动态方程：

$$dY_t = hK_t + f_t dt - (I_{old} + I_t)dt - Gdt \tag{2-4}$$

其中 h 表示资本产出比，f 为外部融资，G 表示其他调整后成本函数包括劳动力成本 L、控制性股东的私人收益 C，G 也是投资的单调递增函数。外部融资 f 由两部分组成，其中信贷资金记为 B，$f-B$ 为资本市场上的其他外部融资，对于上市公司则表现为新增债券 D、股票 S。

(二)投资决策

1. 民营企业优化

企业投资决策的目标函数有两种，一个是价值最大化目标函数，即

$$\max_I E\left[\int_0^\infty e^{-rt} dY_t\right] \tag{P1}$$

另一种源于委托代理问题。其目标函数是：

$$\max_{I,g} E\left[\int_0^\infty e^{-rt} u(m_t + w_t, g_t)dt\right] \tag{P2}$$

其中管理者效用函数是如 Coles,Lemmon 和 Meschke(2012)设定的：

$$u(m_t + w_t, g) = -e^{-\eta(m_t + w_t - g(I_t))} \tag{2-5}$$

其中 m_t 是管理财富，w_t 是不确定的工资，即高管持股，假设 ϕdY_t，其中 ϕ 是激励参数[He,Li,Wei,and Yu(2014)]。η 是决定风险厌恶程度的参数，$0 < \eta < 1$。gI_t 是管理投入的金钱等值成本，取决于 I_t。因此，在新常态下考虑代理问题的目标函数可以被写为：

$$\max_{\Delta I} E\left[\int_0^\infty -e^{-rt-\eta(m_t+w_t-g(\Delta I_t))}\,dt\right] \tag{P2'}$$

目标函数可以假设调整后的成本函数 G 是投资的递增函数,将其视为投资的单一决策问题,即

$$G(I_{old}+\Delta I_t)dt=dL_t+dC_t=\alpha(\Delta I_{old}+\Delta I_t)dt+\gamma(I_{old}+\Delta I_t)dt \tag{2-6}$$

其中,$\alpha>0$,$\gamma\geqslant0$。

2. 国有企业的优化

对于国有企业,Zhang(1996)分析了国有企业的委托代理问题,认为国有企业缺乏真正的控制权。因此,SOE 的决策与内部人的优化非常相似,其目标函数应该包括与企业利润相关的社会贡献 SC_t,如就业扩张、代理晋升等。Milton 和 Raviv(1996)解释说,观察到的预算编制过程是对分散的信息和激励问题的响应。当资本生产率高时,这些不规范会导致投资不足,而当资本生产率低时,则会导致投资过度。他们考虑的具体代理问题是总部为了最大化公司的价值而配置资金,而部门经理更倾向于最大化他们的个人消费。该模型可以通过将国资委或地方国资委视为总部,将中国国有企业的经理改组为部门经理来描述国有企业的投资决策过程(Milton and Raviv,1996)。因此,国有企业的目标函数是:

$$\max_{\Delta I}\left\{E\int_0^\infty e^{-rt}\left[u(m_t+w_t,g_t)+U(SC_t)\right]dt+\text{Prob}(Y_t>0)\right\} \tag{P3}$$

其中 u 表示公司管理者的效用函数,由式(2-5)定义,U 表示 SASAC 效用函数,随着利润增加。假设 $U(SC_t)=-e^{-\zeta dY_t}$,其中 ζ 是社会贡献除以营业利润的参数,$0<\zeta<1$。P3 的最后一项表示经理对安全晋升和无所事事的期望,这也解释了为什么国企企业家更偏爱安静生活(Bertrand and Mullainathan,2013;Stein,2003)而非帝国构建(empire building)。

3. 信贷约束

接下来是国有产权对我国企业融资投资的影响。对于民营企业来说,决策过程并不是无限的。由于银行也是国有的,国有企业从银行借款没有困难。金融危机后,经济刺激计划给他们带来了大量的银行贷款。因此,与美国和欧盟的公司相反(Campello et al.,2010;Duchin,Ozbas,and Sensoy,2010),中国国有企业没有信贷约束。

这种所有权歧视导致民营企业从现有银行体系获得的融资支持远远少于国有企业。对于民营企业来说,他们的财务约束主要表现为信用约束

(Miao and Wang,2012)，这意味着贷款不能低于其抵押品的市场价值。进入财务困境(financial distress)时刻 τ 就是企业净资产的市场价值首次下穿贷款总额的停时。信贷约束为：

$$B_t \leqslant \beta E_t[M_\tau(\delta K_\tau)] \tag{2-7}$$

上述从(P1)到(P3)的目标函数都是针对财务健康的企业，因此其决策过程是无限的。信贷约束的方程(2-7)让民营企业的目标函数使用 τ 作为上界而非无限范围，成为有限范围内的一个优化问题。Herranz、Krasa 和 Villamil (2015)研究了具有借贷约束下的小企业的动态模型。我们的模型和实证结果也支持他们的发现。

(三)动态转移

1.目标函数的结构性改变

图2.3中虚线描绘了旧常态的价值函数，其中资本存量 K 受到式(2-2)的约束。实线表示结构性改变后的目标函数。图2.3(a)表明对于 $\Delta f < 0$ 的民营企业，δ 增加(Kahle and Stulz,2013)，式(2-3)漂移率下降，不确定性取决于投资率和风险 σ_2。如果民营企业信贷约束收紧，图中的财务困境边界左移，使部分企业的目标函数由 P1 转变为 P2，因此这类企业扩大投资。另外，由式(2-4)、式(2-6)可见，P1 型的民营企业会选择较低的 σ_2，从利润驱动型转变成风险规避型，使得投资收缩。

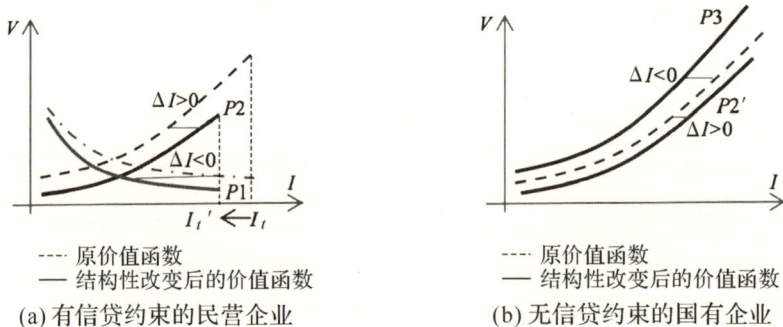

（a）有信贷约束的民营企业 （b）无信贷约束的国有企业

图2.3 不同产权下企业的价值函数

由于国有企业可以得到政府信贷支持，因此国有企业目标函数不需要满足式(2-7)的信贷约束。

图2.3(b)描述了国有企业投资的改变。目标值函数(P3)中的第一项来

源于代理问题,相当于式(P2)加上累积社会贡献(记为 P2′)。为了达到相同的目标函数,必须增加投资。式(P3)中的后一项,并不等同于价值最大化,而是只要保证企业不亏损,因此 $\Delta I < 0$。国有企业扩大投资还是收缩,取决于其目标函数更倾向于 P2′ 还是 P3。事实上,由于经济刺激计划,国有企业获得大量贷款,即 $\Delta f > 0$,由(2-4)式可见,dY_t 增加,$\mathrm{Prob}(Y_t > 0)$ 增加,因此有一部分国有企业从 P2′ 转变成 P3,表现为收缩投资的企业数量增加。

2. 对异质性的模拟

图 2.4 显示了异质性而不是利润驱动型目标函数的影响,其中模拟分别基于民营企业的目标函数 P2 和国有企业的目标函数 P3。从所有模拟结果中可以看到,投资水平出现下降。参照 He et al.(2014),假定经理的不确定工资随着利润增长,即 $w_t = \phi dY_t$。在模拟时,参照 Miao 和 Wang(2012)的做法令信贷约束随着 K_t 增加,即 $\beta E_t [M_\tau(\delta K_\tau)] = \phi K_\tau$。前两张图显示了减轻代理问题后管理层所有权对投资产生的影响。可以看到,图 2.4(a)的左边旧常态和新常态的差距比图 2.4(b)小,且在新常态时期国有企业的投资曲线几乎是平坦的。

图 2.4(c)和(d)显示,对于民营企业而言,投资减少的外部融资比国有企业多。第六部分将外部融资分为债务融资和股权融资从而给出了进一步的说明。最后两张图显示了利润与风险权衡。图 2.4(e)表明如果投资率增加则利润下降。图 2.4(f)表明相比于国有企业,民营企业的投资对风险更加敏感。

Gilchrist、Sim 和 Zakrajšek(2014)利用一个同样考虑金融摩擦的定量一般均衡模型考察了企业财务投资。我们的模型考虑了国有企业产业的影响,发现企业的最优函数与导致不同变化的国有产权不同。这种异质性与后面的实证部分给出的结论一致。

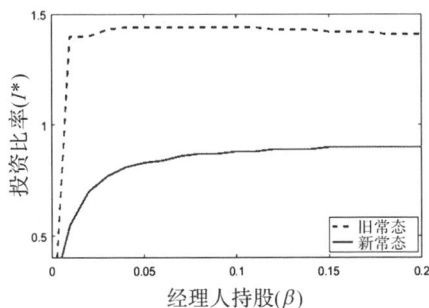

(a)民营企业的管理层所有权　　(b)国有企业的管理层所有权

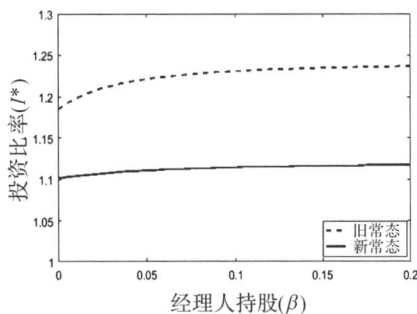

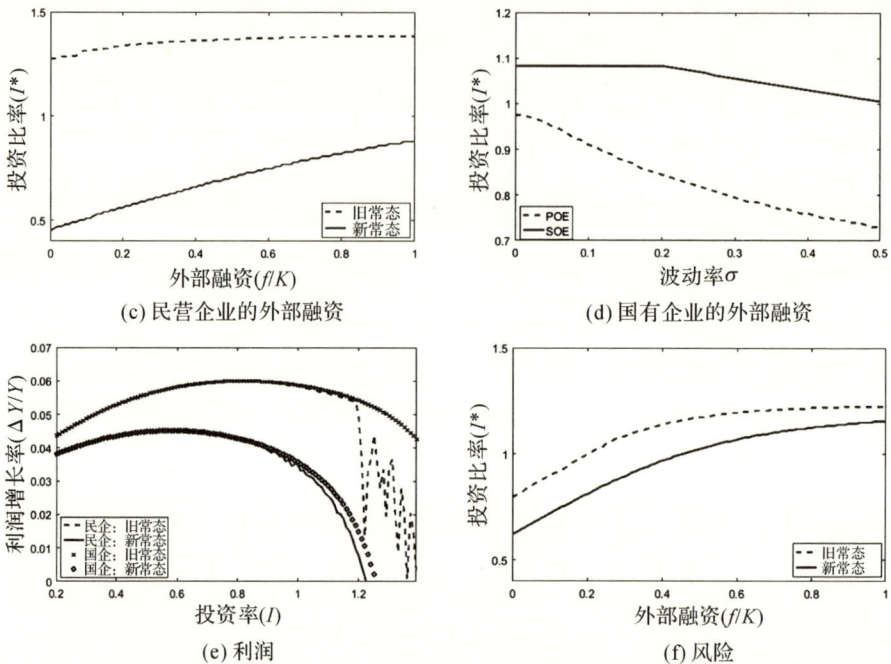

图 2.4　对异质性的模拟

注:具体参数为 $r=4.6\%$,$\delta=12.5\%$,$\sigma_1=26\%$[这三个参数的设置参考 DeMarzo et al.(2012)],$\sigma_2=40\%$,$\eta=0.05$,$\phi=0.05$(He et al.,2014),$\psi=30\%$(Miao and Wang, 2012),$\alpha=0.1$,$\gamma=0.1$,$\zeta=0.1$[参考 Bolton,Chen,and Wang(2013)]。假定国有企业和民营企业的资本产出率是不同的,h 对民营企业和国有企业分别为 1.2、0.8。

四、上市公司投资行为的结构性变化

(一)数据

2004 年被视为我国利率市场化元年,因此被选取的时间窗口为 2004—2015 年,选取截至 2014 年 8 月 1 日仍在交易的全部 A 股上市的制造业企业形成的非平衡面板数据,共取得 1670 家样本公司、12516 个观测值。数据来源于 Wind 金融数据库提供的 2004—2015 年年报数据。2008 年 9 月雷曼兄弟的破产被公认为是本次金融危机的爆发标志,因此以 2008 年为事件年考虑金融危机的影响。为了最小化离群值的影响,对各变量每一年度按上下 1％分位数进行 Winsorize 处理(Lins et al.,2013；Hadlock and Pierce,2010)。

Hovakimian(2009)系统梳理了除现金流外影响企业投资行为的其他因素,包括市场对账面比率、成长性、企业规模、企业年龄、负债率、有形资产比率、债务等级、分红支出、财务松弛度,并给出了详细的定义,我们的基准模型在此基础上还增加了企业年龄和规模(Hadlock and Piece,2010)。由于国内上市公司债务等级缺乏相应指标,因此债务等级指标未被选用。两个外部融资指标也被考虑,即新增债务融资、新增股票融资,并以前一期投资为工具变量控制内生性(Brown and Petersen,2009)。由于国有企业(SOE)通常承担社会责任,除了财务绩效外还需要对企业的社会绩效进行检验。社会绩效采用年末员工总数的对数表示。附录表 B 给出了相关变量的定义及说明。

(二)产权性质与投融资决定的结构差异

为了考察上市公司金融危机前后在融资和投资上是否有显著差异,参考Lins et al.(2013)构建以下双重差分模型(Difference-in-Difference):

$$\text{Decision}_{it} = 1'\lambda_{it} + b\text{SOE}_i \times \text{Crisis}_t + \gamma'X_{it} + \varepsilon_{it} \qquad (2-8)$$

向量 λ_{it} 包含了公司、年度、行业固定效应分别用于控制商业周期波动和行业异质性的影响。Decision_{it} 表示公司 i 在 t 年的融资或投资决定。SOE 是企业产权性质虚拟变量,如果该企业是国有企业则 SOE 取 1 否则取 0。Crisist 也是虚拟变量,如果该年度处于 2008—2015 年则 Crisist 取 1 否则取 0。控制变量 X_{it} 包括企业规模、负债率、市账比[①]。参数 b 抓住了国有企业或民营企业在 2008 年前后融资或投资行为的变化。表 2.2 给出了模型(2-8)的回归结果,其中标准误在省份层面上进行聚类。

Lins et al.(2013)的结果显示:35 个国家(不包括中国数据)8500 家公司的样本中,在 2008—2009 年危机后,家族控制的企业在融资上没有显著差异,但投资上差异显著,家族企业投资缩减了 0.52 个百分点。总体样本公司危机前投资率中位数是 0.2109,危机后投资率中位数是 0.293。中国企业在危机后投资增加的现象不同于国际文献(Lins et al.,2013)。但是不同产权企业的投资行为存在差异:民营企业危机前投资率中位数为 0.2709,危机后增至0.401;国有企业危机前投资率中位数为 0.175,危机后为 0.167,缩减 0.8 个

---

① Lins et al.(2013)的模型中控制变量还考虑了利润,因为在后面的部分中要检验利润－风险权衡,所以此处没有放入。

百分点。

表 2.2 的实证结果揭示不同产权企业在融资决定和投资决定表现出不同的特点:金融危机后国有企业外部融资和投资率显著低于民营企业,但是现金明显高于民营企业。考虑省际 Cluster 的 DID 结果显示金融危机后国有企业的投资水平比民营企业低 11.7%。

表 2.2 DID 分析

Panel A. 产权性质和公司决策

变量	(1) 现金	(2)分红	(3)负债率	(4)债务融资	(5)股票融资	(6)投资率
SOE×Crisis	0.658***	0.004	0.273	−0.274***	−0.178***	−0.117***
	(0.064)	(0.005)	(1.319)	(0.091)	(0.028)	(0.039)
控制变量	控制	控制	控制	控制	控制	控制
年度固定效应	控制	控制	控制	控制	控制	控制
公司固定效应	控制	控制	控制	控制	控制	控制
二级行业	控制	控制	控制	控制	控制	控制
聚类	省级	省级	省级	省级	省级	省级
观测值个数	12516	12516	12528	12516	12516	12516
R^2	0.042	0.013	0.032	0.075	0.078	0.030
F 统计量	31.56	16.6	21.89	54.45	33.59	15.05
p 值	0.000	0.000	0.000	0.000	0.000	0.000

Panel B. 替代事件窗口的投资行为期间差异

变量	(1)	(2)	(3)	(4)	(5)	(6)	(7)	(8)
	2008	2009	2010	2011	2012	2013	2014	无新常态
SOE× Crisis	−0.015	−0.026	−0.052	−0.069**	−0.090***	−0.104***	−0.120***	−0.117***
	(0.033)	(0.025)	(0.026)	(0.027)	(0.029)	(0.032)	(0.033)	(0.039)
SOE× NewNormal	−0.124***	−0.135***	−0.124**	−0.121**	−0.097*	−0.073	0.030	
	(0.045)	(0.041)	(0.051)	(0.049)	(0.049)	(0.062)	(0.120)	

续表

控制变量	控制	控制	控制	控制	控制	控制	控制	控制
年度固定效应	控制	控制	控制	控制	控制	控制	控制	控制
公司固定效应	控制	控制	控制	控制	控制	控制	控制	控制
二级行业	控制	控制	控制	控制	控制	控制	控制	控制
观测值个数	12516	12516	12516	12516	12516	12516	12516	12516
R^2	0.030	0.031	0.031	0.031	0.031	0.030	0.030	0.030
F 统计量	16.13	13.18	12.85	13.49	12.64	13.87	13.74	15.05
p 值	0.000	0.000	0.000	0.000	0.000	0.000	0.000	0.000

　　注:括号里报告的是稳健标准差。***、**、* 分别表示 1%、5%、10%水平下显著。SOE=1 为国有企业,Lins 中 family control=1 是家族控制(持股超过 2%)。第(1)列回归控制变量不包括利润,第(3)列回归控制变量不包括负债率。

(三)新常态与非新常态

　　为了考察中国企业的投资是否存在新常态,参考 Lins et al.(2013)的表 11,不同的时间窗口被采用来考虑结构变化。表 2.2 PanelB 增加了虚拟变量 NewNormal 来考察结构性变化。在第(1)列中如果该年度位于 2008—2015 年则 NewNormal 取 1,在第(2)列中如果该年度位于 2009—2015 年则 NewNormal 取 2,以此类推。最后一列中不包含变量 NewNormal 表明不存在新常态。前 3 列中 SOE×Crisis 项系数不显著,说明考虑产权差异的金融危机影响并不是立即出现的。不同时间窗口的实证结果表明考察投资行为应分别考察 3 个时期:2004—2010 年,2011—2012 年,2013—2015 年。其中 2011—2012 年是过渡期,在此期间的投资行为与前后两个期间均有显著差异。2013 年是新常态的起点。

　　旧常态(2004—2010 年)、过渡期(2011—2012 年)、新常态(2013—2015 年)的投资率中位数分别为 0.252、0.372、0.244,投资行为总体出现倒 U 形。民营企业在这 3 个时期的投资率中位数分别为 0.341、0.525、0.344,国有企业在这 3 个时期的投资率中位数分别为 0.178、0.202、0.132。在过渡期两类企业总体上分别扩大投资 28.4、2.4 个百分点，民营企业的扩大投资远高于得到融资支持的国有企业。进入新常态期，比起旧常态，民营企业总体投资增加 0.3 个百分点，国有企业总体降低 4.6 个百分点。Gulen 和 Ion(2016)发现政策不确定性可以影响 8 个季度的投资行为，我们发现中国的过渡期也同样是两年(即 8 个季度)。

五、扩大投资的效果

(一)"扩大投资"的定义

正如理论回顾部分所见，国际学术前沿发现金融危机期间其他国家大多出现投资收缩的现象，而我国国有企业的政策性负担、民营企业的代理问题导致企业有投资扩张冲动。以下从财务绩效(ROE)和社会绩效(SocialPer)[1]来考察扩大投资的影响。模型是：

$$\text{Performance}_i = \alpha + \eta' \times \text{SOE}_i + \varphi' \times \text{Invup}_i + f(\text{控制变量}) + \varepsilon_i \qquad (2\text{-}9)$$

同样，该模型也在省份层面上对标准误进行聚类。Performance 分别代表 ROE 和 SocialPer 的期间均值。控制变量为证监会行业分类中制造业下的二级分类[2]。Invup 是表征投资增加的虚拟变量，投资增加为 1 否则为 0。投资变化采取以下指标测度：

$$\Delta I_{k,i} = \frac{\text{Avg}I_{i,k} - \text{Avg}I_{i,basis}}{\text{Avg}I_{i,basiis}}, k = 1, 2, 3 \qquad (2\text{-}10)$$

其中，$\Delta I_{1,i}$ 是第 i 个公司 2008 年以后投资平均值与 2008 年以前投资平均值的变化率。$\Delta I_{2,i}$ 是第 i 个公司 2011—2012 年投资平均值与 2004—2010 年投资平均值的变化率。$\Delta I_{3,i}$ 是第 i 个公司 2013—2015 年投资平均值与 2004—2010 年投资平均值的变化率。表 2.3 支持第三部分对国有企业、民营企业优化目标转移理论的分析。

---

[1] 增加考察解决就业的社会绩效，原因在于：首先，金融危机后就业率始终作为各国衡量是否经济复苏的最重要指标，因此考察企业投资的绩效必然要考虑其对社会的影响即员工人数；其次，解决就业、保证社会稳定也是国有企业与民营企业的一个重大差异(Shleifer,1998；Huang et al.,2011)，这是中国企业产权差异的重要表现，国外文献未考虑这一指标还因为美国企业数据无法提供 SOE 样本。

[2] 为防止共线性和内生性，控制变量仅包含二级子行业，因为 Invup 已经反映了投资的影响。

表 2.3　投资行为与国有企业和民营企业的绩效

变量		公司个数/家	ΔI_{1}.	ROE	员工人数/人
Panel A. 金融危机前后差异 2008—2015 年 vs. 2004—2007					
SOEs	$\Delta I>0$	225	1.050	6.851	2987
	$\Delta I<0$	295	−0.624	3.215	2922
	合计	520	−0.209	5.043	2934
POEs	$\Delta I>0$	235	1.222	14.357	1086
	$\Delta I<0$	295	−0.582	8.497	1643
	合计	530	−0.122	12.507	1235
Panel B. 过渡期与旧常态的差异 2011—2012 年 vs. 2004—2010 年					
SOEs	$\Delta I>0$	237	0.962	7.512	3197
	$\Delta I<0$	311	−0.648	5.686	3078
	合计	548	−0.155	6.631	3103
POEs	$\Delta I>0$	492	1.278	8.693	1216
	$\Delta I<0$	471	−0.552	8.632	1330
	合计	964	0.029	8.671	1266
Panel C. 新常态与旧常态差异 2013—2015 年 vs. 2004—2010 年					
SOEs	$\Delta I>0$	183	1.625	4.696	3528
	$\Delta I<0$	365	−0.759	2.664	3280
	合计	548	−0.449	3.500	3670
POEs	$\Delta I>0$	380	1.309	8.085	1463
	$\Delta I<0$	584	−0.647	5.640	1650
	合计	964	−0.268	6.622	1599

(二)垂直和水平差异

对于民营企业,过渡期扩张投资的有 492 家(占比 51.1%),这一时期民营企业信贷融资约束收紧导致 P1 型企业转变为 P2 型企业。进入新常态后,民营企业信贷约束放松,公司债券和股权融资在 2013 年后迅速发展,P1 型企业回归,并选择低风险投资,从利润驱动型转变为风险规避型,表 2.3 显示新常态投资扩张的民营企业有 380 家(占比 39.4%)。对于国有企业,过渡期和新常态期扩大投资的企业分别有 237 家、183 家,占比分别为 43.3%、33.4%,均未过半。

与旧常态相比,国有企业在过渡期和新常态时期 ΔI 中位数分别为 -0.155、-0.449,投资率不断下滑。中国企业总体表现为投资收缩,仅有民营企业在过渡期总体表现为投资扩张($\Delta I_{2,i}$ 的中位数为 0.029)。因此,可以得到与国际文献一致的结论,即相比于旧常态时期,不论是国有企业还是民营企业都减少了投资。

(三)扩大投资对企业绩效的影响

表 2.4 的结果揭示了产权性质对企业绩效的影响贯穿各个时期,而且结果都是一致的。表 2.4 Panel A 中所有 SOE 的系数都显著为负,Panel B 中所有 SOE 的系数都显著为正,表明财务绩效上国有企业显著低于民营企业,但是在解决就业上有显著优势。表 2.4 Panel A 结果第(1)部分显示,如果单纯地把 2008 年作为时间窗口的划分,则扩大投资的样本在危机后财务绩效明显改善 5 个百分点左右。如果拆分成旧常态、过渡期、新常态 3 个阶段,即 2004—2010 年、2011—2012 年、2013—2015 年,第(2)部分和第(3)部分结果显示,过渡期投资增加的企业并没有显著的企业绩效变化,新常态期间投资增加的企业财务绩效显著提高 3 个百分点左右。

发展经济学认为提高就业水平是发展中国家可持续增长的一个关键指标,因此需要进一步考察扩大投资对就业率的影响以考察社会绩效。表 2.4 Panel B 结果显示 SOE 项均显著为正,说明社会绩效上国有企业均显著高于民营企业,国有企业的确到解决就业的积极作用。但是扩大投资并不能有效促进可持续增长,在过渡期,国有企业可以提高 2.5% 的就业率(对应 SOE 项系数为 0.961、0.909)。Invup 系数在过渡期不显著[见第(2)部分],甚至在新常态时期平均减少 1.1%[见第(3)部分]。

表 2.4 扩大投资对企业绩效的影响

变量	(1)ΔI_1		(2)ΔI_2		(3)ΔI_3	
	2008—2015 年 vs. 2004—2007 年		2011—2012 年 vs. 2004—2010 年		2013—2015 年 vs. 2004—2010 年	
Panel A. 财务绩效						
SOE	−6.401*** (0.560)	−5.771*** (0.431)	−3.437*** (0.605)	−2.924*** (0.569)	−5.189*** (0.750)	−3.999*** (0.638)
Invup	5.957*** (0.571)	5.136*** (0.581)	0.802 (0.484)	0.643 (0.486)	3.514*** (0.607)	2.750*** (0.606)
行业	不控制	控制	不控制	控制	不控制	控制
观测值个数	1512	1512	1512	1512	1512	1512
调整后的 R^2	0.203	0.272	0.036	0.081	0.076	0.168
Panel B. 社会绩效						
SOE	0.893*** (0.094)	0.862*** (0.088)	0.961*** (0.085)	0.909*** (0.080)	0.847*** (0.092)	0.804*** (0.091)
Invup	−0.228*** (0.075)	−0.153** (0.072)	−0.083 (0.0078)	−0.049 (0.068)	−0.106* (0.054)	−0.108** (0.043)
行业	不控制	控制	不控制	控制	不控制	控制
观测值个数	1512	1512	1512	1512	1512	1512
调整后的 R^2	0.178	0.266	0.164	0.248	0.136	0.217

注：***、**、* 分别表示 1%、5%、10% 水平下显著，下同。

六、机制分析

(一)基准模型和结构性变化

我们的基准模型如下：

$$I_{i,t}=\beta_0+\beta_1(CF/K)_{i,t}+\beta_1 I_{i,t-1}+f(控制变量)+\varepsilon_{it} \qquad (2\text{-}11)$$

其中控制变量参考 Hovakimian(2009)，包括市账比、主营业务收入增长率、有形资产、资产负债率、分红支出、企业年龄和规模。参考 Brown 和 Petersen (2009)，引入滞后变量 $I_{i,t-1}$ 用于降低内生性和滞后效应(Michael and Whited,

2012)。表 2.5 中标准误在省份层面上进行聚类。为了考虑投资行为的结构差异,第(4)列和第(6)列增加两个虚拟变量将样本期间分为三部分。Shock=1 表示该年度处于 2011 年以后,否则为 0。NewNormal=1 表示该年度处于 2013 年以后,否则为 0。

为了检验产权的影响,1670 个制造业上市公司被分为实验组(548 个国有企业)、对照组(964 个民营企业)。以行业、地区、Size、Age 为配对参数,采用最近倾向得分匹配方法(neighbor propensity score matching)进行配对,最终得到实验组为 548 个国有企业、对照组为 305 个民营企业,ATT 值为 -0.325,标准差为 0.103,t 值为 -3.174,表明实验组的国有企业投资率显著低于配对样本中的民营企业。

显示基准模型中第(1)列和第(3)列 CF/K 的符号不显著但在第(2)列中 CF/K 的符号显著,这表明民营企业投资行为对现金流正向敏感,但是与国有企业特征相仿的民营企业,以及国有企业,其投资对现金流均不敏感。

三期的结构变化也需要考虑,见表 2.5 中的(4)—(6)列。第(4)列的结果表明在金融危机前国有企业的投资对现金流是正向敏感。(CF/K)×Shock 的系数和(CF/K)×NewNormal 的系数不显著,说明国有企业的投资现金流正敏感性只表现在旧常态期,在过渡期和新常态期均不敏感。第(5)列和第(6)列的结果显示民营企业在过渡期不敏感,在旧常态期和新常态期都是正敏感型。三期结构的进一步回归显示,国有企业在过渡期和新常态期投资效率令人担忧,而民营企业虽然在过渡期投资效率有下降,但是新常态期的投资效率已恢复。

表 2.5 基准模型和企业投资行为的结构差异

变量	基准模型			结构变化模型		
	(1)	(2)	(3)	(4)	(5)	(6)
	实验组	不配对控制组	配对控制组	实验组	不配对控制组	配对控制组
CF/K	0.167 (0.159)	0.318*** (0.061)	0.151 (0.111)	0.229*** (0.022)	0.190** (0.072)	0.172* (0.085)
(CF/K)×Shock				-0.148 (0.122)	-0.154 (0.095)	-0.261 (0.176)

续表

变量	基准模型			结构变化模型		
	（1）	（2）	（3）	（4）	（5）	（6）
	实验组	不配对控制组	配对控制组	实验组	不配对控制组	配对控制组
$(CF/K)\times$ NewNormal				0.057 (0.354)	0.571*** (0.118)	0.393* (0.206)
$I_{i,t-1}$	0.077** (0.032)	0.024 (0.037)	0.035 (0.061)	0.078** (0.030)	0.022 (0.040)	0.041 (0.061)
M/B	0.423*** (0.098)	0.449*** (0.089)	0.535*** (0.170)	0.426*** (0.066)	0.359*** (0.085)	0.503*** (0.149)
Salegrowth	0.001 (0.001)	0.002*** (0.004)	0.004** (0.002)	0.001 (0.001)	0.002*** (0.001)	0.004** (0.002)
Tangibility	−0.010** (0.005)	−0.013*** (0.004)	−0.019* (0.009)	−0.010** (0.005)	−0.012*** (0.004)	−0.018** (0.008)
Leverage	−0.008 (0.006)	−0.001 (0.005)	−0.011 (0.008)	−0.008 (0.006)	−0.008 (0.005)	−0.010 (0.007)
Finslack	0.338*** (0.053)	0.199*** (0.023)	0.220*** (0.055)	0.338*** (0.053)	0.195*** (0.020)	0.218*** (0.052)
Div	−0.468** (0.221)	−0.246 (0.416)	−0.068 (0.611)	−0.417** (0.169)	−0.015 (0.347)	0.140 (0.565)
Age	−0.039*** (0.008)	−0.051*** (0.011)	−0.057*** (0.013)	−0.037*** (0.006)	−0.058*** (0.012)	−0.059*** (0.014)
Size	0.217*** (0.058)	0.495*** (0.085)	0.511*** (0.092)	0.229*** (0.061)	0.448*** (0.087)	0.510*** (0.090)
行业	控制	控制	控制	控制	控制	控制

续表

变量	基准模型			结构变化模型		
	（1）	（2）	（3）	（4）	（5）	（6）
	实验组	不配对控制组	配对控制组	实验组	不配对控制组	配对控制组
聚类	省级	省级	省级	省级	省级	省级
F 值	33.44***	41.49***	9.28***	42.26***	38.97***	7.72***
调整后的 R^2	0.300	0.275	0.302	0.302	0.308	0.318
观测值个数	6032	6474	2390	6032	6474	2390

（二）异质性

1. 代理问题

经理们是自利的。如果经理持有股票，代理问题将会减少。之所以选择管理层所有权而不是国有股的比例，是因为国有股只计入非流通股，这是现在公司股份的一小部分。自中国启动股权分置改革以来，这一比例尚未在流通股中披露。此外，管理层所有权的比例不仅可用于检查国有企业的代理问题，还可用于检查民营企业的代理问题。

表 2.6 的（1）—（3）列显示高管持股对企业投资的影响及结构变化。在旧常态期，国有企业和民营企业高管持股对投资率都有正向影响。在转型期，Agent×Shock 的符号显著为负，表明国有企业和民营企业存在严重的代理问题。在新常态时期，由于代理问题在国有企业和民营企业中的表现不同，异质性出现了。Agent×Normal 项系数在国有企业中显著为正但在民营企业中不显著。实证结果表明对于国有企业，在新常态时期高管持股对代理问题的有效缓解再次出现，但对于民营企业高管持股不再是解决代理问题的有效手段。

表 2.6 企业异质性对投资影响的结构差异

变量	代理问题			外部融资			利润 vs. 风险权衡		
	(1)	(2)	(3)	(4)	(5)	(6)	(7)	(8)	(9)
	实验组	控制组(不配对)	控制组(配对)	实验组	控制组(不配对)	控制组(配对)	实验组	控制组(不配对)	控制组(配对)
Agent	0.076** (0.030)	0.008*** (0.002)	0.006** (0.015)						
Agent× Shock	−0.025*** (0.008)	−0.006*** (0.002)	−0.005** (0.002)						
Agent× Normal	0.043*** (0.013)	0.001 (0.001)	0.002 (0.002)						
Debt				0.133*** (0.035)	0.123*** (0.036)	0.124*** (0.038)			
Debt× Shock				−0.090 (0.060)		0.064 (0.051)	0.200*** (0.063)		
Debt× Normal				−0.061 (0.052)	−0.074 (0.060)	−0.223*** (0.077)			
Stock				0.140 (0.099)	0.047 (0.031)	0.154 (0.116)			
Stock× Shock				−0.133 (0.119)	0.115 (0.140)	−0.067 (0.144)			
Stock× Normal				0.389*** (0.124)	0.034 (0.107)	0.215* (0.111)			
Profit							0.001 (0.001)	0.007*** (0.001)	0.006** (0.002)
Profit× Shock							0.004 (0.004)	−0.005** (0.002)	−0.007 (0.005)
Profit× Normal							−0.002 (0.003)	0.003 (0.003)	0.010* (0.006)
Risk							0.001 (0.001)	−0.001 (0.001)	−0.003 (0.002)
Risk× Shock							0.001 (0.001)	−0.001 (0.001)	0.001 (0.002)
Risk× Normal							0.006*** (0.001)	−0.0003 (0.002)	−0.003 (0.003)

续表

变量	代理问题			外部融资			利润 vs. 风险权衡		
	(1)	(2)	(3)	(4)	(5)	(6)	(7)	(8)	(9)
	实验组	控制组（不配对）	控制组（配对）	实验组	控制组（不配对）	控制组（配对）	实验组	控制组（不配对）	控制组（配对）
控制变量	控制	控制	控制	控制	控制	控制	控制	控制	控制
行业	控制	控制	控制	控制	控制	控制	控制	控制	控制
聚类	省级	省级	省级	省级	省级	省级	省级	省级	省级
F 值	34.93***	55.78***	19.66***	57.87***	67.28***	46.29***	33.36***	61.69***	29.75***
调整后的 R^2	0.346	0.278	0.304	0.429	0.356	0.429	0.306	0.295	0.318
观测值个数	6032	6472	2389	6032	6474	2390	5998	6363	2357

2. 外部融资

表 2.6 的(4)—(6)列考察外部融资的企业异质性及其结构变化。参考 Brown 和 Petersen(2009)考虑的两个指标,我们分析外部融资的影响。两个指标分别为新增债务融资(Debt)和新增股权融资(Stock),基于此来考察结构性变化。

Debt 的符号全部显著为正表明在国有企业和民营企业中投资和新增债务融资存在正相关关系。第(4)列中 Debt×Shock 和 Debt×Normal 的符号不显著,表明虽然中国在危机后采取了经济刺激计划,4 万亿新增贷款主要投放在国有企业,但实际上大量贷款并未转化成为国有企业的直接投资。

但 Debt×Shock 和 Debt×Normal 的符号在与国有企业配对的民营企业样本中都显著,表明这部分民营企业在过渡期通过债务融资拉动了投资,但是新常态下担忧债务融资会导致财务困境而收缩投资。综上可见,债务融资拉动投资的作用仅表现在旧常态,在新常态时期无论是对国有企业还是民营企业债务融资都不能起到拉动投资的作用,甚至会导致投资的收缩。新增债务融资不能继续促进企业投资的扩张,这是中国新常态时期的一个特征。

3. 利润与风险权衡

Demarzo et al.(2012)的动态代理模型显示投资随个别风险(idiosyncratic risk)和激励相容约束(incentive compatibility constraints)而下降。He et al.(2014)认为可以从利润不确定性和风险两个角度考察造成过度投资的委托代理问题。

表 2.6 的第(7)—第(9)列考察利润风险权衡的企业异质性及其结构变化。回归结果显示旧常态下国有企业投资对企业利润不敏感,民营企业投资对利润敏感,支持了 Knight(2014)的观点,民营企业投资依赖于自身的企业利润。但是这种关系自金融危机后发生了结构性变化。不配对样本民营企业 Profit×Shock 项系数显著为负,民营企业在过渡期和新常态期不再是 Knight(2014)指出的"利润驱动型",因为在过渡期投资的扩张是由第二类代理问题而不是利润驱动的(这一时期利润下降)。

李焰等(2011)指出国企管理者为保持自己的地位,倾向于选择风险小的项目进行投资,实证结果显示国有企业 Risk×Normal 显著为正,旧常态期、新常态期国有企业 Risk 中位数分别为 45.959%、41.44%,风险降低的国企投资缩减,新常态下李焰等(2011)的结论仍成立。

七、结论

我们基于产权角度考察了中国经济增长的关键——企业投资行为。中国企业的投资行为不支持 Lins et al.(2013)的结论[①]。正如 Ouyang 和 Peng (2015)指出的那样,中国的经济刺激计划促进年度实际 GDP 增长 3.2%,但是这种经济增长只是暂时的。基于 2004—2015 年中国制造业企业公司层面的微观数据,采用不同时间窗口的 DID 分析,可以发现投资行为在 2008—2010 年与危机前并没有显著差异,2011 年后不同产权企业在投资行为上的差异才表现出来。我们提出了投资行为结构改变的 3 个时期:旧常态期(2004—2010 年)、过渡期(2011—2012 年)、新常态期(2013—2015 年)。

投资行为的结构变化源于不同产权企业优化目标的转移。国有企业在过渡期和新常态期较旧常态期扩张投资的占比分别为 43.3%、33.4%,民营企业这两个时期扩大投资的企业占比分别为 51.1%、39.4%。民营企业财务绩效显著优于国有企业,但是国有企业在社会绩效上更有优势,特别是在过渡期,可以提高 2.5%的就业率。扩大投资的效果表现在:新常态与旧常态相比,扩大投资的企业虽然财务绩效上有显著提高,但对解决就业并没有起到显著的积极作用,因而无法有效拉动经济可持续增长。

考虑三期结构变化的投资现金流敏感性分析显示,国有企业在过渡期和

---

① 他们发现 35 个国家金融危机期间融资上无差异、投资缩减,而且家族型企业缩减更多。

新常态期都不敏感，民营企业在过渡期不敏感，在旧常态和新常态均正敏感，因此，国有企业投资效率低下令人担忧，融资约束对民营企业投资的影响在新常态下依然存在。分别考虑代理问题、外部融资、利润—风险权衡的 3 个企业层面异质性，考察企业投资行为的影响机制发现：旧常态期高管持股对投资的拉动作用发生结构变化，过渡期代理问题非常严重，新常态期管理层持股能够有效缓解国有企业代理问题，但是已不再是民营企业解决这一矛盾的有效方式；旧常态期拉动投资的债务融资在新常态期失效，甚至导致与国有企业相当的民营企业投资收缩，旧常态下无显著拉动作用的股票融资，在新常态下能够拉动国有企业投资；新常态下民营企业不再是 Knight(2014) 指出的"利润驱动型"，国有企业表现出风险规避型的投资收缩。

附录

表 2-A 描述性统计中的关键变量和参数

变量	符号	参数	符号	旧常态	新常态
Capital stock	K	Riskfree rate	r	4.6%	
Gross investment rate	I	Rate of depreciation	δ	12.5%	
Brownian motion	Z	Degree of risk aversion	η	0.05	
Total profit	Y	Incentive parameter	ϕ	0.05	
External financing	f	Cost of labor	α	0.1	
Cost of Labor	L	Cost of controlling shareholders	γ	0.1	
Private benefits of Controlling shareholders	C	Social contribution over operatingprofitd	ζ	0.1	
Adjusted cost	G	Subjective discount factor	β	99%	
Credit funding	B	Pledging fraction	ψ	30%	
Bond financing	D	Capital output ratio	h	0.8（对国企）	
Equity financing	S	Volatility	σ	1.2（对民企）	
Managerial wealth	m	Volatility	σ	26%	40%
Uncertainty wage	w				

续表

变量	符号	参数	符号	旧常态	新常态
Money equivalent cost of managerial input	g				
Social contributions	SC				
Stopping time of financial distress	τ				

表 2-B　变量说明

变量类型	变量名称	符号及含义
被解释变量	投资率 企业绩效	IK＝现金流量表中投资活动净现金流量的相反数/期初固定资产 ROE＝年度净资产收益率（％） SocialPer＝ln(年末员工总数)
解释变量	现金流 产权性质 代理问题 外部融资 新增债务融资 新增股票融资 利润－风险权衡 利润 风险	CF/K，CF 取现金流量表中的经营性活动现金净流量，K 为期初固定资产 SOE，为虚拟变量，国有企业取值为1，民营企业取值为0。 Agent，期初高管持股比例（％） Debt＝新增债务/期初固定资产 Stock＝增发实际募集资金/期初固定资产 Profit＝营业利润/营业总收入（％） Risk＝期初波动率（％）①

---

① 截止到该年度 1 月 1 日的 6 个月股票日数据计算的对数收益率方法的年化波动率。回归中为了降低内生性，Risk 取的是期初值，因此虽然考虑了 2015 年样本，但是 2015 年底的股灾并不影响文章的结论。

续表

变量类型	变量名称	符号及含义
控制变量	市场对账面比率 成长性 有形资产 资产负债率 财务松弛度 分红支出 年龄 企业规模 行业	M/B＝期初公司市场价值/账面价值 Salegrowth＝年末主营业务收入增长率(％) Tangibility＝有形资产/总资产(％) Leverage＝年报中公布的资产负债率(％) Finslack＝期初现金及现金等价物余额/期初固定资产 Div＝年度累计分红总额/期初固定资产 Age＝当年年份－成立年份 Size＝ln(资产总额) Industry:按照证监会对制造业的二级分类

参考文献

[1] 程仲鸣,夏新平,余明桂.政府干预,金字塔结构与地方国有上市公司投资[J].管理世界,2008(9):37-47.

[2] 樊纲,王小鲁,朱恒鹏.中国市场化指数:各地区市场化相对进程 2011 年报告[M].经济科学出版社,2011.

[3] 方军雄.所有制、制度环境与信贷资金配置[J].经济研究,2007(12):82-92.

[4] 郭丽虹,马文杰.融资约束与企业投资—现金流量敏感度的再检验:来自中国上市公司的证据[J].世界经济,2009(2):77-87.

[5] 胡一帆,宋敏,张俊喜.竞争、产权、公司治理三大理论的相对重要性及交互关系[J].经济研究,2005(9):44-57.

[6] 黄益平."双轨制"经济图变[J].中国经济和信息化,2014(10):10-13.

[7] 姜付秀,伊志宏,苏飞,等.管理者背景特征与企业过度投资行为[J].管理世界,2009(1):130-139.

[8] 孔东民,刘莎莎,王亚男.市场竞争,产权与政府补贴[J].经济研究,2013(2):55-67.

[9] 李焰,秦义虎,张肖飞.企业产权、管理者背景特征与投资效率[J].管理世界,2011(1):135-144.

[10] 林毅夫,刘明兴,章奇.政策性负担与企业的预算软约束:来自中国的实证研究[J].管理世界,2004 (8):81-89.

[11] 林毅夫.从西潮到东风:我在世行四年对世界重大经济问题的思考和见解[M].中信出版社,2012.

[12] 卢锐,柳建华,许宁.内部控制、产权与高管薪酬业绩敏感性[J].会计研究,2011 (10):42-48.

[13] 罗长远,李姝醒.出口是否有助于缓解企业的融资约束?——基于世界银行中国企业调查数据的实证研究[J].金融研究,2014 (9):1-17.

[14] 罗琦,肖文翀,夏新平.融资约束抑或过度投资——中国上市企业投资—现金流敏感度的经验证据[J].中国工业经济,2007 (9):103-110.

[15] 申慧慧,于鹏,吴联生.国有股权、环境不确定性与投资效率[J].经济研究,2012,7(11):3.

[16] 王红建,李青原,邢斐.经济政策不确定性、现金持有水平及其市场价值[J].金融研究,2014(9):53-68.

[17] 徐明东,田素华.转型经济改革与企业投资的资本成本敏感性——基于中国国有工业企业的微观证据[J].管理世界,2013 (2):125-135.

[18] 辛清泉,林斌,王彦超.政府控制、经理薪酬与资本投资[J].经济研究,2007(8):110-122.

[19] 许宪春,王宝滨,徐雄飞.中国的投资增长及其与财政政策的关系[J].管理世界,2013 (6):1-11.

[20] 杨瑞龙,王元,聂辉华."准官员"的晋升机制:来自中国央企的证据[J].管理世界,2013(3):23-33.

[21] 喻坤,李治国,张晓蓉,等.企业投资效率之谜:融资约束假说与货币政策冲击[J].经济研究,2014,49(5):106-120.

[22] 曾爱民,张纯,魏志华.金融危机冲击、财务柔性储备与企业投资行为——来自中国上市公司的经验证据[J].管理世界,2013 (4):107-120.

[23] 张维迎.公有制经济中的委托人—代理人关系:理论分析和政策含义[J].经济研究,1995 (4):10-20.

[24] 张维迎.控制权损失的不可补偿性与国有企业兼并中的产权障碍[J].经济研究,1998 (7):3-14.

[25] 张维迎.所有制、治理结构及委托—代理关系:兼评崔之元和周其仁的一些观点[J].经济研究,1996 (9):3-15.

[26] 张远飞,贺小刚,连燕玲."富则思安"吗?——基于中国民营上市公司

的实证分析[J].管理世界,2013(7):130-144.

[27] 中国经济增长前沿课题组,张平,刘霞辉,等.中国经济增长的低效率冲击与减速治理[J].经济研究,2014(12):4-17.

[28] 中国经济增长前沿课题组,张平,刘霞辉,等.突破经济增长减速的新要素供给理论、体制与政策选择[J].经济研究,2015,578(11):6-21.

[29] Albuquerue R,Wang N. Agency conflicts,investment,and asset pricing [J]. *Journal of Finance*,2008,63(1):1-40.

[30] Allen F,Gu X,Kowalewski O. Financial crisis, structure and reform [J]. *Journal of Banking & Finance*,2012,36(11):2960-2973.

[31] Almeida H,Campello M. Financial constraints, ssset tangibility, and corporate investment[J]. *Review of Financial Studies*,2007,20(5): 1429-1460.

[32] Baker M,Wurgler J. Behavioral corporate finance:An updated survey [J]. *Handbook of the Economics of Finance*,2013(2):2357-2424.

[33] Bolton P,Chen H,Wang N. Aunified theory of Tobin's q, corporate investment,financing, and risk management[J]. *Journal of Finance*, 2011,66(5):1545-1578.

[34] Boyle G,Guthrie G. Investment, uncertainty and liquidity[J]. *Journal of Finance*,2003,58(5):2143-2166.

[35] Brown J,Petersen B. Why has the investment-cash flow sensitivity declined so sharply? rising R&D and equity market developments[J]. *Journal of Banking & Finance*,2009,33(5):971-984.

[36] Campello M,Graham J,Harvey,C. The real effects of financial constraints: Evidence from a financial crisis[J]. *Journal of Financial Economics*, 2010,97(3):470-487.

[37] Campello M,Giambona E,Graham J R,Harvey C R. Liquidity management and corporate investment during a financial crisis[J]. *Review of Financial Studies*,2011,24(6):1944-1979.

[38] Demarzo P,Fishman M,He Z,Wang N. Dynamic agency and the q theory of investment[J]. *Journal of Finance*,2012,67(6):2295-2340.

[39] Diego R. Is Physical investment the key to China's growth miracle? [J]. *Economic Inquiry*,2013,51(4):1948-1971.

[40] Dinc S,Gupta N. The decision to privatize:Finance and politics[J].

Journal of Finance, 2011, 66(1):241-269.

[41] Duchin R, Ozbas O, Sensoy B. Costly external finance, corporate investment, and the subprime mortgage credit crisis[J]. *Journal of Financial Economics*, 2010, 97(3):418-435.

[42] Fazzari S, Hubbard G, Petersen B. Financing constraints and corporate investment[J]. *Brookings Papers on Economic Activity*, 1988(1): 141-195.

[43] Greenstone M, Mas A, Nguyen H. Do credit market shocks affect the real economy? Quasi-experimental evidence from the great recession and 'normal' economic times[R]. NBER Working Paper, 2015, No. w20704.

[44] Guariglia A. Internal financial constraints, external financial constraints, and investment choice: Evidence from a panel of UK firms[J]. *Journal of Banking & Finance*, 2008, 32(9):1795-1809.

[45] Hadlock C, Pierce J. New evidence on measuring financial constraints: Moving beyond the KZ index[J]. *Review of Financial Studies*, 2010, 23(5):1909-1940.

[46] Harris M, Raviv A. The capital budgeting process: Incentives and information [J]. *Journal of Finance*, 1996, 51(4):1139-1174.

[47] Hart O, Shleifer A, Vishny R. The proper scope of government: Theory and an application to prisons[J]. *Quarterly Journal of Economics*, 1997, 112(4):1127-1161.

[48] Hart O. Coase Lecture reference points and the theory of the firm[J]. *Economica*, 2008, 75(299):404-411.

[49] He Z, Wei B, Yu J, Li S. Uncertainty, risk, and incentives: Theory and evidence[J]. *Management Science*, 2014, 60(1):206-226.

[50] Hovakimian G. Determinants of investment cash flow sensitivity[J]. *Financial Management*, Spring, 2009, 38(1):161-183.

[51] Hsu P, Tian X, Xu Y. Financial development and innovation: Cross-country evidence[J]. *Journal of Financial Economics*, 2014, 112(1): 116-135.

[52] Huang X, Li P, Lotspeich R. Economic growth and multi-tasking by state-owned enterprises: An analytic framework and empirical study

based on Chinese provincial data[J]. *Economic Systems*,2010,34(2): 160-177.

[53] Huang J,Shen Y,Sun Q. Nonnegotiable shares,controlling shareholders,and dividend payments in China[J]. *Journal of Corporate Finance*,2011,17 (1):122-133.

[54] Ivashina V,Scharfstein D. Bank lending during the financial crisis of 2008[J]. *Journal of Financial Economics*,2010,97(3):19-38.

[55] Jiang F,Kim K. Corporate governance in China:Amodern perspective [J]. *Journal of Corporate Finance*,in press,2015(32):190-216.

[56] Kahle K,Stulz R. Access to capital,investment,and the financial crisis [J]. *Journal of Financial Economics*,2013,110(2):280-299.

[57] Kaplan S,Zingales L. Do investment-cash flow sensitivities provide useful measures of financing constraints? [J]. *Quarterly Journal of Economics*,1997,112(1):169-215.

[58] Knyazeva A,Knyazeva F,Stiglitz J. Ownership change,institutional development and performance[J]. *Journal of Banking & Finance*, 2013,37(7):2605-2627.

[59] Knight J. China as a developmental state[J]. *World Economy*,2014,37 (10):1335-1347.

[60] Kuppuswamy V,Villalonga B. Does diversification create value in the presence of external financing constraints? Evidence from the 2007— 2009 financial crisis[R]. Working Paper,Harvard University,2010.

[61] Lins K,Volpin P,Wagner H. Does family control matter? international evidence from the 2008—2009 financial crisis[J]. *Review of Financial Studies*,2013,26(10):2583-2619.

[62] Liu Q,Siu A. Institutions and corporate investment:Evidence from investment-implied return on capital in China[J]. *Journal of Financial and Quantitative Analysis*,2011,46(6):1831-1863.

[63] Marcelin I,Mathur I. Privatization,financial development,property rights and growth[J]. *Journal of Banking & Finance*,2015,50:528-546.

[64] Miao J,Wang P. Bubbles and total factor productivity[J]. *American Economic Review*,2012,102(3):82-87.

[65] Ouyang M,Peng Y. The treatment-effect estimation:acase study of the

2008 economic stimulus package of China[J]. *Journal of Econometrics*, 2015,188(2):545-557.

[66] Peng W, Wei K, Yang Z. Tunneling or propping: evidence from connected transactions in China[J]. *Journal of Corporate Finance*, 2011,17(2): 306-325.

[67] Shi J, Zhang X. How to explain corporate investment heterogeneity in China's new normal: Structural models with state-owned property rights[J]. *China Economic Review*, 2018(50):1-16.

[68] Shleifer A. State versus private ownership[J]. *Journal of Economic Perspectives*, 1998,12(4):133-150.

[69] Siqueira K, Sandler T, Cauley J. Common agency and state-owned enterprise reform[J]. *China Economic Review*, 2009,20(2):208-217.

[70] Tong H, Wei S. The composition matters: Capital inflows and liquidity crunch during a global economic crisis[J]. *Review of Financial Studies*, 2011,24(6):2023-2052.

[71] Whited T, Wu G. Financial constraints risk[J]. *Review of Financial Studies*, 2006,19(2):531-559.

第三章　融资约束与并购的实证研究

第一节　理论回顾与分析

对上市公司融资约束问题的研究最早要追溯到 Fazzari、Hubbard 和 Petersen(1988)，即 FHP 理论。其认为在融资约束的情况下公司为降低成本、保证资金的流动性，通常会维持较高的现金持有水平。在 FHP 理论的启发下，投资—现金流敏感性、现金—现金流敏感性等概念相继被诸多学者提出，学者也对现金持有的动机、影响因素进行了多方面的剖析，促进了相关理论的发展。资本市场的发展与完善在全球范围内掀起了并购热潮，越来越多的学者通过现金持有水平和现金流量这两个指标探寻在融资约束的条件下，上市公司的现金持有行为是否会影响并购绩效及其对价方式，这一研究方向引起了国内外理论界和实务界的浓厚兴趣，但在并购能否影响上市公司融资约束状况的研究领域中留有很大的空白。国内外学者大多通过建立实证模型来研究上市公司的融资约束、并购与现金持有行为之间的关系，取得了丰硕的研究成果。

一、融资约束

(一)融资约束与现金持有水平

融资约束的概念由 Fazzari、Hubbard 和 Petersen 于 1988 年被首次定义，他们认为在资本市场不完善的情况下，公司的内外部融资成本存在较大的差异，信息不对称使得外部融资成本通常显著高于内部融资成本，进而产生融资约束。融资约束将对公司的投融资政策产生巨大的影响,可能导致公司过度依赖现金持有水平。这就需要上市公司通过完善公司治理机制,尽量降低持有过多现金带来的代理成本对投融资政策的影响(张会丽,陆正飞,2012)。

国外学者对融资约束与现金持有之间关系的研究起步较早,且多采用实证研究的方式探寻受融资约束和非融资约束公司之间的现金持有水平差异。比如,Opler 等(1999)在研究上市公司的现金持有水平时就将融资约束纳入考虑范围,他们的研究发现受到融资约束的公司比非融资约束的公司持有更多的现金。Almeida 等(2004)通过构造现金流敏感性模型也得到相似的结论,即受到融资约束的公司更加愿意持有现金。Han 和 Qiu(2007)构建了两阶段投资模型发现,受到融资约束的公司资金吃紧,将在权衡当前和未来投资收益的情况下制定公司策略,出于预防性动机,受到融资约束公司的现金持有水平往往更高。Fahlenbrach 和 Stulz(2008)从经理人自利的动机出发,认为管理层在公司融资约束状况加重时将提高控制权,现金储备进一步提高。

已有研究成果大多表明融资约束将迫使公司持有过多的现金,导致资金使用效率较低,这一逻辑也让学术界和理论界对融资约束产生极高的负面情绪。不过,有学者提出了创新的观点,认为融资约束在公司财务管理方面具有积极的一面。Luo(2011)选取 1971—2005 年美国公司的数据作为样本,以公司规模、股利支付率和 KZ 指数这 3 个变量衡量融资约束情况并进行分组,实证结果发现:受到融资约束的公司管理层为减少外部融资费用更倾向于价值高的投资,从而提高公司的资金使用效率,在现金持有水平降低的同等状况下将比非融资约束公司的表现更好。并且,在降低公司支出方面,融资约束和公司治理能力往往呈替代关系,即融资约束对公司现金营运能力产生的积极作用越强,其公司治理能力就越差。以上研究说明融资约束在一定程度上有助于降低代理成本、提高资金使用效率,具有一定的积极影响,同时为国内外学者开拓了新的研究思路和方向。

由于我国资本市场的起步较晚、发展速度缓慢,自 21 世纪后我国学者才开始对融资约束问题进行研究,大多数学者通过实证研究发现我国的上市公司普遍存在融资约束问题,尤其在民营企业中表现得更为明显(沈红波,寇宏,张川,2010;朱红军,何贤杰,陈信元,2006;屈文洲,谢雅璐,叶玉妹,2011)。王彦超(2009)借鉴 Almeida et al.(2004)和 Rechardson(2006)的研究方法,主要从公司规模、终极控股人性质、市场化进程阶段、是否属于集团公司性质以及内部市场的发达程度这 5 个方面来划分上市公司的融资约束程度,以 1999—2005 年我国沪深 A 股市场的上市公司为样本建立实证模型,实证研究发现:

受到融资约束的上市公司的现金持有水平更高,现金持有水平与公司内部的现金流量呈显著的相关关系。

上述研究成果均在一定程度说明我国上市公司的融资约束程度与现金持有水平之间存在正相关关系,但也有个别学者的实证研究显示两者呈负相关关系(况学文,2008),这就需要通过建立符合中国实际情况的模型进行更为深入的研究。

(二)融资约束与投资—现金流敏感性

在融资约束问题中,最早提出投资—现金流敏感性这一概念的仍是 Fazzari、Hubbard 和 Petersen(1988),他们通过建立实证模型发现公司投资对净财富的敏感性与其融资约束程度呈显著的正相关关系,即公司的融资约束程度越高,其投资—现金流敏感性也就越高。具体而言,当公司面临融资约束时,投资支出将随公司内部资金情况相应变化,而非仅仅取决于具有净现值(NPV)项目的可得性。因此,验证融资约束对公司投资行为的影响,可以对不同类别公司的投资—现金流敏感性进行研究。在 FHP 理论的开创性启发下,越来越多的学者从投资—现金流敏感性的角度研究融资约束问题且得到与FHP 相似的结论(Chapman et al,1996;Goergen and Renneboog,2001)。

不过 Kaplan 和 Zingales (1997)根据公开信息确定上市公司的融资约束程度,得到的研究结论与 FHP 相悖,此后 Erickson 和 Whited (2000)、Povel 和Raith (2001)、Almeida et al. (2004)等人也从各个角度对 FHP 理论提出质疑。学者之间的激烈辩论也在一定程度上促进了投资—现金流敏感性理论的不断完善与发展。

在国外已有研究成果的基础上,国内学者从各个角度、以不同的融资约束划分标准并建立实证模型来研究投资—现金流敏感性与融资约束的关系。比如,连玉君和程建(2007)按照公司规模、股权结构(国有股比重)以及股利分配程度划分上市公司的融资约束程度,以我国 1998—2003 年沪深 A 股市场的数据为样本建立实证模型,得出投资—现金流敏感性与融资约束水平呈显著的负相关关系,代理成本是造成这一结果的主要原因。赵治磊和陈旭东(2014)则按照资产负债率排序将上市公司分为 3 个样本组,并从债务结构、股权集中度的角度进行实证研究,发现公司受到的外部债务融资约束与其投资—现金流敏感性呈正相关关系,而股权集中度则与投资—现金流敏感性呈负相关关系,从总体来看外部融资约束程度对我国上市公司投资—现金流敏感性的影响更大。

从上述研究可知,我国上市公司的融资约束程度与投资—现金流敏感性之间或存在正相关关系,或存在负相关关系,学术界至今尚未得出一致的结论,甚至还有学者发现两者呈非线性关系。鉴于我国资本市场近似弱有效市场,屈文洲等(2011)则从信息不对称的角度研究我国上市公司的融资约束问题,他们运用 Ascioglu et al.(2008)的信息不对称指标 PIN 值衡量融资约束水平,实证结果发现上市公司的信息不对称程度越高,其投资—现金流敏感性也就越高,并且由信息不对称引发的上市公司融资约束程度与其投资—现金流敏感性呈非线性关系。

(三)融资约束与现金—现金流敏感性

国内外学者普遍认为,上市公司的现金流会明显影响其融资约束水平,其原因主要是现金流水平的不同会导致融资成本出现差异(Capenter et al.,1994;李涛和黄晓蓓,2008)。大多数文献在研究融资约束对公司财务政策的影响时,主要从固定投资方面(Fazzari,Hubbard,and Petersen,1988;Almeida and Campello,2001)、营运资金方面(Petersen,Fazzari,and Bruce,1993;Calomiris,Himmelberg,and Wachtel,1995)以及库存需求方面(Calomiris and Hubbard,1995;Kashyap,Lamont,and Stein,1994)进行研究,普遍没有明确考虑融资约束和公司流动性需求之间的关系。

Almeida 等(2004)则创造性地提出现金—现金流敏感性模型,并分别以股利政策、资产规模、债券评级、商业票据评级和 KZ 指数(Kaplan and Zingales,1997)为分类依据划分融资约束程度,实证结果显示前4种分类中受融资约束的公司具有显著为正的现金—现金流敏感性,而不受融资约束的公司则没有这种效果;以 KZ 指数为划分依据的情况则得到完全相反的结果,即对受约束公司和不受约束公司的研究结果均与其他4个分类标准呈负相关关系。Almeida 等(2004)这一创新性研究成果在学术界与实务界引起强烈反响,尤其是在公司治理的领域中现金流及现金—现金流敏感性逐渐成为研究重点。

我国学者受到 Almeida 等(2004)研究成果的启发后,致力于研究中国上市公司的融资约束状况与现金—现金流敏感性的关系。连玉君等人(2010)以 1998—2006 年 448 家沪深 A 股上市公司为研究样本,借鉴 Almeida 等(2004)的现金—现金流敏感性模型进行实证研究,结果表明:出于预防性动机的考虑,受到融资约束的上市公司具有更高的现金—现金流敏感性。李春霞等(2014)用广义矩估计的方法得出了类似的结论,即受到融资约束的公司现金持有水平和内部现金流呈正相关关系,但在非融资约束公司中则呈负相关关系。

　　除了从公司财务这一传统角度入手外，越来越多的学者从各个方面探究融资约束和现金—现金流敏感性之间的关系。比如章贵桥和陈志红（2013）从宏观货币政策的角度出发，发现宽松的货币政策下，融资约束公司的现金—现金流敏感性显著下降，而非融资约束公司的现金—现金流敏感性效果并不显著。李青原和王红建（2013）则从货币政策和资产抵押性的角度，发现资产可抵押性较高的公司可以降低融资约束水平，公司的现金流敏感性相应下降。鞠晓生等（2013）在企业创新可持续性方面对融资约束与现金—现金流敏感性也进行了相应的研究。

　　也有学者试图综合考虑投资—现金流敏感性和现金—现金流敏感性对公司融资约束水平的影响，比如 Chang 等（2007）在研究澳大利亚上市公司的融资约束状况时，发现相比于非融资约束的公司，受到融资约束的公司投资—现金流敏感性较低而现金—现金流敏感性则较高。这是因为在制定财务政策时需要平衡扩大投资与提高流动性资产这两个目标，尤其是受到融资约束的公司为保证流动性以现金或现金等价物的形式在公司内部留存较多的现金流时，可进行的投资便会减少。因此，在研究融资约束状况时综合考虑投资—现金流敏感性、现金—现金流敏感性具有一定的依据。

二、并购对企业融资约束的影响机制

（一）理论回顾

　　已有研究成果大多数从"融资约束是企业进行并购的动因"这一角度入手进行分析，而在"并购对企业融资约束的影响机制"这一领域的研究成果凤毛麟角。本节基于已有研究文献，分别从现金持有、投资—现金流敏感性以及现金—现金流敏感性的角度入手探究并购完成后上市公司融资约束水平的变化情况。同时，基于对有形资产、无形资产以及成长性指标的分析，进一步探究并购对企业融资约束的影响机制，据此设定研究假设。

1. 现金持有

　　通常情况下，受到融资约束的上市公司资金往往吃紧，在一定程度上限制了投融资政策的抉择。上市公司出于预防性动机的考虑，将在权衡当前和未来投资收益的情况下制定公司策略。一般而言，受到融资约束公司的现金持有水平相对更高(Han and Qiu,2007)。同时,上市公司的经理人具有自利动机,可能以牺牲公司整体利益为代价去实现个人利益的最大化,在公司融资约束状况加重时提高现金储备水平,从而保证其掌握公司的控制权(Fahlenbrach and Stulz,2008)。国内外学者通过实证研究发现受融资约束和非融资约束公司之间的现金持有水平普遍存在差异,受融资约束的公司通常持有更多的现金(Opler et al,1999;Almeida et al,2004)。因此,倘若并购完成后上市公司的现金持有水平下降,则说明其融资约束情况得到改善。

假设2:并购完成后,上市公司的现金持有水平下降,融资约束状况得到改善。

2. 投资—现金流敏感性

当上市公司面临融资约束问题时,投资支出将随公司内部资金的情况相应变化,而非仅仅取决于具有净现值(NPV)项目的可得性。这是因为在资金短缺时,上市公司只有在明确现有及未来现金流保证投资项目可持续的前提下,才会进行投资。一般情况下,上市公司投资对净财富的敏感性与其融资约束程度呈显著的正相关关系,即公司的融资约束程度越高,其投资—现金流敏感性也就越高(Fazzari et al.,1988;Chapman et al.,1996;Goergen and Renneboog,2001)。当并购完成后,上市公司的投资—现金流敏感性下降意味着融资约束情况得到缓解。

假设3:并购完成后,上市公司的投资—现金流敏感性下降,融资约束状况得到改善。

3. 现金—现金流敏感性

上市公司的现金流会明显影响其融资约束水平,其原因主要是现金流水平的不同会导致融资成本出现差异(Capenter et al.,1994)。上市公司在面对融资约束时为防止出现流动性危机,通常会以现金或现金等价物的形式在公司内部留存较多的现金流,并在制定财务政策时以提高流动性资产为目标。因此,相比于非融资约束公司,受融资约束的上市公司更易受现金流波动的影响,从而具有更高的现金—现金流敏感性(Almeida et al.,2004)。Erel等(2015)的研究基于上述理论,认为并购完成后若上市公司的现金—现金流敏感性下降,则说明并购能够缓解融资约束。

假设4:并购完成后,上市公司的现金—现金流敏感性下降,融资约束状况得到改善。

4. 其他影响因素

为了进一步解释并购缓解融资约束的机理,本节进一步从以下几个方面进行探讨。

(1)资产渠道

扩大公司规模、形成规模效应是企业并购的重要动因,并购完成后公司总资产的迅速膨胀具体可分为无形资产和有形资产。并购若使得企业的有形资产增加,由于有形资产具有可抵押性,并购完成后可以将其作为抵押物向银行等金融机构借贷资金,或与有债务往来的企业进行担保质押,因而有利于缓解融资约束。即并购完成后,若有形资产增加则可能会降低企业的融资约束水平。

(2)协同效应

纵观整个并购周期,不论是并购之初的公告效应,还是并购期间市场给予上市公司的超高关注度、及时的信息反馈,以及并购成功之后其知名度与声誉的提高,上市公司无形资产的增加是显而易见的。更重要的是,并购产生的协同效应(synergy)更多地表现在无形资产上,特别是对于某些高科技行业,并购后有形资产未必显著增加,但是无形资产迅速增加也可能在一定程度上降低融资约束水平。因此,本章认为并购完成后,无形资产的增加很可能降低企业的融资约束水平。

(3)成长性

公司规模是融资约束的重要影响因素(Whited and Wu,2005)。Cefis 等(2009)的研究显示并购会导致公司规模的变化,并将公司的成长性划分为内部成长性和外部成长性。他们认为,内部成长性因素比如雇员人数在并购进行的多年间有增有减,对公司规模的影响较小,且各因素之间对公司规模的增减性也会在一定程度上相互抵消,这也暗示了并购后公司规模的变化主要源于其外部成长性。因此本章也将基于企业员工数变化的内部成长性和基于省际 GDP 的外部成长性进行考察。考虑到近 10 年间中国经济增速飞快,上市公司的企业特征差异较大,因此,内部成长性和外部成长性能否显著缓解融资约束需要进一步验证。

第二节　样本选择与数据来源

鉴于 2007 年我国新会计准则实施后数据统计口径的不一致,以及保证并购事件完成前后两年内数据的完整性,本章选取 2009—2012 年完成并购的沪深 A 股上市公司为初始研究对象(实际数据范围则为 2007—2014 年),并按以下条件进行样本筛选:

①并购事件中,目标方为上市公司,并购方可以是上市公司、非上市公司或上市公司子公司;

②由于本章的实证研究需要对比并购前后样本公司融资约束情况的变化,对于一年内目标方发生多次并购的样本企业,只将最后一次并购事件纳入到样本中;

③剔除 ST、*ST 及 PT 类样本公司。

经过上述条件进行样本筛选后,最终确定 1288 个并购交易事件样本,其中 2009 年完成的并购事件为 155 个,2010 年完成的并购事件为 214 个,2011年完成的并购事件为 287 个,2012 年完成的并购事件为 632 个。并购数据样本来源为国泰安 CSMAR 数据库;样本公司的财务数据、宏观经济数据均来源于 Wind 数据库。

一、模型设定与变量说明

在 Erel 等(2015)的基础上,根据我国资本市场与上市公司的独有特性,将实证模型设定如下:

$$Y_{i,t} = c + \beta_1 \text{After}_{i,t} + \beta_2 \text{CashFlow}_{i,t} + \beta_3 \text{CashFlow}_{i,t} \times \text{After}_{i,t} + f(\text{控制变量}) + d_t + \alpha_i + \varepsilon_{i,t}$$

其中被解释变量 Y 分别为现金持有、现金持有变化率和投资率,分母为总资产的期初值。After 为虚拟变量,并购已经完成的年份取值为 1,并购尚未结束年份取值为 0,After=0 表示并购尚未结束的年份,根据其系数的显著性和正负可以判断并购完成后上市公司现金持有水平的变动情况,并进一步判断并购对上市公司融资约束水平是否产生影响、产生积极或是消极的影响。

在以现金持有 CashHoldings 为被解释变量的模型中,若 After 的系数显著为负,表示并购可缓解上市公司的融资约束状况;若显著为正,说明并购会加剧上市公司的融资约束情况；若不显著，则表示并购不会对上市公司的融资约束状况产生明显的作用。但在以现金持有变化率 $\Delta CashHoldings$ 和投资率 Investment 为被解释变量的模型中，除了虚拟变量 After 本身之外，为考虑现金—现金流敏感性以及投资—现金流敏感性的变化情况还增加交互项 After×CashFlow。

具体而言，控制变量中 CashFlow 的系数表明并购完成前上市公司的现金流敏感性情况，CashFlow 与交互项 After×CashFlow 的系数之和则表示并购完成后上市公司的现金流敏感性情况，通过交互项 After×CashFlow 系数的显著性及正负情况可以判断并购前后上市公司现金—现金流敏感性和投资—现金流敏感性的变化。根据本节的研究假设 2、假设 3 和假设 4：并购会缓解上市公司的融资约束情况，预测以现金持有 CashHoldings 为被解释变量的模型中的 β_1 显著为负；以现金持有变化率 $\Delta CashHolding$ 和投资率 Investment 为被解释变量的模型中的 β_2 显著为负。

结合本章的研究主题和我国上市公司的实际情况确定模型的解释变量和控制变量，具体如下。

(1)现金流量比例(CashFlow)

信息不对称理论认为不完美市场条件下公司的外部信息获取能力较低，且融资成本也较高，这使得现金流量较高的上市公司为保证正常的生产经营活动持有大量的现金；同样的，啄食顺序理论认为公司进行内部融资时的成本最少，优先于债券融资和股权融资进行考虑，因此现金流量高的公司应当留存较多的现金以降低融资成本。由于我国债权市场与股权市场并不健全，上市公司普遍受到融资约束的制约，资金状况不容乐观，因此信息不对称理论和啄食顺序理论更加符合我国上市公司的实际情况，上市公司的现金流量与现金持有水平呈正相关关系。

据已有文献，投资—现金流敏感性一般用于度量当前投资的融资约束程度，现金—现金流敏感性则用来测度企业未来的融资约束状况(Erel et al.，2015)。本章以上市公司的现金持有为研究脉络，对比分析并购前后的现金流状况，探究融资约束与并购之间的联系。通常情况下，如果上市公司的资金情况得到改善，持有现金的动机相应减弱，现金持有水平、现金—现金流敏感性和投资—现金流敏感性则呈现下降趋势。因此，在判断并购能否缓解上市公司的融资约束时，现金流量比例是必须考虑的因素之一。

(2)有形资产比例(Tangibility)

有形资产具有可抵押性，上市公司可以将其抵押给银行等金融机构，以此获得借贷资金;或者将有形资产质押给与其有债务往来的企业,从而获得担保。因此,一般认为并购完成后上市公司的有形资产将增加,所能获得的资金就越多,在一定程度上有利于缓解融资约束状况。

(3)公司规模(Size)

追求规模效应是企业进行并购的主要动因之一。并购完成后,公司规模的扩大有利于刺激总资产的迅速膨胀,总资产则可通过上市公司的财务报表直观清晰地反馈给市场,向投资者展现公司实力,进而影响公司的现金持有政策与投资决策。

(4)雇员人数(Employees)

从长远来看,成长性的高低会显著影响公司获得现金和投资的机会大小,雇员人数是衡量公司内部成长性的主要因素。上市公司的雇员人数也可以在一定程度上体现公司规模,进而引起融资情况的变动。

(5)销售增长率(SalesGrowth)

与雇员人数类似,销售增长率也是衡量上市公司内部成长性的因素之一,既可以体现近年来公司业绩的变动情况,也可以作为预测未来走势的依据。因此,销售增长率会对上市公司现金持有水平和投资情况产生一定的影响。

(6)财务增长率(ROA)

同样的,财务增长率亦可以体现上市公司的内部成长性,一般用资产收益率 ROA 度量。财务增长率指标反映上市公司的经营及获利能力,从侧面体现企业的投资机会。上市公司在具有高投资机会的情况下,为避免资金不足出现错失获利机会的情况往往会持有高水平的现金。并且,公司拥有越多的投资机会,未来出现财务问题的可能性相对来说也就越大,为减少经营生产风险公司会提高现金持有水平。

(7)财务杠杆(Lev)

财务杠杆可以用来衡量融资过程中公司的发债水平,财务杠杆高表明公司的债权融资比例高,财务杠杆低则表明公司的发债能力较低或者是本身资金充足不需要进行外部融资,这也就说明财务杠杆可用来判断公司的现金持有情况。

(8)区域增长性(GDPGrowth)

区域增长性可以体现出上市公司所处地域经济环境的发展趋势。当上市公司所处区域的经济发展前景与发展潜力良好时,为避免发生资金短缺、错失投资项目的情况一般会持有较多的现金,进而引起融资情况的变化。

(9)信贷水平(PrivateCredit/GDP)

经济区域的整体信贷水平,可以体现上市公司可从外部进行融资的能力。若外部信贷环境较好，表明该区域具有不错的经济发展状况，上市公司易于从信贷市场获取资金，面临的融资压力得到进一步缓解。

（10）股权融资（MarketCap/GDP）

股权融资是我国上市公司主要的外部融资途径。上市公司可以通过发行新股或者股价上升获得融入资金，缓解自身面临的资金压力，降低融资约束对生产经营的束缚。

综上，选取的模型变量及其具体指标详见表3.1。

表3.1　模型变量符号与计算指标

变量名称	变量符号	计算指标
被解释变量		
现金持有	CashHoldings	现金及现金等价物期末余额/期初总资产
现金持有变化率	ΔCashHoldings	现金持有与总资产之比的变化率
投资率	Investment	（固定资产－前期固定资产＋折旧）/期初总资产
解释变量		
并购前后哑变量	After	After＝1表示并购后；After＝0表示并购前
现金流量比例	CashFlow	经营性现金净流量/期初总资产
控制变量		
有形资产比例	Tangibility	有形资产/总资产
公司规模	Size	总资产的对数
雇员人数	Employees	雇员数的对数
销售增长率	SalesGrowth	营业收入增长率
财务增长率	ROA	净利润与总资产平均余额之比
财务杠杆	Lev	资产负债率＝负债/总资产
区域增长性	GDPGrowth	省际GDP年增长率
信贷水平	PrivateCredit/GDP	信贷与GDP之比（省际值）
股权融资	MarketCap/GDP	市值与GDP之比（省际值）

二、企业特征及其描述性统计情况

(一)资产渠道和协同效应在并购前后的变化

表 3.2 显示目标公司在并购前后两年的有形资产总额均值、无形资产总额以及有形资产比例均值。在资产渠道方面,并购完成之后目标公司的有形资产总额大幅上升,增幅在 7 亿—15 亿元,一定程度上说明规模效应的存在;在有形资产比例方面,总体均呈现上升趋势,其中 2010 年完成并购的上市公司增长最为显著,上升近 20 个百分点。上市公司有形资产增加,可将其作为抵押物向银行等金融机构借贷资金,或与有债务往来的企业进行担保质押;有形资产比例的提高则表明相对于无形资产,上市公司可直接用于抵押的资产增加,这都表明并购完成后上市公司的融资约束情况得到一定的缓解。

在协同效应方面,由表 3.2 可知并购完成后上市公司的无形资产总额均显著增加,增长率分别为 46.69%、84.44%、96.47% 和 62.62%,涨幅惊人。并购完成后,无形资产总额的增加,一定程度上证明了并购公告效应的存在以及并购后上市公司知名度与声誉的提高,这就可能体现在上市公司融资约束状况的改善。

表 3.2　资产渠道和协同效应在并购前后的变化

并购完成年份	样本公司数量	有形资产总额/万元		有形资产比例/%		无形资产总额/万元	
		并购前	并购后	并购前	并购后	并购前	并购后
2009	155	181406.79	250395.88	35.08	37.19	21279.78	31215.60
2010	214	115543.70	216952.28	14.72	34.59	22324.01	41175.34
2011	287	138232.75	213798.83	38.62	39.49	22923.77	45037.95
2012	632	538269.09	687247.27	36.02	39.84	72093.91	117238.00

注:表 3.2 中的数据为目标公司的有形资产总额与比例、无形资产总额在并购前后两年的平均值。

(二)内外部成长性在并购前后的变化

表 3.3 显示,并购完成后样本的公司规模增幅显著,2009—2012 年并购

目标方总资产的增长率分别为 90.18％、153.46％、63.30％以及 41.24％，总资产的迅速膨胀从侧面验证了并购规模效应的存在，有利于缓解上市公司面临的融资约束情况。

雇员人数、ROA 和销售收入增长率均是衡量上市公司内部成长性的重要指标，根据表 3.3 的数据，并购完成后公司雇员人数在 4 个子样本中均呈现上升趋势，平均增长在 900—1700 人不等。不过，并购完成之后的 ROA 和销售收入增长率总体显示下降趋势，这可能表明并购产生的规模效应具有一定的副作用，即冗杂的公司内部体系结构会妨碍企业快速地应对市场变化，难以灵活地进行创新改革，不利于上市公司的成长。这就说明，内部成长性因素或增强或减弱并购规模效应给上市公司的作用影响，具体效果需要进一步通过实证检验。同样的，衡量外部成长性的省际 GDP 增长率在并购完成后平均下降 0.5—4 个百分点，一定程度上削弱了并购的规模效应，外部成长性究竟能否缓解上市公司的融资约束将通过实证进行检验。

表 3.3　内外部成长性在并购前后的变化

并购完成年份	公司规模/万元		内部成长性						外部成长性	
			雇员人数/人		ROA/%		销售收入增长率/%		省际 GDP 增长率/%	
	并购前	并购后	并购前	并购后	并购前	并购后	并购前	并购后	并购前	并购后
2009	2120547.12	4032769.57	3811	4792	4.94	4.41	59.25	79.07	13.17	12.29
2010	1017559.46	2579118.00	3566	4822	1.98	4.04	51.44	47.80	11.66	10.94
2011	905699.07	1479049.00	3687	4744	5.35	4.02	28.91	10.54	11.97	9.43
2012	10209303.07	14420058.63	9770	11425	6.69	3.81	57.36	19.53	11.96	8.50

注：表 3.3 的数据为平均值，四舍五入保留两位小数而得。

（三）并购前后的单因素差异

根据设定的模型和变量，对选定的 1288 个并购交易事件进行数据处理，取每一个并购事件完成年份前、后两年数据的平均值构成样本。运用 Stata 软件对样本数据进行缩尾处理，将落于（1％，99％）外的异常值分别替换为 1％和 99％分位上的数值，经过缩尾处理后的变量描述性统计结果如表 3.4 所示。

根据表 3.4 可知，并购前样本公司现金持有比例的均值为 28.8％，并购完成后则为 27.4％，下降 1.4 个百分点，表明并购的完成会促使上市公司降低其现金持有,从侧面表明其融资约束水平得到一定的缓解。现金流量比例的均值则从并购前的 5.3% 到并购后的 4.3%,显著下降 1 个百分点。具体来看各个控制变量,其中公司规模(总资产的对数值)的均值显著提高,证明了并购规模效应的存在性;内部成长性因素中,并购完成之后雇员人数(雇员数的对数)的均值显著上升,但销售收入增长率和 ROA 这两个因素的均值则显著下降,分别从 34.3% 和 5.1% 下降至 24.9% 和 4.0%,可能表明内部成长性因素对融资约束的影响会相互抵消;省际 GDP 增长率这一外部成长性因素则由并购前的 12.1% 显著下降至并购后的 9.6%;衡量外部融资环境的信贷水平在并购后显著提高,说明上市公司所处的外部信贷环境得到改善,更易于获得资金支持,股权融资水平则在并购后显著下降,表明并购后上市公司在融资上对股权市场的依赖性降低。

表 3.4　并购前后的单因素差异

变量	并购前			并购后		
	平均值	标准差	中位数	平均值	标准差	中位数
CashHoldings	0.288	0.324	0.185	0.274	0.319	0.173
Investment	0.074	0.147	0.035	0.061**	0.125	0.033
CashFlow	0.053	0.117	0.052	0.043**	0.097	0.041***
Tangibility	0.400	0.260	0.416	0.393	0.232	0.381**
Size	12.474	1.451	12.228	12.940***	1.473	12.709***
Employees	7.428	1.437	7.432	7.701***	1.407	7.674***
Salesgrowth	0.343	0.830	0.195	0.249***	0.759	0.104***
ROA	0.051	0.065	0.046	0.040***	0.051	0.033***
Lev	0.500	0.243	0.481	0.499	0.217	0.501*
GDP Growth	0.121	0.019	0.118	0.096***	0.020	0.092***
PrivateCredit/GDP	1.193	0.491	1.023	1.274***	0.482	1.122***
MarketCap/GDP	1.235	2.637	0.420	0.811***	1.557	0.312***

注:*** 、** 、* 分别表示 1%、5%、10% 水平下显著。

第三节　实证结果分析

一、并购对现金持有水平的影响

为研究并购对上市公司现金持有水平的影响，将模型的被解释变量 Y 设定为现金持有 CashHoldings，通过逐步回归法分别代入不同的控制变量，最终确定的 5 种具体形式为模型(1)—模型(5)。由于模型(1)—模型(5)中的解释变量不存在被解释变量的滞后项，所以确定均为静态面板数据模型。分别对模型(1)—模型(5)进行 Hausman 检验，得到的 p 统计值均为0.0000，则确定模型均为固定效应模型。由于固定效应模型将剔除不随时间变动的数据，所以无法将行业因素纳入到固定效应模型中。此外，模型(1)—模型(5)的方差膨胀因子(Vif)的值均远小于 10，说明模型不存在多重共线性。模型(1)—模型(5)的回归结果如表 3.5 所示。

表 3.5　并购对现金持有水平影响的模型实证结果

变量	(1)	(2)	(3)	(4)	(5)
After	−0.0724*** (−11.05)	−0.0457*** (−6.83)	−0.0413*** (−6.66)	−0.0409*** (−6.18)	−0.0651*** (−10.55)
CashFlow	0.5345*** (26.07)	0.5406*** (25.23)	0.3771*** (18.48)	0.4594*** (21.03)	0.3960*** (19.21)
Tangibility	0.4702*** (12.03)	0.3943*** (9.68)	0.3864*** (10.32)	0.3713*** (9.28)	0.4212*** (11.38)
Size	0.1116*** (25.16)				0.1047*** (20.38)
Employees		0.0176*** (4.26)			−0.0425*** (−9.50)
SalesGrowth1			0.0946*** (30.99)		0.0791*** (25.35)

续表

变量	(1)	(2)	(3)	(4)	(5)
ROA				0.4237*** (10.50)	0.2292*** (5.84)
Lev	0.0193 (0.45)	−0.0338 (−0.76)	−0.0487 (−1.19)	−0.0380 (−0.30)	0.0345 (0.85)
GDPGrowth	1.2908*** (10.33)	0.7072*** (5.53)	0.3254*** (2.76)	0.4596 (3.64)	0.8095*** (6.79)
PrivateCredit/GDP	−0.0424** (−1.84)	0.0888*** (3.80)	0.0754*** (3.52)	0.1180*** (5.17)	−0.0477** (−2.18)
MarketCap/GDP	0.0075** (2.13)	0.0031 (0.83)	0.0005 (0.16)	0.0009 (0.26)	0.0044 (1.33)
Intercept	−1.4689*** (−20.72)	−0.2411*** (−4.18)	−0.0557 (−1.26)	−0.1219*** (−2.58)	−1.0158*** (−14.64)
观察值个数	10168	10003	10139	10168	9974
F	275.11***	184.13***	320.02***	198.95***	282.25***
调整后的 R^2	0.1988	0.1447	0.2245	0.1521	0.2636

注:括号内为 t 值,***、** 和 * 分别表示在 1%、5% 和 10% 水平上显著。

由表 3.5 可知,模型(1)—模型(5)中的虚拟变量 After 的系数在 −0.0409 至 −0.0724 之间,且均在 1% 的水平下显著为负,说明并购完成后样本公司的现金持有比例将显著下降 4.09%—7.24%。实证结果与假设 2 的理论预测一致,说明并购完成后我国上市公司的资金短缺情况得到改善,融资约束水平的下降允许其降低自身的现金持有水平,进一步有效提高资金的利用效率。即成功验证假设 2:并购完成后,上市公司的现金持有水平下降,融资约束状况得到改善。

其他变量中,现金流量比例和有形资产比例在 5 个模型中与被解释变量现金持有比例均呈显著的正相关关系,说明现金流量与有形资产的增加会提高上市公司的现金持有水平。在模型(1)—模型(4)中,公司规模与 3 个内部成长性因素(雇员数量、销售收入增长率和 ROA)分别显著为正,说明通过并购形成的规模效应将提高上市公司的现金持有水平。省际 GDP 增长率的系数显著为正,说明上市公司的外部成长环境越好,避免发生资金短缺、错失投资机会的情况越能增加现金持有。衡量上市公司外部融资的信贷水平会对其现金持有政策产生显著的影响,但其影响效果是积极的还是消极的需要具体问题具体分析;另一个衡量外部融资环境的股权融资水平,实证结果显示其没有对上市公司的现金持有产生显著的影响。财务杠杆则与现金持有水平没有明显的相关关系。

二、并购对投资—现金流敏感性的影响

为研究并购对上市公司投资—现金流敏感性的影响作用,将模型的被解释变量 Y 设定为投资率 Investment,通过逐步回归法分别代入不同的控制变量,最终确定的 5 种具体形式为模型(6)—模型(10)。由于模型(6)—模型(10)中解释变量不存在被解释变量的滞后项,所以确定均为静态面板数据模型。分别对模型(6)—模型(10)进行 Hausman 检验,得到的 p 统计值均为0.0000,则确定模型均为固定效应模型。经测算,模型(6)—模型(10)的方差膨胀因子(Vif)的值均远小于 10,不存在多重共线性。模型(6)—模型(10)的回归结果详见表 3.6。

表 3.6　并购对投资—现金流敏感性影响的模型实证结果

变量	(6)	(7)	(8)	(9)	(10)
After	-0.0115*** (-3.63)	-0.0030 (-0.93)	0.0010 (0.35)	0.0011 (0.34)	-0.0073** (-2.43)
CashFlow	0.1439*** (14.46)	0.1415*** (13.83)	0.0679*** (6.94)	0.2064*** (9.70)	0.0679*** (6.77)
After * CashFlow	-0.0007*** (-2.60)	-0.0009*** (-3.24)	-0.0006** (-2.16)	-0.0009*** (-3.08)	-0.0006** (-2.26)
Tangibility	-0.0494*** (-2.63)	-0.0568*** (-2.94)	-0.0815*** (-4.58)	-0.0886*** (-4.65)	-0.0522*** (-2.92)
Size	0.0439*** (20.56)				0.0261*** (10.54)
Employees		0.0265*** (13.53)			0.0086*** (4.00)
SalesGrowth			0.0490*** (33.77)		0.0439*** (29.17)

续表

变量	（6）	（7）	（8）	（9）	（10）
ROA				0.1989*** (10.36)	0.0813*** (4.30)
Lev	−0.0724*** (−3.53)	−0.0851*** (−4.06)	−0.0930*** (−4.79)	−0.0922*** (−4.43)	−0.0585*** (−3.00)
GDPGrowth	0.3918*** (6.51)	0.2126*** (3.51)	−0.0128 (−0.23)	0.0522 (0.87)	0.1593*** (2.77)
PrivateCredit/GDP	−0.0649*** (−5.84)	−0.0216* (−1.95)	−0.0230** (−2.26)	−0.0015 (−0.14)	−0.0638*** (−6.03)
MarketCap/GDP	0.0055*** (3.25)	0.0043** (2.47)	0.0030* (1.88)	0.0013 (0.33)	0.0047*** (2.87)
Intercept	−0.4092*** (−11.99)	−0.0818*** (−2.99)	0.1490*** (7.10)	0.0028 (1.63)	−0.2442*** (−7.30)
观察值个数	10168	10003	10139	10168	9974
F	73.85***	46.84***	155.01***	37.88***	139.32***
调整后的 R^2	0.0697	0.0462	0.1363	0.0370	0.1616

注：括号内为 t 值，*** 、** 和 * 分别表示在 1%、5% 和 10% 水平上显著。

由表 3.6 可知，模型（6）模型—（10）中解释变量 CashFlow 的系数均显著为正，交互变量 After×CashFlow 的系数均在 1% 的水平下显著为负，说明并购完成后上市公司的投资—现金流敏感性显著下降。一般情况下，上市公司投资对净财富的敏感性与其融资约束程度呈显著的正相关关系，即公司的融资约束程度越高，其投资—现金流敏感性也就越高，这验证了并购可以有效缓解上市公司的融资约束状况。即成功验证假设 3：并购完成后，上市公司的投资—现金流敏感性下降，融资约束状况得到改善。

此外，模型（6）—模型（10）中公司规模与 3 个内部成长性因素（雇员数量、销售收入增长率和 ROA）均显著为正，其值越大，表示上市公司的投资水平越高。省际 GDP 增长率的系数显著为正，说明上市公司外部成长环境越好，越易于抓住投资机会。投资率与有形资产比例、财务杠杆和信贷水平均显著负相关，而与股权融资水平正相关。

三、并购对现金—现金流敏感性的影响

为研究并购对上市公司现金—现金流敏感性的影响作用，将模型的被解释变量 Y 设定为现金持有变化率 $\Delta CashHoldings$，通过逐步回归法分别代入不同的控制变量，最终确定的五种具体形式为模型（11）—模型（15），且解释变量不存在被解释变量的滞后项，所以确定均为静态面板数据模型。分别对模型（11）—（15）进行 Hausman 检验，得到的 p 统计值均为 0.0000，则确定模型均为固定效应模型。经测算，模型（11）—模型（15）的方差膨胀因子（Vif）的值均远小于 10，不存在多重共线性，具体回归结果详见表 3.7。

表 3.7　并购对现金—现金流敏感性影响的模型实证结果

变量	(11)	(12)	(13)	(14)	(15)
After	−0.0308*** (−3.13)	−0.0244** (−2.50)	−0.0257*** (−2.72)	−0.0244** (−2.53)	−0.0256*** (−2.65)
CashFlow	0.7557*** (24.26)	0.7562*** (23.99)	0.6405*** (20.41)	0.7038*** (21.93)	0.6317*** (19.50)
After×CashFlow	0.0010 (0.30)	0.0009 (0.28)	0.0007 (0.79)	0.0006 (0.18)	0.0007 (0.88)
Tangibility	0.3718*** (6.37)	0.3258*** (5.51)	0.3598*** (6.37)	0.3471*** (5.99)	0.3230*** (5.62)
Size	0.0209*** (3.09)				0.0115 (1.43)
Employees		−0.0131** (−2.18)			−0.0298*** (−4.28)
SalesGrowth			0.0748*** (16.26)		0.0723*** (14.93)
ROA				0.3770*** (6.38)	0.1130* (1.84)
Lev	0.2359*** (3.71)	0.1972*** (3.07)	0.2437*** (3.95)	0.2522*** (3.98)	0.2248*** (3.58)

续表

变量	(11)	(12)	(13)	(14)	(15)
GDPGrowth	0.5307*** (2.83)	0.3568* (1.92)	0.1679 (0.94)	0.2893 (1.57)	0.0996 (0.54)
PrivateCredit/GDP	0.0090 (0.26)	0.0478 (1.40)	−0.0024 (−0.07)	0.0374 (1.12)	0.0037 (0.11)
MarketCap/GDP	−0.0123** (−2.32)	−0.0139*** (−2.59)	−0.0132** (−2.54)	−0.0139*** (−2.62)	−0.0137*** (−2.60)
Intercept	−0.6140 (−5.74)	−0.2432*** (−2.91)	−0.3108*** (−4.66)	−0.3724*** (−5.44)	−0.2115* (−1.95)
观察值个数	9990	9903	9962	9990	9875
F	81.26***	78.75***	110.38***	85.01***	82.83***
调整后的 R^2	0.0776	0.0761	0.1029	0.0809	0.1039

注:括号内为 t 值,***、**和*分别表示在1%、5%和10%水平上显著。

据表 3.7,模型(11)—模型(15)中的虚拟变量 After 的系数均显著为负,说明并购完成后现金持有变化率将下降 2%—3%。CashFlow 的系数均在 1% 的水平上显著为正,说明并购完成前现金流量比例与现金持有水平的变化率显著正相关,这可以从信息不对称理论和啄食顺序理论的角度进行理解;模型(11)—模型(15)中交互变量 After×CashFlow 的系数均不显著,无法验证假设 4。

此外,模型(11)—模型(15)中的销售收入增长率和 ROA 这两个内部成长性因素均显著为正,其值越大,表示上市公司的投资水平越高;雇员人数的系数则显著为负。省际 GDP 增长率的系数显著为正,说明上市公司的外部成长环境越好,现金持有量的变动就越频繁。有形资产比例、财务杠杆和信贷水平均与现金持有的变动情况呈显著的正相关关系,股权融资水平则与其呈显著的负相关关系。

四、匹配样本的实证结果分析

根据匹配原则,选取与目标公司相似的未并购公司进行实证检验。本章设定的样本匹配条件如下:①匹配样本公司仍为在沪深 A 股市场上市的公司;②匹配样本公司与原样本公司属同一行业,根据中国证监会公布的行业类别进行筛选;③根据原样本公司在并购完成前一年的总资产数量,选取与其总资产最接近的公司作为匹配对象;④剔除配对样本公司之间总资产差异为原样本公司总资产 20%以上的样本;⑤剔除匹配样本公司在并购完成的前、后两年内存在数值缺失情况的样本。

根据上述匹配原则,最终确定 995 家样本公司。其中,2009 年完成并购的样本公司为 148 家,2010 年完成并购的样本公司为 181 家,2011 年完成并购的样本公司为 234 家,2012 年完成并购的样本公司为 432 家。

与目标公司相似的未并购公司的实证结果详见表 3.8、表 3.9 和表 3.10。首先来看并购样本公司与匹配样本公司的现金持有情况,对比表 3.5 和表 3.8,未并购匹配样本模型中虚拟变量 After 的系数值在 −0.02——−0.006,与并购样本公司的现金持有水平显著下降 4%—8%相差甚远;并且,虚拟变量 After 系数的显著水平明显下降,甚至不显著[如表中的模型(4)],一定程度上说明其他因素对投融资策略的影响程度较低。

表 3.8　匹配样本模型的实证结果(现金持有)

变量	(1)	(2)	(3)	(4)	(5)
After	−0.0153** (−2.39)	−0.0112* (−1.73)	−0.0121** (−1.98)	−0.0064 (−1.02)	−0.0151** (−2.43)
CashFlow	0.4315*** (18.24)	0.4332*** (17.74)	0.3498*** (15.13)	0.2782*** (10.87)	0.2605*** (10.17)
Tangibility	0.1410*** (4.67)	0.1338*** (4.36)	0.1515*** (5.21)	0.1180*** (3.96)	0.1365*** (4.65)
Size	0.0083*** (3.86)				0.0160*** (5.81)
Employees		−0.0083*** (−4.01)			−0.0166*** (−6.39)
SalesGrowth			0.1239*** (22.78)		0.1036*** (18.48)
ROA				0.6629*** (14.63)	0.5149*** (11.06)

续表

变量	(1)	(2)	(3)	(4)	(5)
Lev	−0.2234***	−0.2086***	−0.2172***	−0.1647***	−0.2017***
	(−6.84)	(−6.32)	(−6.92)	(−5.10)	(−6.30)
GDPGrowth	0.8706***	0.7887***	0.5520***	0.7221***	0.4819***
	(6.78)	(6.05)	(4.44)	(5.70)	(3.84)
PrivateCredit/GDP	0.0318***	0.0298***	0.0303***	0.0295***	0.0161**
	(4.39)	(4.05)	(4.35)	(4.13)	(2.27)
MarketCap/GDP	0.0040***	0.0050***	0.0041***	0.0044***	0.0046***
	(3.16)	(3.89)	(3.39)	(3.57)	(3.74)
Intercept	0.0135	0.1862***	0.1253***	0.0857**	0.0561
	(0.31)	(4.75)	(3.79)	(2.53)	(1.34)
观察值个数	7590	7374	7582	7590	7366
F	180.41***	178.83***	257.93***	209.99***	202.17***
调整后的 R^2	0.1590	0.1627	0.2133	0.1805	0.2310

注:括号内为 t 值,***、** 和 * 分别表示在1%、5%和10%水平上显著。

其次分析并购样本公司与匹配样本公司的投资—现金流敏感性情况,对比表3.6和表3.9,未并购匹配样本模型中 After 的系数均不显著,且模型(8)和模型(9)的交互项 After×CashFlow 系数也不显著,这就说明其他影响因素未能使匹配样本公司融资约束水平发生较大的变化。

表3.9　匹配样本模型的实证结果(投资—现金流敏感性)

变量	(6)	(7)	(8)	(9)	(10)
After	−0.0025	0.0004	−0.0006	0.0010	−0.0006
	(−0.90)	(0.17)	(−0.25)	(0.39)	(−0.23)
CashFlow	0.1536***	0.1375***	0.1060***	0.1194***	0.1030***
	(14.93)	(13.16)	(10.55)	(10.63)	(9.32)
After×CashFlow	−0.0016***	−0.0017***	−0.0007	−0.0005	−0.0014***
	(−3.96)	(−4.30)	(−0.54)	(−0.35)	(−3.62)
Tangibility	0.0302**	0.0352**	0.0324***	0.0207	0.0452***
	(2.39)	(2.76)	(2.65)	(1.63)	(3.69)

续表

变量	(6)	(7)	(8)	(9)	(10)
Size	0.0095***				0.0006
	(9.90)				(0.50)
Employees		0.0130***			0.0130***
		(14.52)			(12.00)
SalesGrowth			0.0560***		0.0575***
			(24.49)		(24.56)
ROA				0.1034***	−0.0107
				(5.36)	(−0.55)
Lev	0.0171	0.0273**	0.0269**	0.0354***	0.0244*
	(1.25)	(1.99)	(2.04)	(2.58)	(1.82)
GDPGrowth	0.0980*	0.1440***	−0.0566	0.0533	0.0184
	(1.82)	(2.66)	(−1.08)	(0.99)	(0.35)
PrivateCredit/GDP	−0.0148***	−0.0086***	−0.0149***	−0.0135***	−0.0108***
	(−4.87)	(−2.81)	(−5.10)	(−4.42)	(−3.65)
MarketCap/GDP	−0.0003	−0.0003***	−0.0000	0.0001	−0.0005
	(−0.57)	(−0.57)	(−0.10)	(0.14)	(−0.89)
Intercept	−0.0792***	−0.0777***	0.0417***	0.0325**	−0.0802***
	(−4.28)	(−4.72)	(3.00)	(2.25)	(−4.45)
观察值个数	7589	7374	7581	7589	7366
F	39.86***	51.63***	98.15***	31.90***	95.38***
调整后的 R^2	0.0441	0.0582	0.1034	0.0354	0.1333

注:括号内为 t 值,***、** 和 * 分别表示在 1%、5% 和 10% 水平上显著。

最后,对比并购样本公司与匹配样本公司的现金—现金流敏感性情况,根据表 3.7 和表 3.10 的数据,并购样本公司 CashFlow 的系数在 0.6317—0.7562,未并购匹配样本公司的 CashFlow 系数则在 0.4487—0.5009,说明两类公司的现金—现金流敏感性之间存在较大的差异;交互项 After×CashFlow 的系数则在并购样本及其匹配样本中均不显著,说明其他影响因素同样未能引起匹配样本公司融资约束水平的变化。

表 3.10　匹配样本模型的实证结果(现金—现金流敏感性)

变量	(11)	(12)	(13)	(14)	(15)
After	−0.0162**	−0.0172**	−0.0183**	−0.0156**	−0.0206***
	(−2.12)	(−2.23)	(−2.43)	(−2.05)	(−2.69)
CashFlow	0.5009***	0.4949***	0.4487***	0.4776***	0.4599***
	(17.04)	(16.53)	(15.29)	(15.04)	(14.20)
After×CashFlow	−0.0015	−0.0010	−0.0008	−0.0013	−0.0011
	(−1.30)	(−0.26)	(−0.82)	(−1.28)	(−0.27)
Tangibility	0.1732***	0.1633***	0.1851***	0.1710***	0.1751***
	(4.90)	(4.54)	(5.30)	(4.84)	(4.92)
Size	0.0006				0.0060*
	(0.21)				(1.72)
Employees		−0.0086***			−0.0118***
		(−3.39)			(−3.72)
SalesGrowth			0.0766***		0.0747***
			(11.70)		(10.95)
ROA				0.1036*	−0.0379
				(1.88)	(−0.66)
Lev	0.1878***	0.1849***	0.1860***	0.1966***	0.1703***
	(4.89)	(4.77)	(4.92)	(5.11)	(4.37)
GDPGrowth	0.3383**	0.2822*	0.1469	0.3203**	0.1118
	(2.23)	(1.84)	(0.97)	(2.11)	(0.73)
PrivateCredit/GDP	0.0061	0.0035	0.0034	0.0055	−0.0008
	(0.71)	(0.41)	(0.40)	(0.64)	(−0.09)
MarketCap/GDP	−0.0006	−0.0003	−0.0008	−0.0006	−0.0006
	(−0.42)	(−0.19)	(−0.54)	(−0.40)	(−0.42)
Intercept	−0.2386***	−0.1511***	−0.2225***	−0.2363***	−0.1864***
	(−4.58)	(−3.25)	(−5.59)	(−5.86)	(−3.56)
观察值个数	7345	7226	7338	7345	7219
F	39.95***	38.36***	56.28***	40.36***	40.54***
调整后的 R^2	0.0456	0.0445	0.0635	0.0460	0.0617

注:括号内为 t 值,***、**和*分别表示在1%、5%和10%水平上显著。

第四节　结论与展望

　　基于中国上市公司普遍面临融资约束问题的现实情况,本章着重研究融资约束公司的现金持有行为以及并购能否缓解融资约束这两个问题。在梳理国内外相关研究成果的基础上,本章以我国沪深两市的 A 股上市公司为研究对象,借鉴 Almeida 等(2004)、Erel 等(2015)的实证模型,并结合我国资本市场与上市公司的实际情况确定影响因素与衡量指标,运用描述性统计分析和建立多元回归模型的方法探究融资约束、并购与现金持有行为之间的关系。

一、总结

　　融资约束理论可以在一定程度上解释公司的现金持有政策,与非融资约束公司相比,受到融资约束的公司将具有更高的现金—现金流敏感性。这是因为受到融资约束的公司考虑到未来融资的不易,为保证生产与经营活动能够正常进行,在进行现金决策时更加谨慎。相对而言,非融资约束公司对未来资金状况的预测较为乐观,现金—现金流敏感性普遍低于受融资约束公司。

　　并购有利于上市公司降低现金持有水平,缓解其融资约束状况。上市公司出于预防性动机的考虑,在权衡当前和未来投资收益的情况下制定公司的现金持有策略,受融资约束公司的现金持有水平相对更高。并且,上市公司的经理人具有自利动机,当公司融资约束状况加重时倾向提高现金储备水平,以保证其控制权。因此,普遍认为受到融资约束的公司通常持有更多的现金。本章第三节的实证研究结果显示,并购完成后我国上市公司的现金持有水平显著下降,说明并购有利于缓解其融资约束状况。

　　上市公司的投资—现金流敏感性在并购完成后显著下降,融资约束状况得到有效改善。面临融资约束的上市公司在选择投资项目时,除了要评估项目的净现值(NPV)之外,还需要考虑公司可用的资金状况。即只有在明确当前及未来资金能保证投资项目可持续的前提下,上市公司才会进行投资。因此,一般认为上市公司的投资水平对净财富的敏感性与其融资约束程度呈正相关关系。根据本章第三节的实证研究结果,我国上市公司的投资—现金流敏感性在并购完成后显著下降,说明并购在一定程度上改善了融资约束状况。

二、政策建议

根据上述研究结论,我国上市公司在制定决策时应当注意以下几点。

第一,制定现金持有政策要全面考虑公司现状和发展前景,尤其对于受融资约束的上市公司来说更要谨慎。我国上市公司普遍存在或大或小的融资约束问题,现金政策的变动会对公司整体经营状况产生极大的影响。这就要求上市公司的股东和管理层抛开私利,从公司可持续发展的角度制定资金政策,合理地持有和使用现金,提高资金利用效率。

第二,要善于运用并购这一资源优化配置方式缓解上市公司的融资约束状况。并购引起的规模效应和协同效应使上市公司在较短时间内扩大公司规模、提高声誉,有利于资金积累;同时,上市公司通过并购使有形资产迅速增加,有形资产的抵押性使上市公司借入资金更加容易。因此,上市公司要善于识别好的并购重组项目,抓好时机完成并购,以缓解融资约束状况。

第三,并购的相关法律法规要尽快完善,政府监管部门也要进行规范引导。虽然并购有利于缓解上市公司的融资约束,但若不从公司的实际出发、盲目地进行并购可能会适得其反。这就要求完善我国资本市场的制度建设,规范上市公司的投融资行为。

参考文献

[1] 程建,连玉君.投资—现金流敏感性:融资约束还是代理成本[J].财会通讯,2007,33(2):37-46.

[2] 鞠晓生,卢荻,虞义华.融资约束、营运资本管理与企业创新可持续性[J].经济研究,2013,48(1):4-16.

[3] 况学文,宋廖.并购业务中财务风险的识别及控制[J].中国内部审计,2006(9):80-81.

[4] 李春霞,田利辉,张伟.现金—现金流敏感性:融资约束还是收入不确定?[J].经济评论,2014(2):115-126.

[5] 李青原,王红建.货币政策、资产可抵押性、现金流与公司投资——来自中国制造业上市公司的经验证据[J].金融研究,2013(6):31-45.

[6] 李涛,黄晓蓓.企业现金流量与融资决策关联性的实证研究[J].管理世界,2008(6):182-183.

[7] 屈文洲,谢雅璐,叶玉妹.信息不对称、融资约束与投资—现金流敏感性——基于市场微观结构理论的实证研究[J].经济研究,2011,46(6):105-117.

[8] 沈红波,寇宏,张川.金融发展、融资约束与企业投资的实证研究[J].中国工业经济,2010(6):55-64.

[9] 王彦超.融资约束、现金持有与过度投资[J].金融研究,2009(7):121-133.

[10] 章贵桥,陈志红.宏观货币政策、融资约束与现金—现金流敏感性[J].金融经济学研究,2013,28(3):43-54.

[11] 赵治磊,陈旭东.融资约束、代理冲突与现金—现金流敏感性[J].财会通讯,2014(9):43-45,129.

[12] 朱红军,何贤杰,陈信元.金融发展、预算软约束与企业投资[J].会计研究,2006(10):64-71,96.

[13] Almeida H, Campello M. Financial constraints, asset tangibility, and corporate investment[J]. *Review of Financial Studies*, 2007, 20(5): 1429-1460.

[14] Almeida H, Campello, M, Weisbach, M. The Cash Flow Sensitivity of Cash[J]. *Journal of Finance*, 2004, 59(4): 1777-1804.

[15] Ascioglu A, Hegde S, McDermott J. Information asymmetry and investment-cash flow sensitivity[J]. *Journal of Banking & Finance*, 2008, 32(6): 1036-1048.

[16] Calomiris C, Himmelberg C, Wachtel P. Commercial paper, corporate finance, and the business cycle: A microeconomic perspective[J]. *Carnegie-Rochester Conference Series on Public Policy*, 1995(42): 203-250.

[17] Calomiris C, Hubbard R. Internal finance and investment: Evidence from the undistributed profits tax of 1936—37[J]. *Journal of Business*, 1995, 68(4): 443-482.

[18] Cefis E, Rosenkranz S, Weitzel U. Effects of coordinated strategies on product and process R&D[J]. *Journal of Economics*, 2009, 96(3): 193-222.

[19] Chang S, Chen S, Hsing A, Huang C. Investment opportunities, free cash flow, and stock valuation effects of secured debt offerings[J]. *Review of Quantitative Finance and Accounting*, 2007, 28(2): 123-145.

［20］Chapman D，Junor C，Stegman T. Cash flow constraints and firms' investment behaviour［J］. *Applied Economics*，1996，28(8)：1037-1044.

［21］Erel I，Jang Y，Weisbach M. Do Acquisitions relieve target firms' financial constraints? ［J］. *Journal of Finance*，2015(70)：289-328.

［22］Erickson T，Whited，T. M. Measurement error and the relationship between investment and q［J］. *Journal of Political Economy*，2000，108(5)：1027-1057.

［23］Fahlenbrach R，Stulz R. Managerial ownership dynamics and firm value ［J］. *Journal of Financial Economics*，2009，92(3)：342-361.

［24］Fazzari S，Hubbard R，Petersen B，Blinder A，Poterba J. Financing constraints and corporate investment ［J］. *Brookings Papers on Economic Activity*，1988(1)：141-206.

［25］Fazzari S，Petersen B. Working capital and fixed investment：New evidence on financing constraints［J］. *Rand Journal of Economics*，1993，24(3)：328-342.

［26］Goergen M，Renneboog L. Investment policy，internal financing and ownership concentration in the UK［J］. *Journal of Corporate Finance*，2001，7(3)：257-284.

［27］Han S，Qiu J. Corporate precautionary cash holdings［J］. *Journal of Corporate Finance*，2007，13(1)：43-57.

［28］Kashyap A，Lamont O，Stein J. Credit conditions and the cyclical behavior of inventories［J］. *Quarterly Journal of Economics*，1994，109(3)：565-592.

［29］Luo M. A bright side of financial constraints in cash management［J］. *Journal of Corporate Finance*，2011，17(5)：1430-1444.

［30］Opler T，Pinkowitz T，StulzR，Williamson R. The Determinants and implications of corporate cash holdings［J］. *Journal of Financial Economics*，1999，52(1)：3-46.

［31］Whited T，Wu G. Financial constraints risk［J］. *Review of Financial Studies*，2006，19(2)：531-559.

第四章　混合所有制改革是否有助于促进国有企业创新[①]

第一节　引　言

  国有企业一直被认为效率低，无论是在生产力还是创新方面。根据国际货币基金组织(IMF)的报告(2017)，当控制行业时，国有企业的生产率平均比非国有企业低 1/4。由于代理问题(D'Souza and Nash,2017)，政策负担和软预算约束(Lin and Tan,1999；Megginson,Ullah and Wei,2014)，国有企业更可能无所作为并保持现有优势。国有企业的经理缺乏专业的管理技能，因为他们通常由政府任命(Gan,Guo,and Xu,2018)。此外，政策负担是国有企业没有足够自主权和灵活性的主要原因之一(Xu,2011)。尽管中国的国有部门改革始于 1978 年，但现在已被视为政府的当务之急，这是过去 30 年来私有化改革的新增内容(Megginson,2017)。正如 IMF 的报告(2017)所关注的那样，混合所有制改革(允许私人资本投资于政府经营的企业)中混合所有股权设计是否有效提高了 SOE 的效率仍不清楚，尽管 Li、Qiu 和 Wang(2019)发现技术集团企业产出更多创新的专利并具有更大影响。

  在中国 40 多年的改革中，理论和实践都证明了改革对生产力和创新的积极作用，因为国有部门在研发和生产活动方面的效率都更低(Zhang,Zhang,and Zhao,2003)。先前的文章多探究 2005 年股权分置改革的影响(Tan,

  ① 原文"Does mixed-ownership reform improve SOEs' innovation? Evidence from state ownership"由 Xiaoqian Zhang、Mingqiang Yu 和 Gaoquan Chen 2020 年发表在 *China Economic Review* 第 61 期。

Tian,Zhang,and Zhao,2015)或国有企业私有化的影响(Gan et al.,2018)。随着经济的发展,目前的改革已步入新常态。Shi 和 Zhang(2018)从国有产权的角度研究了公司投资及其结构变化,发现了 SOE 和 POE 都减少了对新常态经济的投资。本章旨在探讨中国当前的国有部门改革与企业创新之间的关系。为了给深化改革提供有益的建议,本章将混合所有制改革作为一种外生性监管冲击,来分析当前改革对国有企业创新的影响。

为确定混合所有制改革的作用,本章采用双重差分法(DID)来比较 SOEs[①] 和 POEs 的创新活动的变化。我们将 POE 作为控制组[②],将 SOE 作为处理组以评估混合所有制改革的效果。这项研究证实了混合所有制改革对公司创新的好处。无论使用哪个代理变量来衡量,混合所有制改革都可以显著改善公司创新。Woo、Hai、Jin 和 Fan(1994)指出,成功改革 SOE 的标准应包括跨时期的效率和 SOE 对宏观经济稳定的贡献。对此,本章的研究提供了有力的证据。

本章使用倾向性匹配(PSM)方法和结构模型来处理以下两个问题。首先,由于中国的特殊产权制度,SOE 和 POE 方法不具有可比性。为了缓解这种差异的影响,本章使用倾向性匹配方法来匹配 SOE 和 POE,并采用可比的样本估计回归。其次,中国的区域发展不平衡和垄断行业的保护主义,可能导致改革效果的差距。特别是,混合所有制改革可能会对垄断行业或东部地区产生更大的影响。为了处理这些特有现象,总样本被分为两个垄断或竞争性产业子样本,以及区域结构(东部和非东部)。我们报告了区域和行业的异质性。我们发现,东部地区的创新水平更高。行业的异质性显示了一个有趣的发现,混合所有制改革对垄断行业的影响大于竞争行业,而混合所有制改革是针对竞争行业实施的。

通过使用 PSM-DID 方法,我们发现混合所有制改革对公司的创新活动产生重大影响,这不仅提高了研发投入,而且还增加了专利总数和发明专利的数量。此外,与竞争性行业相比,混合所有制改革对垄断行业公司创新的影响更高。此外,东部地区混合所有制改革对公司创新的影响要大得多。其他检验还有助于将干预效果与宏观经济影响(包括房价、私人雇员、信贷和股权融资)分离开。最后,使用 2SLS 将区域公路密度作为工具变量来检验内生

---

①　国有企业是指实际控制人或主要股东为国务院国资委(以下简称国资委)的企业。

②　之所以选择民营企业而不是不受混合所有制改革影响的国有企业作为对照组,主要基于两点,这将在第三节中说明。

性(Romer,1990),结果稳健。

本章将公司创新的问题扩展到政府干预的范围。现有文献将政府干预作为对市场失灵的回应。Hao 和 Lu(2018)研究了政府干预如何影响企业的投资分配,发现政府干预的结果促进了固定资产投资并减少了研发(R&D)投入。但是我们的研究显示了政府干预的积极作用,表明政府通过推动混合所有制改革改善了国有企业的创新能力。这一发现与 Brav、Jiang、Ma 和 Tian(2018)的结论一致,即对冲基金可以提高企业的创新能力。这具有特殊的背景,在公司控制权不变的情况下,激进者可以带来更高的创新。当 SOE 的国有股份份额减少时,即使政府只是在 2013 年宣布了这一预期,我们也提供了有力的证据。我们还研究了另外两个事件,即 2013 年之后首次国有制份额下降,以及 SOE 发布混合所有制改革公告的时间。

另外,本章丰富了我国国有部门改革对 SOE 创新影响的实证研究。Xu(2011)将中国的制度视为一种区域分权的专权体制来解决"中国之谜"。一些杰出的研究在这个方向上走得更远,分析了两个事件:距离和分权的关联(Huang,Li,Ma,and Xu,2017)和管理层收购(Gan et al.,2018)。我们试图研究第三次中国 SOE 改革——正在进行的混合所有制改革。与任何其他先前的改革不同,这不是 Shleifer(1998)指出的孤立性改革,而是一种相互融合的新趋势。POE 将使用 SOE 的平台获得更多的融资,而 SOE 将通过引入POE 的公司治理来提高效率(Shleifer and Vishny,1997;La Porta,Lopez-De-Silanes,and Shleifer,1999)。区域效应、产业效应和宏观经济变量对 SOE 改革的影响也被补充进来。

此外,我们发现这种改革是通过与 SOE 合并这一新的和政府关联的方式而不是与某一政客关联改善了 POE 的创新。新兴文献开始关注后者。D'Souza 和 Nash(2017)特别考虑了国家控制的私人利益。他们提供的证据表明,当国家控制的私人收益较低时,交叉上市的可能性更大。Schoenherr(2019)利用韩国背景证明,政治关系导致配置扭曲,因为 SOE 将更多的合同分配给了首席执行官与同一政客网络有关联的私营企业。我们提供了一种新的观点,即 POE 混合所有制改革后在研发上进行了更多投资,这是一种新型的政治关联形式。Chen、El Ghoul、Guedhami 和 Wang(2017)发现,政府所有权削弱了投资 Q 敏感性,从而增加了投资的低效性。他们发现外国所有权和投资效率之间的关系在政府放宽控制时会更强,这与我们对 SOE 的研究发现一致。但是对于POE,我们发现 R&D 的投入会有提高,这可能是由于改革后的这些 POE 有较高现金持有量,这与 Chen、El Ghoul、Guedhami 和 Nash(2018)的研究发现保持一致。中国正在进行的混合所有制于 SOE 和 POE 而言是双赢战略。Fan、Huang、Morck 和 Yeung(2017)发现,与 20 世纪 90 年代的美国公司相比,21 世纪初的中国公司在垂直方向上的整合程度更高,尤其是在法律制度薄弱、地区政府的素质较低或干预主义程度更高的地区。我们的研究显示中国企业整合的新篇章不是纵向的而是所有权上的。

　　本章的其余部分安排如下:第二节回顾了背景并提出了假设;第三节介绍样本并提供描述性统计信息;第四节报告了实证结果;第五节是稳健性检验;第六节是总结。

第二节　背景和研究假设

一、背景与理论综述

(一)中国的混合所有制改革

　　改革开放以来,国有企业改革从未停止过。从引入乡镇企业作为补充,政府与企业分离,股票市场体制改革到正在进行的混合所有制改革,国有企业改革已经实施了近 40 年。这是对产权所有制进行的最长、最成功的改革之一,并且已经实现了生产资源分配效率的提高。它可能是经济发展的重点并吸引了学术研究的关注。如今,混合所有制改革已成为当前中国国有企业改革的核心。表 4.1 总结了中国国有企业改革过程中的详细政策和方针。

表 4.1　中国国有企业改革历程

日期	颁布部门	政策和方针
1984 年 3 月	中共中央第四号文件	乡镇企业作为中国国有企业在重工业领域的重要补充,开始被引入消费行业
1993 年 11 月	中共十四届三中全会	关于建立社会主义市场经济体制若干问题的决定
2003 年 3 月	第十届人民代表大会	国资委成立

续表

日期	颁布部门	政策和方针
2005 年 4 月	中国证券监督管理委员会	股权分置改革
2013 年 11 月	中共十八届三中全会	《中共中央关于全面深化改革若干重大问题的决定》； 通过混合所有制改革,积极发展多种所有制经济
2014 年 7 月	国资委	开展中央企业发展混合所有制经济试点
2015 年 8 月	1＋N 文件	提高国有企业资本配置和运营效率； 完善现代企业制度,提高国有企业效率
2015 年 9 月	国务院	通过混合所有制改革提高国有企业在竞争行业和领域的经济效率和创新效率； 通过引入非国有资本,以研发创新为重点,加快国有企业技术创新、管理创新和商业模式创新； 通过建立多重股权结构、有效内部约束、灵活经营的经营机制,缓解代理问题的损害； 通过建立产权明晰的公司治理机制和激励机制,弱化行政任命的影响
2016 年 2 月	国资委媒体会议	在国有企业开展职工持股制度试点
2016 年 9 月	国家发展和改革委员会	提出了通过建立运行协调、有效控制的公司治理结构,完善市场化的激励约束机制,提高公司经营能力和创新效率的改革方针
2016 年 12 月	中央经济工作会议	混合所有制改革是深化国有企业改革的重要突破
2017 年 4 月	国资委	第一、二批改革试点的设计
2018 年 10 月	国资委	第三批改革试点的设计
2019 年 4 月	国资委	第四批改革试点的设计

　　2013 年 11 月 15 日被视为中国混合所有制改革的开始。党的十八届三中全会明确提出国有企业混合所有制改革,并指出这种改革是为了提高国有企业的效率。2015 年 8 月,国务院讨论了有关这项改革的更多细节,称为 1＋N 文件。这些文件给出这项改革的详细定义,要求在竞争性行业中向国有企业引入其他资本。这项改革旨在提高企业的经济效率,尤其是创新效率。国

家发展和改革委员会(NDRC)提出了改革的指导方针,即通过建立具有协调运作和有效控制的公司治理结构,并完善市场导向的激励和约束机制来提高经营能力和创新效率。近期,第四批混合所有制改革试点稳步推进。截至2019年4月18日,国资委和国家发改委宣布,第四批试点项目将包括100家公司。第四批试点项目的主要目标是"扩数量"和"扩领域"。

上面提到的这些政策表明,中国的混合所有制改革允许其他资本与国有企业合并,其重点和目的是克服国有企业的问题和弊端,并建立更高效和现代化的企业制度。考虑到这一改革的影响,Zhang(2020)着重于无形资产的计量和并购操纵。本章旨在探讨混合所有制改革是否能够提高企业效率。由于现代经济中增长的关键来源是创新,因此仅关注创新的改进,而不关注效率的其他方面。我们的研究可以为有关国有企业改革的现有文献提供新的证据。先前的大多数文章都谈到了国有企业不愿创新,但是,即使国有企业不属于这4批企业,这种改革后的国有企业的效率也有了显著增长。

(二)国家所有权与企业创新

国有企业一直被认为效率更低(Allen,Qian,and Qian,2005;Che and Qian,1998;Cull and Xu,2005;Fan,Wong,and Zhang,2007)。Chen et al. (2017)使用来自64个国家/地区的新私有化公司发现,政府所有权削弱了对投资Q的敏感性,因此带来了投资低效性。Shi和Zhang(2018)发现,由于国有企业和民营企业目标函数的动态变化不同,中国的企业投资具有异质性。在他们的三阶段结构模型中,他们发现国有企业经理由于对自己升职的担忧而大大减少了投资。因此,即使在中国的新常态下,他们也喜欢安逸的生活(Bertrand and Mullainathan,2003;Stein,2003),而非建立商业帝国。

这种风险规避限制了国有企业的投资。Hao和Lu(2018)研究了政府倾向于减少R&D投资的原因,因为R&D投资风险更大并且需要更长的时间才能实现。Gu(2016)使用标准的实物期权模型并预测了研发投入与产品市场竞争之间的正向关系。根据Gu的预测,国有企业的研发也应减少,因为它们更有可能参与较少的竞争,这也支持了Hao和Lu(2018)的发现。Brav et al.(2018)研究了对冲基金行动主义如何重塑企业创新,发现对冲基金进入后研发支出将减少。Boubakri、Goul、Guidami和Megginson(2018)指出,政府所有权对估值的影响受金融市场发展和政府质量的影响。

国有企业减少研发支出的原因有很多。首先是政策负担(Lin and Tan,1999)。政府将对商业运作施加强有力的干预,以实现某些政治目标(Shleifer and Vishny,1994),这将使国有企业在特殊的政治目标下作出短期投资决策,放弃具有较高风险和利润的创新投资项目。并且产生更少的新技术创新(Gao,Hsu,and Li,2018)。作为混合所有制改革的目标之一,不同类别的资本之间的交叉持股将增加政府对私有化公司的干预成本(Sappington and Stiglitz,1987),帮助公司开展更多的增值创新活动。

其次是公司治理。由于缺乏有效的激励机制和管理者监督机制,国有企业的代理问题更为严重(Laffont and Tirole,1993)。混合所有制改革将通过提高非国有股比例、员工持股计划和完善的国有资本运营体系,帮助企业改善公司治理,减少经理人道德风险,并鼓励企业开展创新活动。这可能与Aghion、Van Reenen 和 Zingales(2013)一致,他们发现更大的机构持股与更多的创新相关,他们研究了与"懒惰经理"假说形成对比的机制。

最后是行政垄断。与其他形式的垄断不同,行政垄断通过许可证减少竞争者的方式设置障碍,并导致生产力和创新滞后。混合所有制改革通过打破垄断形式引入竞争,迫使国有企业提高生产效率和创新能力。因此,我们的研究将引入垄断行业效应。

(三)异质性

世界各地的政府都在利用金融市场,包括历史性地维持低利率来刺激商业投资,但经济恢复得很缓慢,即使恢复仍在持续(Gutiérrez and Philippon,2017)。Crouzet 和 Eberly(2019)研究认为产生这个投资难题是因为资本存量结构随时间而变化。企业增加除 PPE 之外的无形资本,这是美国行业集中度提高的结果。相反,中国政府推出了另一种工具——混合所有制改革,与美国相反,这导致集中度降低。

我们还探讨了空间分布或区域差异对创新活动的影响。原因是,无论是在发达国家(Audretsch and Feldman,1996 年)还是在新兴市场(Tan,Cheng,Lei,and Zhao,2017 年),创新活动在世界范围内都在广泛聚集。创新活动的聚集不仅造成创新投入和产出的区域差异,而且还会导致技术外溢,这将影响该地区和周边地区的研发活动。Shang、Poon 和 Yue(2012)使用空间自回归模型,发现区域知识溢出对创新活动和经济增长具有积极影响。Song 和 Zhang(2017)发现,在创新投入和产出中,溢出效应广泛存在于区域 R&D 活动中。结果,区域差异将对混合所有制改革的效果产生重大影响。Rong、Wang 和 Gong(2016)使用 DID 方法分析了混合所有制改革对国有企业创新活动的影响。Huang(2010)发现,东部地区的创新效率高于其他地区。

二、研究假设

Sampat(2018)总结了关于专利和创新的经验证据,强调了全球环境,即美国以外的地区,是正在进行的研究的主题之一。他还指出,创新的异质效应似乎取决于各种其他制度效应。我们旨在从 3 个角度探讨对创新的影响。第一,关于证明国家所有权对公司创新的影响的一般性问题(Chen et al.,2017)。第二,地区和行业的异质性。Lerner 和 Seru(2017)总结了创新的区域差异。第三,法规的外来冲击。中国的国有企业改革对创新产出具有积极影响(Tan et al.,2015)。Gao 和 Zhang(2019)最近发现,自 2002 年《萨班斯—奥克斯利法案》(SOX)颁布以来,创新活动显著减少,因为要求管理人员报告其公司内部财务报告控制的有效性。当民营企业进行混合改革时,随着国有股权的增加,将导致创新的增加。

根据以上这些文献,建立如下假设:

H1:混合所有制改革可以显著改善国有企业的创新活动。

H2:东部地区混合所有制改革对创新的影响可能大于非东部地区。

此外,我们还检验了混合所有制改革对民营企业的影响和行业异质性问题。

第三节　　数据和样本

一、数据来源

为了从经验上评估混合所有制改革的效果,我们使用一些上市公司2011—2015 年的年度数据,收集了来自中国 A 股制造业上市公司的财务数据,这些公司属于制造业。之所以选择制造企业,是因为创新活动在制造业中扮演着更重要的角色[①]。企业级数据主要来自 WIND China 财务数据库和CSMAR 数据库。为了确保样本数据的完整性和可信度,ST 和 *ST公司被删除以避免异常值的影响,删除了缺乏财务数据的公司和异常公司,并删除了

---

① Brandt 等人(2017)还研究了中国制造企业加入 WTO 对其加工和生产率进步的影响。

2008 年以后上市的公司,以确保更多的上市超过 3 年,并删除杠杆率大于 1 的这些公司。最后,获得 654 家上市公司和 3270 个观察值。

此外,为了获得公司创新活动的数据、我们分别从 WIND 数据库,CSMAR 数据库和中国国家知识产权局(SIPO)数据库中收集样本公司的研发支出和专利申请数量。变量和数据资源的定义在附录 A 中显示。

最后,我们使用 DID 分析同一事件和单个事件。Gao 和 Zhang(2019)来自 2002 年的外部监管冲击这同一事件,我们类似地使用 2013 年确定混合所有制改革的效果。此外,Jia 和 Tian(2018)使用单个事件,更改直接航班的数量来进行 DID 分析。为了评估混合所有制改革的效果,我们手动收集了每个公司发布混合所有制改革公告的日期,包括 SOE 和 POE。基于此手工收集的数据,可以构造出要混合的处理组公司列表,并且能够获得有关混合方向的细节和 SOE 合并 POE 或 POE 合并 SOE 的更多详细信息。对于 SOE,还使用 CSMAR 数据库中的国家所有权数据对混合所有制改革进行了第二次检验。

二、描述性统计

表 4.2 报告了分析中使用的变量的描述性统计数据,其中 Panel A、Panel B 和 Panel C 分别报告了完整样本、POE 和 SOE 子样本的描述性统计量。对于 Panel A 中的全部样本,平均研发支出为 1.9%,最大值为 9.4%,最小值为 0。从研发产出来看,专利总数为 39.49,其中,发明专利的平均数为 17.33。实用新型和外观设计专利的平均数量平均为 22.16。净资产的年平均回报率为 6.9%,营业收入的年增长率为 13.2%。SOE 数量为 57.2%,超过一半。

表 4.2 变量的描述性统计

变量	Mean	SD	Min	Q1	Median	Q3	Max	N
Panel A:总样本								
RD_TA	0.019	0.019	0.000	0.004	0.015	0.029	0.094	3269
Patent	39.491	193.480	0.000	0.000	4.500	20.000	3674.000	3270
Patent1	17.332	102.657	0.000	0.000	1.000	8.000	3181.000	3270
Patent23	22.160	107.871	0.000	0.000	1.000	11.000	2291.000	3270
SOE	0.572	0.495	0.000	0.000	1.000	1.000	1.000	3270
Leverage	0.492	0.187	0.076	0.358	0.502	0.636	0.873	3270

续表

变量	Mean	SD	Min	Q1	Median	Q3	Max	N
ROE	0.069	0.121	−0.448	0.022	0.064	0.123	0.427	3270
SalesGrowth	0.132	0.257	−0.433	−0.017	0.107	0.237	1.195	3270
HiTechIndustry	0.691	0.462	0.000	0.000	1.000	1.000	1.000	3270
Liquidity	0.553	0.170	0.174	0.432	0.562	0.679	0.889	3269
Labor	8.027	1.102	4.868	7.258	8.025	8.757	10.689	3270
Tangibility	0.407	0.195	−0.005	0.264	0.390	0.539	0.869	3270
MB	0.796	0.182	0.280	0.687	0.848	0.943	1.000	3270
Panel B. 民企营业								
RD_TA	0.021	0.020	0.000	0.004	0.017	0.031	0.094	1400
Patent	17.383	48.105	0.000	0.000	3.000	15.000	1073.000	1401
Patent1	7.156	21.968	0.000	0.000	1.000	6.000	503.000	1401
Patent23	10.226	29.405	0.000	0.000	0.000	8.000	570.000	1401
Lev	0.459	0.183	0.076	0.330	0.470	0.593	0.873	1401
ROE	0.072	0.120	−0.448	0.026	0.069	0.130	0.427	1401
SalesGrowth	0.146	0.278	−0.433	−0.017	0.114	0.250	1.195	1401
HiTechIndustry	0.708	0.455	0.000	0.000	1.000	1.000	1.000	1401
Liquidity	0.560	0.159	0.174	0.446	0.573	0.678	0.889	1400
Labor	7.677	1.058	4.868	6.969	7.712	8.461	10.689	1401
Tangibility	0.431	0.194	−0.005	0.289	0.417	0.559	0.869	1401
MB	0.830	0.150	0.280	0.747	0.868	0.946	1.000	1401
Panel C. 国有企业								
RD_TA	0.018	0.018	0.000	0.003	0.014	0.027	0.094	1869
Patent	56.064	251.266	0.000	0.000	6.000	24.000	3674.000	1869
Patent1	24.959	133.958	0.000	0.000	2.000	10.000	3181.000	1869
Patent23	31.105	139.744	0.000	0.000	2.000	13.000	2291.000	1869
Leverage	0.517	0.186	0.076	0.382	0.529	0.666	0.873	1869
ROE	0.066	0.122	−0.448	0.019	0.061	0.119	0.427	1869
SalesGrowth	0.123	0.240	−0.433	−0.016	0.102	0.227	1.195	1869
HiTechIndustry	0.678	0.467	0.000	0.000	1.000	1.000	1.000	1869

续表

变量	Mean	SD	Min	Q1	Median	Q3	Max	N
Liquidity	0.547	0.178	0.174	0.417	0.552	0.680	0.889	1869
Labor	8.289	1.060	4.868	7.564	8.216	8.995	10.689	1869
Tangibility	0.389	0.193	−0.005	0.248	0.365	0.522	0.869	1869
MB	0.770	0.199	0.280	0.633	0.823	0.940	1.000	1869

根据国家所有权的性质,样本被分为 SOE 和 POE 子样本。如表 4.2 的 Panel B 和 Panel C 所示,每个百分位中的 SOE 和 POE 之间的差异是巨大的,这意味着 SOE 和 POE 在创新和其他特征上存在差距。例如,SOE 的规模要大于 POE,但 POE 的增长和盈利能力要优于 SOE,这与 Shi 和 Zhang (2018)的发现一致。这可能是由政治联系而产生的,这有助于获得信贷。

表 4.3 通过使用两个独立样本的 t 检验比较了 SOE 和 POE 之间的差异。结果表明 SOE 的研发投入低于 POE,而专利申请数量明显高于 POE。此外,SOE 的杠杆率明显高于 POE,这与以前的实证文章结果是一致的。从净资产收益率和营业收入增长率来看,POE 的业绩和增长显著高于 SOE。最后,SOE 的规模明显大于 POE。

表 4.3　SOE 与 POE 的差异:变量均值的 t 检验

变量	SOE	POE	Diff	t-test	p-value
RD_TA	0.018	0.021	−0.004***	−3.642	0.000
Patent	56.064	17.383	25.340***	5.685	0.000
Patent1	24.959	7.156	10.715***	4.925	0.000
Patent23	31.104	10.226	13.438***	5.502	0.000
Leverage	0.517	0.459	0.045***	8.937	0.000
ROE	0.066	0.072	−0.015	−1.510	0.131
SalesGrowth	0.123	0.146	−0.041**	−2.537	0.011
Size	8.511	7.836	0.595***	16.596	0.000

注:本表为企业创新与特征的 t 检验结果。*** 表示 $p<1\%$,** 表示 $p<5\%$,* 表示 $p<10\%$。

图 4.1 显示了各省(区、市)的创新效率比较①。图 4.1(a)显示,SOE 在研发上的支出要比 POE 少,这与以前的文献一致,即某些省市的 SOE 不愿进

---

① 因数据可得性原因,不包括港澳台地区和西藏自治区。

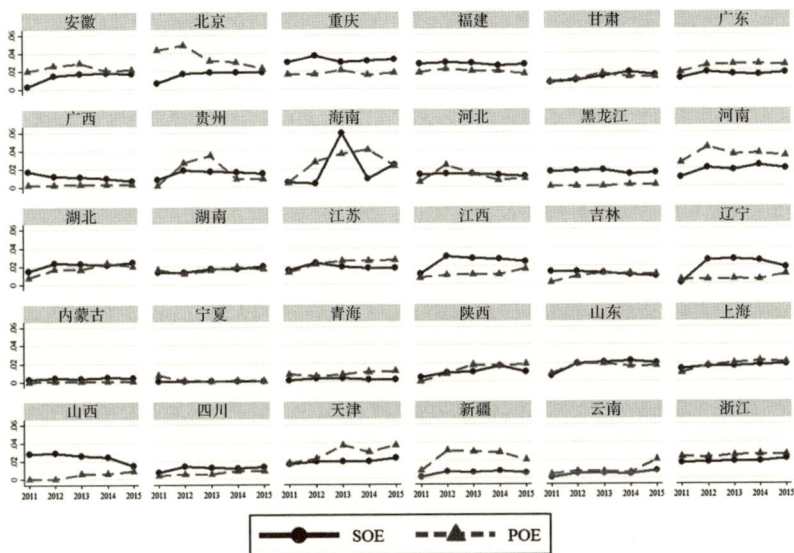

(a) 各省市创新投入变化

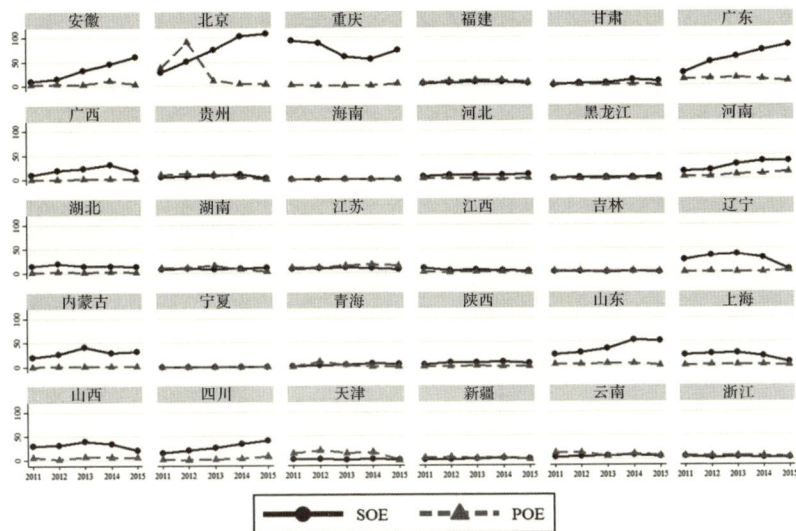

(b) 各省市创新产出变化

图 4.1　各省市创新效率比较

注:图(a)和图(b)分别为 SOE(实线)和 POE(虚线)研发投入和产出的变化情况。横生标表示年份,图(a)纵生标表示投入,图(b)纵生标表示产出。

行研发，比如安徽、北京、广东、湖北、天津和浙江。尽管如此，陕西、上海和山西等一些省市仍表现出不利的趋势。图 4.1（b）显示了东部地区和东部中部地区的 SOE 的专利申请数量呈上升趋势。考虑到这些现象，可以发现混合所有制改革可以提高东部地区和中东部地区的 SOE 的创新效率，因为它们改善了专利申请，而改革后却没有大量增加研发投入。

三、国有产权

混合所有制改革直接影响所有权类型。

图 4.2（a）报告了每年 POE 和 SOE 的占比。改革后，POE 的数量呈上升趋势。改革后，POE 的比例一直在上升，2014 年约为 43.4%，2015 年为 45%，而改革前为 42%。通过 3 种类型进一步探讨 SOE 的所有权结构，第一股东拥有超过 50% 的股权，从 20% 增至 50%，或不到 20%。

图 4.2（a）显示，自混合所有制改革以来，第一类 SOE 在急剧下降。

图 4.2（b）报告了每年国有持股比例变化。正在进行的混合所有制改革不是简单的中国以前实行的国企改革，因为这会表现出国有股份比例下降。混合所有制改革也发生在被 SOE 合并或投资的 POE 中，因此，如图 4.2（b）所示，改革后的国有持股比例上升。

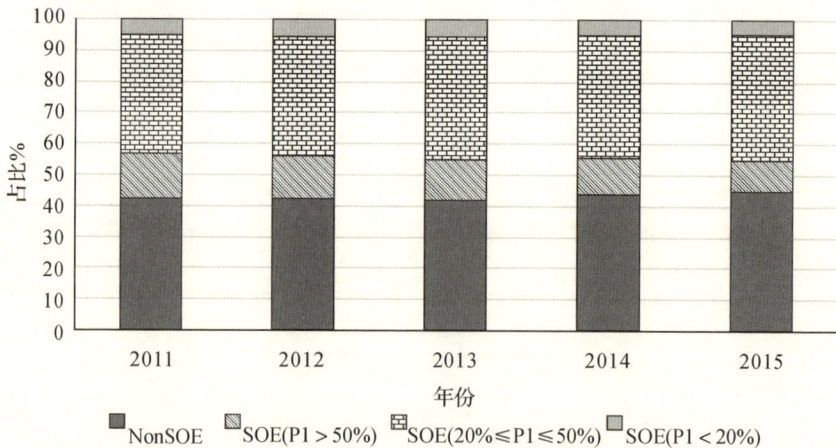

(a) 混改后POE增加、绝对控股的SOE减少

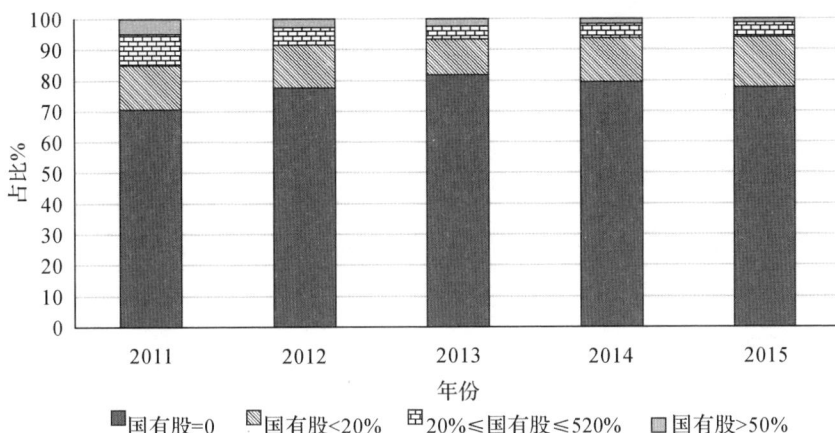

（b）混改后国有产权上升

图 4.2 国有产权演变

表 4.4 显示垄断行业和竞争行业之间的区别。表中 Panel A 报告了每年 SOE 或 POE 中第一大股东持股比例。在 SOE 中，第一大股东在垄断行业中拥有更多的股权，相反，对于 POE，第一大股东在竞争性行业中拥有更多的股权。

表 4.4 Panel B 报告了每个子样本中的国有持股情况。按照国有持股情况将样本分为三种：绝对国家控制（国家所有权超过 50%）、相对国家控制（20%≤国家所有权≤50%）和非国家控制（国家所有权少于 20%）。

表 4.4 垄断行业与竞争行业的区别

年份	Panel A.第一大股东持股					
	SOE			POE		
	中位数	垄断性行业	竞争性行业	中位数	垄断性行业	竞争性行业
2011	38.74	38.92	36.13	28.74	27.04	30.11
2012	37.97	38.77	36.11	28.25	26.71	28.87
2013	37.42	38.73	35.83	27.98	27.03	28.84
2014	37.30	38.97	36.00	28.00	26.48	29.69
2015	36.74	37.65	36.02	28.11	27.03	29.41
合计	37.79	38.79	36.02	28.14	26.92	29.24

续表

年份	Panel B. 国有股比例					
	0<国有股<20%		20%≤国有股≤50%		国有股>50%	
	垄断性行业	竞争性行业	垄断性行业	竞争性行业	垄断性行业	竞争性行业
2011	6.06	7.14	37.48	33.57	55.56	50.51
2012	5.07	6.23	34.52	34.19	55.55	60.75
2013	6.13	5.611	35.36	31.45	55.55	60.75
2014	5.37	7.24	31.66	41.54	58.98	57.78
2015	5.11	5.11	35.40	38.28	54.86	—
合计	5.44	6.22	35.28	33.57	55.56	59.27

第四节　实证结果

一、国有产权与创新

（一）基准模型

首先利用混合所有制改革产生的影响，对所有公司进行外来冲击。考虑到国家所有权的异质性，可以使用 DID 方法来衡量改革的效果，其中 SOE 被视为处理组，而 POE 被定义为对照组。参考相关文献（Rong et al.，2016），将基准模型设置如下：

$$Y_{i,t} = \beta_0 + \beta_1 \text{SOE}_{i,t} + \gamma \text{SOE}_{i,t} \text{Post}_t + \alpha X_{i,t} + \varepsilon_{i,t} \tag{4-1}$$

其中，$Y_{i,t}$ 代表第 t 年第 i 家公司的创新能力，该能力由创新投入和创新产出来衡量。创新投入通过研发支出来衡量（Rong et al.，2016），创新产出通过专利申请来衡量（Tan et al.，2015）。考虑专利的类型，创新产出被分为总专利数（Patent），发明专利数（Patent1）、实用新型专利和外观设计专利数（Patent23）。$\text{SOE}_{i,t}$ 是衡量产权性质的虚拟变量，当公司 i 在 t 年内属于 SOE[①] 时 $\text{SOE}_{i,t}$ 等

---

① 企业类型是根据 Wind CFD 中的企业产权指标来划分的。

于 1。Post$_t$ 是混合所有制改革的时间虚拟变量,2013 年之后为 1。$X_{i,t}$ 是一系列控制变量,包括公司财务杠杆(Leverage)、盈利能力(ROE)、公司增长(SalesGrowth)、公司规模(Size)、公司流动性资产(Liquidity)、员工人数(Labor)、有形资产(Tangibility)和市账率(MB)。此外,回归结果包括公司固定效应①。为控制内生性,所有自变量滞后一期。所有非虚拟变量都在1%和99%处截尾。

表 4.5 报告了基于总样本的 DID 方法的估计结果,其中 R&D 投资、总专利数量、发明专利数量、实用新型和外观设计专利数量是衡量创新的指标。在结果中,第(1)列—第(3)列的交互系数(SOE×Post)显著为正,这表明无论使用什么代理变量来衡量企业创新,混合所有制改革对企业创新活动具有显著的正效应。具体而言,混合所有制改革可以促进研发投入,提高专利申请总数和发明专利申请数量,假设 H1 得到支持。但是,模型(4)中的交互作用系数(SOE×Post)不显著。我们认为,主要原因是实用新型专利和外观设计专利有较大的可操作性而并非企业创新的真实客观的衡量标准。

表 4.5　全样本回归结果

变量	(1) RD_TA		(2) Patent		(3) Patent1		(4) Patent23	
	DID	PSM-DID	DID	PSM-DID	DID	PSM-DID	DID	PSM-DID
SOE	−0.005***		1.465		−1.767		3.232	
		(0.002)		(14.596)		(9.513)		(7.906)
SOE×Post	0.003***	0.003***	12.156***	5.938*	9.869***	3.855***	2.287	2.083
	(0.001)	(0.001)	(4.315)	(3.143)	(2.812)	(1.240)	(2.337)	(2.124)
Leverage	−0.015**	−0.014**	119.683**	4.553	115.195***	2.490	4.488	2.063
	(0.007)	(0.007)	(50.247)	(38.519)	(32.748)	(15.202)	(27.217)	(26.038)
ROE	0.001	0.001	31.227*	12.429	26.819**	8.596	4.408	3.833
	(0.002)	(0.002)	(18.657)	(13.469)	(12.160)	(5.316)	(10.106)	(9.105)
SalesGrowth	−0.001	−0.001	−4.975	−1.106	−7.050	−0.743	2.076	−0.363
	(0.001)	(0.001)	(7.062)	(5.353)	(4.603)	(2.113)	(3.825)	(3.619)

① 在这里,我们不控制工业效应。一方面,我们的样品只与制造行业有关;另一方面,我们也受到现有文献的启发,如 Guarigli(2008)和 Hovakimian(2009)。

续表

变量	(1) RD_TA		(2) Patent		(3) Patent1		(4) Patent23	
	DID	PSM-DID	DID	PSM-DID	DID	PSM-DID	DID	PSM-DID
Size	−0.004***	−0.003***	3.981	0.615	2.751	0.045	1.230	0.570
	(0.001)	(0.001)	(6.707)	(5.039)	(4.372)	(1.989)	(3.633)	(3.406)
Liquidity	−0.001	−0.001	−22.844	26.048	−20.333	16.591**	−2.511	9.456
	(0.003)	(0.004)	(26.449)	(19.406)	(17.238)	(7.659)	(14.326)	(13.118)
Labor	0.001	0.000	6.954	5.993	5.895	3.481*	1.059	2.512
	(0.001)	(0.001)	(6.205)	(4.747)	(4.044)	(1.873)	(3.361)	(3.209)
Tangibility	−0.008	−0.007	102.633**	−0.918	93.685***	−4.776	8.949	3.858
	(0.006)	(0.007)	(47.102)	(35.801)	(30.698)	(14.130)	(25.513)	(24.201)
MB	−0.012***	−0.011***	1.515	−10.464	23.341	−0.009	−21.826	−10.455
	(0.004)	(0.004)	(27.827)	(20.517)	(18.136)	(8.098)	(15.073)	(13.869)
Constant	0.067***	0.064***	−143.429*	−35.862	−156.937***	−27.090	13.508	−8.772
	(0.010)	(0.011)	(79.839)	(58.604)	(52.035)	(23.129)	(43.246)	(39.615)
Frim FE	是	是	是	是	是	是	是	是
Match	否	是	否	是	否	是	否	是
N	3269	3119	3269	3119	3269	3119	3269	3119
调整后的 R^2	0.682	0.690	0.815	0.710	0.722	0.663	0.826	0.728

注：括号中报告的是标准的公司级别的标准误聚类。*** 表示 $p < 1\%$，** 表示 $p < 5\%$，* 表示 $p < 10\%$。

此外，第(1)列中的产权系数显著为负，表明国有制对研发投资有显著的负面影响，这意味着在控制了其他因素的情况下国有企业的研发投资要小于民营企业的研发投资。但是，第(2)列—第(4)列的系数并不显著为负，表明产权对专利数量的影响可以忽略不计。

表4.5还显示其他因素的影响。首先，公司财务杠杆对研发投入有显著的负面影响，表明如果存在较高的财务风险和高杠杆导致的财务约束，公司将减少研发投入。其次，市场账面价值对公司的 R&D 投资有显著的负面影响，因为公司经理人有减少公司 R&D 投资的动机，以避免在市场估值较高时投资失败。

（二）PSM-DID

为了进行稳健性测试，将 PSM 方法用于匹配 SOE 和 POE。引用 Lu 和 Shi

(2012)和 Tan et al. ,(2015)的研究,被选择的匹配变量主要包括:财务杠杆、盈利能力、公司成长、公司规模和行业。我们使用 Logit 模型捕获产权和选定变量之间的关系,以实现最接近的匹配。

利用 Logit 模型和 2012 年的公司数据,我们采用最近邻匹配的方法,这意味着要根据匹配变量使 SOE 与 POE 匹配。我们删除了这些无法匹配的 SOE 和 POE,分别获得了 378 个 SOE 和 276 个 POE。PSM 结果的检验显示在附录 B 中。然后,我们通过倾向得分方法样本检查混合所有制改革的影响。考虑到行业之间异质性所造成的偏差,需要在企业层面对误差进行聚类。

表 4.5 中的交叉项系数在 PSM 匹配后样本中显著为正,这再次证明混合所有制改革对创新活动的积极作用。而且,Patent 和 Patent1 的交叉项系数也显著为正,证明了混合所有制改革对增加专利和发明专利总数有积极作用。但 Patent23 的交叉项系数仍然不大,因此我们认为混合所有制改革不会增加实用专利和外观设计专利的数量。

因此,这里的实证结果证明了混合所有制改革的积极作用,这种促进主要体现在两个方面:第一,混合所有制改革可以显著提高 SOE 的研发投入;第二,混合所有制改革可以显著增加总专利和发明专利的数量。结论与 PSM 方法下 DID 方法的结果一致,因此我们再次证明了假设 H1。

二、产业和区域分布

(一)东部地区效应

表 4.6 报告了按中国国家统计局划分不同地区子样本的回归结果。如表 4.5所示,由于 Patent23 不是真正的专利,因此在此不报告 Patent23 的回归结果。第(1)、第(4)和第(7)列报告东部地区的子样本回归结果,第(2)、第(5)和第(6)列报告非东部地区的子样本回归结果,第(3)、第(6)和第(9)列报告了总样本回归结果与区域虚拟变量的交叉项。第(1)列和第(2)列的交互系数显著为正,第(2)列的交互系数小于第(1)列,这表明混合所有制改革的作用更为显著,在东部地区的企业研发投资中发挥更大的作用。第(3)列中的交叉项系数也显著为正,而第(4)列中的交叉项系数则不显著。这意味着,混合所有制改革对创新产出的影响(以总专利和发明专利衡量)在东部地区具有显著影响,而在非东部地区则不显著。第(9)列仍然显示出相同的特征,即随着混合所有制改革的进行,东部地区的改革对发明专利申请的影响要大

于其他地区。

我们的研究结果支持假设 H2。与非东部地区相比,混合所有制改革对创新活动的影响在东部地区更为显著。我们的解释是,东部地区更发达的经济和更先进的技术为东部地区的国有企业提供了不断更新技术和不断探索新的公司治理模式的优势。基于这些自然优势和混合所有制改革,东部地区的国有企业可以吸引更多的优秀私人资本和外资参与公司治理,并享受混合所有制改革的成果。

表 4.6 区域异质性:东部区域效应

变量	RD_TA			Patent			Patent1		
	(1)东部	(2)其他	(3)总样本	(4)东部	(5)其他	(6)总样本	(7)东部	(8)其他	(9)总样本
SOE	−0.002	−0.009***	−0.009***	−3.840	1.986	2.999	−5.353	−2.112	−0.133
	(0.003)	(0.002)	(0.003)	(22.438)	(18.147)	(20.624)	(17.097)	(6.004)	(13.433)
SOE×Post	0.004***	0.002***	0.003***	16.151**	6.637	9.601	14.949***	3.682**	4.918
	(0.001)	(0.001)	(0.001)	(6.581)	(5.418)	(5.870)	(5.014)	(1.793)	(3.824)
SOE * region			0.008**			−3.635			−4.378
			(0.004)			(29.018)			(18.901)
SOE×Post×region			0.001			5.133			9.932 *
			(0.001)			(7.967)			(5.189)
Leverage	−0.022**	−0.008	−0.016**	222.839***	−3.556	118.484**	209.080***	−1.326	112.833***
	(0.010)	(0.009)	(0.007)	(74.512)	(65.165)	(50.301)	(56.775)	(21.561)	(32.763)
ROE	0.004	−0.003	0.001	65.345**	−7.583	31.126*	51.924**	−1.954	26.548**
	(0.004)	(0.003)	(0.002)	(28.305)	(23.487)	(18.683)	(21.567)	(7.771)	(12.169)
SalesGrowth	−0.000	−0.002	−0.001	−6.741	−3.815	−4.958	−12.349	−1.784	−7.027
	(0.001)	(0.001)	(0.001)	(10.501)	(9.104)	(7.065)	(8.001)	(3.012)	(4.602)
Size	−0.005***	−0.002*	−0.004***	−2.782	13.245	3.923	0.586	4.743	2.628
	(0.001)	(0.001)	(0.001)	(9.313)	(9.466)	(6.711)	(7.096)	(3.132)	(4.371)
Liquidity	−0.000	−0.002	−0.000	−58.750	30.004	−23.394	−42.272	13.787	−21.267
	(0.005)	(0.005)	(0.003)	(38.546)	(35.422)	(26.503)	(29.371)	(11.720)	(17.262)
Labor	0.001	−0.001	0.001	19.905**	−8.465	6.888	14.266**	−3.312	5.765
	(0.001)	(0.001)	(0.001)	(8.939)	(8.359)	(6.207)	(6.811)	(2.766)	(4.043)

续表

变量	RD_TA		Patent			Patent1			
	(1)东部	(2)其他	(3)总样本	(4)东部	(5)其他	(6)总样本	(7)东部	(8)其他	(9)总样本
Tangibility	−0.016*	0.001	−0.008	203.567***	−17.931	102.567**	176.562***	−5.890	93.451***
	(0.009)	(0.008)	(0.006)	(70.061)	(61.269)	(47.131)	(53.384)	(20.272)	(30.698)
MB	−0.010*	−0.015***	−0.013***	23.587	−21.759	0.328	49.799	−9.475	21.084
	(0.005)	(0.005)	(0.004)	(42.134)	(35.325)	(27.896)	(32.104)	(11.688)	(18.170)
Constant	0.075***	0.062***	0.068***	−273.876**	−1.726	−140.403*	−290.642***	3.613	−150.99***
	(0.015)	(0.014)	(0.010)	(118.596)	(104.336)	(80.015)	(90.365)	(34.522)	(52.117)
Firm FE	是	是	是	是	是	是	是	是	是
N	1849	1420	3269	1849	1420	3269	1849	1420	3269
调整后的 R^2	0.662	0.694	0.682	0.842	0.725	0.682	0.723	0.727	0.682

注：*** 表示 $p<1\%$，** 表示 $p<5\%$，* p 表示 $<10\%$。

（二）垄断行业效应

Li 等(2019)发现过度自信的管理者将仅在创新产业中成为优秀的创新者,首次启发我们检验行业分布的影响。表4.7报告垄断行业和竞争性行业子样本回归结果。第(1)列和第(2)列的交叉项系数显著为正,表明混改能促进垄断行业和竞争性行业国有企业的创新支出。另外,(1)列的交叉项系数大于(2)列,说明混合所有制改革对垄断行业的影响大于对竞争产业的影响。

第(3)列和第(4)列的交叉项系数也显著为正,表明混合所有制改革对垄断行业和竞争性行业中总专利数量的增加有显著影响。列(5)和列(6)中的交互作用系数也为正。综上,实证结果支持假设2,与竞争产业相比,混合所有制改革对创新活动的影响在垄断产业中更为显著。

实证结果有一个有趣的发现:尽管混合所有制改革希望在竞争性行业中实行,但实际上垄断行业创新得到改善。

表 4.7　产业异质性:垄断产业与竞争产业

变量	RD_TA		Patent		Patent1	
	(1)垄断性	(2)竞争性	(3)垄断性	(4)竞争性	(5)垄断性	(6)竞争性
SOE	−0.008***	−0.002	−2.349	8.304	−1.507	−1.105
	(0.003)	(0.002)	(21.354)	(16.448)	(14.051)	(10.189)

续表

变量	RD_TA		Patent		Patent1	
	(1)垄断性	(2)竞争性	(3)垄断性	(4)竞争性	(5)垄断性	(6)竞争性
SOE×Post	0.004***	0.003***	11.539**	12.373**	9.986***	8.118**
	(0.001)	(0.001)	(5.563)	(6.217)	(3.660)	(3.851)
Leverage	−0.019**	−0.007	146.662**	16.755	149.506***	−7.702
	(0.008)	(0.012)	(63.400)	(82.634)	(41.717)	(51.189)
ROE	0.003	−0.004	40.497*	8.735	34.547**	7.628
	(0.003)	(0.004)	(24.202)	(26.293)	(15.925)	(16.288)
SalesGrowth	−0.002	0.002	−2.160	−12.108	−7.269	−6.650
	(0.001)	(0.001)	(9.160)	(9.868)	(6.027)	(6.113)
Size	−0.003***	−0.005***	3.623	6.766	2.777	4.786
	(0.001)	(0.001)	(8.641)	(9.881)	(5.685)	(6.121)
Liquidity	0.003	−0.008	−28.359	−13.106	−28.950	−7.530
	(0.005)	(0.005)	(35.457)	(34.566)	(23.330)	(21.412)
Labor	−0.000	0.003**	6.457	6.208	6.485	2.659
	(0.001)	(0.001)	(8.164)	(8.455)	(5.372)	(5.237)
Tangibility	−0.012	0.001	117.104**	21.668	116.548***	−6.602
	(0.008)	(0.012)	(58.838)	(80.364)	(38.715)	(49.782)
MB	−0.014***	−0.009	−14.545	45.531	21.309	35.385
	(0.005)	(0.006)	(36.464)	(38.578)	(23.993)	(23.897)
Constant	0.077***	0.050***	−134.701	−124.895	−180.054***	−66.352
	(0.013)	(0.017)	(102.481)	(117.632)	(67.432)	(72.869)
Firm FE	是	是	是	是	是	是
N	2234	1035	2234	1035	2234	1035
调整后的 R^2	0.656	0.724	0.763	0.911	0.697	0.805

注:*** 表示 $p<1\%$,** 表示 $p<5\%$,* 表示 $p<10\%$。

三、宏观经济影响

(一)省级政策

所有制改革作为实现国有企业体制改革的重要政策,无疑将受到宏观经济因素的影响。为了得到宏观经济变量的影响,回归分析如下:

$$Y_{i,t} = \beta_0 + \beta_2 K_{i,t} + \gamma_2 K_{i,t} Post_t + \alpha X_{i,t} + \varepsilon_{i,t} \qquad (4\text{-}2)$$

其中,$Y_{i,t}$ 是企业研发投资[①],$K_{i,t}$ 是宏观经济变量,包括房价(HousePR),私营部门(PrivateSector),信贷(PrivateCredit)和股权融资(MarketCap)。其中,使用当地省的房价增长来代表 HousPR,使用私有和个体公司的雇员占当地省的雇员比率来代表 PrivateSector,使用本地省的贷款余额和 GDP 比率来衡量 PrivateCredit,并利用本地上市公司总市值与本地 GDP 的比率代表 MarketCap。$Post_t$ 是时间虚拟变量,2013 年之后等于 1。$X_{i,t}$ 是一系列控制变量,其中包括教育支出(Education),R&D 支出(Science & Technology)和经济发展程度(AvrGDP)。

表 4.8 报告了包含宏观经济变量的 DID 方法的结果。被解释变量是研发投资。第(1)列—(4)列的主要解释变量分别是房价(由 HousePR 衡量)、私营部门(由 PrivateSector 衡量)、信贷(由 PrivateCredit 衡量)和股票融资(由 MarketCap 衡量)。实证结果表明,私营部门占比和私人信贷占比都对企业创新投入有重大影响,因为它们之间的交叉项系数显著为负。这意味着在混合所有制改革的推动下,私营部门和私人信贷的边际影响将削弱企业的研发投资。此外,通过系数的大小可以看出,私营部门的影响力要强于私人信贷的影响力。在混合所有制改革之前,私营部门的比例处于较高水平(大约 85%),并且随着改革的推进,该比例将增加,这将减少私营部门的边际积极影响。

表 4.8　宏观经济影响

变量	R&D			
	RD_TA	RD_TA	RD_TA	RD_TA
HousPR	0.002			
	(0.004)			
HousPR×Post	−0.001			
	(0.007)			
PrivateSector		0.003		
		(0.023)		
PrivateSector×Post		−0.004***		
		(0.001)		

[①]　由于投资是地方政府的主要障碍之一,本小节重点关注这个解释变量。

续表

变量	R&D			
	RD_TA	RD_TA	RD_TA	RD_TA
PrivateCredit	0.001*			
	(0.000)			
PrivateCredit×Post		−0.019**		
		(0.000)		
MarketCap				0.008
				(0.005)
MarketCap×Post				−0.010
				(0.012)
Education	0.098***	0.061***	0.095***	0.097***
	(0.019)	(0.020)	(0.018)	(0.018)
Science & Technology	0.083	0.018	0.069	0.078
	(0.067)	(0.064)	(0.062)	(0.062)
AvrGDP	0.024***	0.033***	0.025***	0.024***
	(0.003)	(0.006)	(0.002)	(0.002)
Constant	−0.258***	−0.352***	−0.274***	−0.259***
	(0.027)	(0.050)	(0.021)	(0.021)
Firm FE	是	是	是	是
N	3269	3269	3269	3269
调整后的 R^2	0.698	0.700	0.699	0.698

注:*** 表示 $p<1\%$,** 表示 $p<5\%$,* 表示 $p<10\%$。

(二)2SLS 估计的宏观经济影响

在本节中,我们进一步使用 2SLS 估计来考虑内生性问题,将区域公路密度作为人均 GDP 的工具变量(Liu and Zhou,2014),并使用 2SLS 方法估算宏观经济环境的影响。

表 4.9 报告了估计结果。私人信贷和股权融资对企业创新投入具有显著的积极影响。信贷的系数仍然为负,但显著性降低至 10%,与 Lin,Lin 和 Song(2010)

一致,但效果正在降低。从这两个变量的第二阶段回归来看,PrivateCredit×Post 和 MarketCap×Post 的系数并不显著,这表明这两个因素的结论是稳健的。

表 4.9　宏观经济效应:2SLS 估计

变量	1 阶段	2 阶段	1 阶段	2 阶段	1 阶段	2 阶段	1 阶段	2 阶段
	AvrGDP	RD_TA	AvrGDP	RD_TA	AvrGDP	RD_TA	AvrGDP	RD_TA
HousPR	−0.437***	0.004						
	(0.030)	(0.005)						
HousPR×Post	0.845***	−0.005						
	(0.063)	(0.008)						
PrivateSector			2.819***	−0.049				
			(0.046)	(0.053)				
PrivateSector ×Post			0.026***	−0.004***				
			(0.002)	(0.001)				
PrivateCredit					−0.046***	0.013***		
					(0.000)	(0.000)		
PrivateCredit ×Post					0.0001***	−0.020*		
					(0.000)	(0.000)		
MarketCap							−0.003***	0.009**
							(0.001)	(0.000)
MarketCap ×Post							0.008***	−0.011
							(0.002)	(0.015)
DensityHighway	0.026***		0.008***		0.033***		0.034***	
	(0.001)		(0.001)		(0.001)		(0.001)	
AvrGDP		0.026***		0.049***		0.026***		0.025***
		(0.004)		(0.016)		(0.003)		(0.003)
Education	0.197	0.099***	1.041***	0.042	−0.247**	0.096***	−0.386***	0.099***
	(0.135)	(0.020)	(0.062)	(0.029)	(0.109)	(0.019)	(0.111)	(0.019)
Science & Technology	1.426***	0.060	0.394**	−0.012	−0.905**	0.064	−1.145***	0.070
	(0.421)	(0.064)	(0.176)	(0.067)	(0.353)	(0.062)	(0.359)	(0.062)
Constant	10.040***	−0.297***	8.187***	−0.494***	9.988***	−0.292***	9.983***	−0.281***
	(0.034)	(0.047)	(0.035)	(0.132)	(0.028)	(0.033)	(0.030)	(0.032)
Firm FE	是	是	是	是	是	是	是	是
观测值个数	3269	3269	3269	3269	3269	3269	3269	3269
R^2	0.983	0.758	0.996	0.760	0.982	0.759	0.981	0.759

注:*** 表示 $p<1\%$,** 表示 $p<5\%$,* 表示 $p<10\%$。

此外，区域教育支出和经济发展的系数显著为正，表明区域教育支出的增加和发展区域经济将通过增强企业创新的热情来改善企业创新活动。企业研发投入快速增长，充满创新动力。该结果也与区域分析的结果一致。混合所有制改革对东部地区的影响更大，东部地区经济发展水平更高。

四、混改的个体效应

（一）个体开始时间

可以通过以下回归进一步确定这项改革对国有企业创新的影响：

$$Y_{i,t} = \beta_0 + \beta_3 Post_{i,t} + \gamma_3 Mix_{i,t} Post_{it} + \alpha X_{i,t} + \varepsilon_{i,t} \qquad (4-3)$$

实验组是经历过改革的国有企业，对照组是没有经历过改革的国有企业。Mix 是一个虚拟变量，如果它在混合改革企业列表中，则等于 1，否则为 0。3 个不同的事件被用来识别混合所有制改革。首先，与前几节一样，将 2013 年作为这一改革的开始。其次是 2013 年后国家所有权的首次下降。最后，国有企业发布其混合所有制改革公告的时间。

表 4.10 报告这 3 个事件的回归结果。以 2013 年为冲击，$Post_{2013}$ 在 2013 年之后等于 1，否则为 0。Panel A 显示，2013 年后 R&D 投入和产出都增加了，因为 2013 年后的系数在（1）和（3）列中显著为正。可以看到，2013 年之后，国有企业的研发投入增加了 0.2%，专利 1 的数量平均增加了 5.42。与非混合型国有企业相比，改革后的混合型国有企业甚至增加 0.7%。B 组进一步检验国有股比例减少的影响，这意味着研发投入的增加确实来自国有持股比例的减少。我们还发现此后研发投入增加，但是在 Panel B 和 Panel C 中交叉项并不显著。我们使用国有企业宣布其混合所有制改革计划的日期。系数并不显著，这意味着改革的效果可能不是来自单个公司，而是来自国有企业的初始公告，这与前景理论一致（Barberis，Mukherjee，and Wang，2016 年）。这些结果表明，正在进行的混合所有制改革有助于改善国有企业的研发投入是因为国有股比例减少。

表 4.10　改革的个体效应：个体初始时间

变量	(1)	(2)	(3)	(4)
	RD_TA	Patent	Patent1	Patent23
Panel A. 以政策公告为冲击				
Post2013	0.002***	6.780	5.418**	1.363
	(0.001)	(6.090)	(2.592)	(4.082)
Mix×Post2013	0.007***	17.862	11.889	5.973
	(0.001)	(20.437)	(10.742)	(10.058)
控制变量	控制	控制	控制	控制
省级	Clustered	Clustered	Clustered	Clustered
观测值个数	1869	1869	1869	1869
Number of firm	387	387	387	387
调整后的 R^2	0.109	0.010	0.020	−0.000
Panel B. 以国有份额减少为冲击				
PostState	0.002**	14.575	8.280	6.295
	(0.001)	(20.978)	(11.914)	(9.399)
Mix×PostState	−0.004*	−19.553	−9.397	−10.156
	(0.002)	(21.865)	(13.008)	(9.913)
控制变量	控制	控制	控制	控制
省级	Clustered	Clustered	Clustered	Clustered
观测值个数	1869	1869	1869	1869
Number of firm	387	387	387	387
调整后的 R^2	0.016	0.008	0.015	0.000
Panel C. 以个体公告为冲击				
PostAnnounce	0.006	16.589	−2.449	19.038
	(0.005)	(19.231)	(2.916)	(17.151)

续表

	(1)	(2)	(3)	(4)
	RD_TA	Patent	Patent1	Patent23
Mix×PostAnnounce	0.000	0.000	0.000	0.000
	(0.000)	(0.000)	(0.000)	(0.000)
控制变量	控制	控制	控制	控制
省级	Clustered	Clustered	Clustered	Clustered
观测值个数	1869	1869	1869	1869
Number of firm	387	387	387	387
调整后的 R^2	0.016	0.008	0.015	0.001

注：*** 表示 $p<1\%$，** 表示 $p<5\%$，* 表示 $p<10\%$。这张表考虑了不同的改革开始时点。Panel A 使用的是 2013 年。Panel B 使用了 2013 年以后国有份额减少的时点，Panel C 使用了个别公司的公告时点。

（二）个体混合方向

作为一项全新的改革，这种改革不仅是国有企业到民营企业的混合，而且是从民营企业到国有企业的混合。因此，我们使用以下模型进一步检验来自后一个方向的影响：

$$Y_{i,t}=\beta_0+\beta_4 \text{Post}_{i,t}+\gamma_4 \text{MixPOE}_{i,t}\text{Post}_{it}+\alpha X_{i,t}+\varepsilon_{i,t} \qquad (4\text{-}4)$$

处理组是经历过改革的民营企业，对照组是没有经历过改革的民营企业。MixPOE 是一个虚拟变量，如果已对其进行混合重组，则等于 1，否则为 0。与表 4.10 的结果一致，使用 2013 年识别 Post。

表 4.11 报告了回归结果。Post 系数显著，这意味着民营企业的 R&D 投入平均减少了 0.3%，这与 Shi 和 Zhang(2018) 一致。混合所有制改革的影响由交互项 $MixPOE×Post$ 标识，该交互项为 0.010。这意味着那些混合所有的民营企业的研发投入要比未改革的那些民营企业高出 1%。这一结果还意味着，中国的混合所有制改革不仅可以改善国有企业的研发水平，而且可以显著改善民营企业的研发投入。

表 4.11　改革的个体效应：个体混合方向

变量	（1）	（2）	（3）	（4）
	RD_TA	Patent	Patent1	Patent23
Post	−0.003**	−0.015	−1.223	1.208
	(0.001)	(3.974)	(1.822)	(2.364)
MixPOE×Post	0.010***	−2.094	1.382	−3.477
	(0.003)	(10.216)	(4.683)	(6.078)
Leverage	0.001	27.738	11.777	15.961
	(0.009)	(27.683)	(12.690)	(16.469)
ROE	0.005	27.065**	14.496***	12.569*
	(0.004)	(11.474)	(5.260)	(6.826)
SalesGrowth	0.002*	4.060	1.317	2.743
	(0.001)	(4.116)	(1.887)	(2.449)
Size	−0.009***	−7.779*	−4.204**	−3.574
	(0.001)	(4.232)	(1.940)	(2.517)
Liquidity	−0.004	7.220	4.007	3.213
	(0.005)	(15.510)	(7.110)	(9.227)
Labor	0.002	12.657***	7.006***	5.651***
	(0.001)	(3.520)	(1.614)	(2.094)
Tangibility	0.003	33.390	11.576	21.814
	(0.008)	(25.851)	(11.851)	(15.380)
MB	0.006	1.553	5.543	−3.990
	(0.006)	(20.629)	(9.457)	(12.272)
HousPR	0.009	−18.448	−11.756	−6.692
	(0.006)	(19.345)	(8.868)	(11.509)
Education	0.076**	159.667	76.917*	82.750
	(0.032)	(100.572)	(46.104)	(59.833)
Science & Technology	0.101	−99.749	−14.841	−84.908
	(0.102)	(325.387)	(149.163)	(193.580)

续表

变量	(1)	(2)	(3)	(4)
	RD_TA	Patent	Patent1	Patent23
AvrGDP	0.041***	16.760	15.089	1.671
	(0.007)	(21.046)	(9.648)	(12.521)
Constant	−0.460***	−98.413	−104.982	6.569
	(0.063)	(201.087)	(92.182)	(119.631)
观测值个数	1400	1400	1400	1400
R^2	0.126	0.026	0.033	0.019
Number of firm	298	298	298	298

注:*** 表示 $p<1\%$,** 表示 $p<5\%$,* 表示 $p<10\%$。实验组为经历过混合所有制改革的民营企业,对照组为未经历混合所有制改革的民营企业。

第五节　稳健性检验

一些替代变量被选择来提高检验结果的稳健性。一方面,使用 GDP 增长率来衡量经济发展程度,而非使用人均 GDP;另一方面,使用一个新的工具变量来代替高速公路密度。

一、GDP 增长

表 4.12 报告了检验结果。第(1)列的房价系数显著为负,表明在真实状态下更多投资将导致公司 R&D 投资减少,混合所有制改革可以缓解房价的负面影响(交互项系数为正)。根据第(2)列中的私营部门系数和交叉项系数,发现私营部门的比例与企业研发投资有显著的正相关。随混合所有制改革推进,私营部门对公司研发投资的边际影响将减弱。

第(3)列和第(4)列的交叉项系数还表明,信贷和股权融资对公司的 R&D 投资有显著的积极影响。原因是公司可以通过改革后的信贷和股权融资,特别是通过股权融资,获得更多的资金用于公司的 R&D 投资[交互项系数在第(4)列中更大]。因此,研发投入将大大增加。

此外,由于 GDP 增长系数显著为正,因此也可以看到经济发展的意义。区域教育支出的系数仍显著为正,表明区域教育支出的增加将改善企业创新活动。

表 4.12　稳健性检验:GDP 增长

变量	RD_TA			
	(1)	(2)	(3)	(4)
HousPR	−0.022***			
	(0.003)			
HousPR×Post	0.042***			
	(0.005)			
PrivateSector		0.111***		
		(0.012)		
PrivateSector×Post		−0.002***		
		(0.001)		
PrivateCredit			−0.006	
			(0.000)	
PrivateCredit×Post			0.020**	
			(0.000)	
MarketCap				−0.001
				(0.005)
MarketCap×Post				0.031**
				(0.012)
Education	0.094***	0.099***	0.043**	0.040**
	(0.020)	(0.019)	(0.018)	(0.018)
Science & Technology	0.304***	0.081	0.299***	0.299***
	(0.064)	(0.063)	(0.062)	(0.062)
GDPGrowth	−0.005	−0.004	−0.004	−0.004
	(0.005)	(0.005)	(0.005)	(0.005)

续表

变量	RD_TA			
	(1)	(2)	(3)	(4)
Constant	−0.004	−0.090***	0.004	0.005
	(0.004)	(0.009)	(0.004)	(0.004)
Firm FE	是	是	是	是
N	3269	3269	3269	3269
调整后的 R^2	0.687	0.697	0.679	0.679

注:*** 表示 $p<1\%$,** 表示 $p<5\%$,* 表示 $p<10\%$。

二、工具变量

根据 Liu 和 Zhou(2014),我们使用公路数量的自然对数代替公路的密度,并进行稳健性检验,发现 2SLS 估计的初始结果仍然很稳健,结果如表 4.13 所示。此外,进一步控制行业固定效应时,结果仍然稳健。

表 4.13 稳健性检验:其他工具变量

变量	HousPR		PrivateSector		PrivateCredit		MarketCap	
	1 阶段	2 阶段	1 阶段	2 阶段	1 阶段	2 阶段	1 阶段	2 阶段
	AvrGDP	RD_TA	AvrGDP	RD_TA	AvrGDP	RD_TA	AvrGDP	RD_TA
HousPR	−0.718***	−0.005						
	(0.056)	(0.006)						
HousPR×Post	1.392***	0.0103						
	(0.053)	(0.010)						
PrivateSector			3.075***	0.067				
			(0.040)	(0.046)				
PrivateSector×Post			0.032***	−0.003***				
			(0.002)	(0.001)				
PrivateCredit					0.019	0.014***		
					(0.000)	(0.000)		
PrivateCredit×Post					−0.014	−0.022*		
					(0.000)	(0.000)		
MarketCap							0.002	0.008**
							(0.002)	(0.004)

续表

变量	HousPR		PrivateSector		PrivateCredit		MarketCap	
	1 阶段	2 阶段	1 阶段	2 阶段	1 阶段	2 阶段	1 阶段	2 阶段
	AvrGDP	RD_TA	AvrGDP	RD_TA	AvrGDP	RD_TA	AvrGDP	RD_TA
MarketCap×Post						−0.004	−0.007	
						(0.005)	(0.013)	
DensityHighway	−0.379**	0.097***	0.979***	0.084***	−2.144***	0.098***	−2.129***	0.093***
	(0.191)	(0.020)	(0.063)	(0.028)	(0.162)	(0.020)	(0.141)	(0.019)
AvrGDP	7.028***	0.141**	1.485***	0.055	4.763***	0.053	4.689***	0.092
	(0.452)	(0.071)	(0.191)	(0.067)	(0.719)	(0.064)	(0.784)	(0.064)
Education	0.207***		0.069***		0.384***		0.389***	
	(0.035)		(0.010)		(0.039)		(0.049)	
Science & Technology		0.016***		0.014		0.027***		0.022***
		(0.005)		(0.013)		(0.004)		(0.003)
Constant	9.023***	−0.203***	7.627***	−0.207*	7.882***	−0.306***	7.836***	−0.254***
	(0.327)	(0.049)	(0.067)	(0.107)	(0.328)	(0.040)	(0.411)	(0.032)
Firm FE	是	是	是	是	是	是	是	是
N	3269	3269	3269	3269	3269	3269	3269	3269
调整后的 R^2	0.975	0.758	0.996	0.759	0.962	0.759	0.962	0.759

注：*** 表示 $p < 1\%$，** 表示 $p < 5\%$，* 表示 $p < 10\%$。

第六节　结　论

　　基于中国 A 股上市制造业企业的数据，我们通过 DID 方法研究混合所有制改革对企业创新能力的影响。企业的创新活动由创新投入和创新产出组成，创新投入和创新产出分别用 R&D 投资和专利数来衡量。我们发现混合所有制改革对企业的创新活动发挥着积极作用，不仅增加了 R&D 投资，而且增加了总的专利申请和发明专利申请的数量。此外，我们还考察了区域经济发展不平衡和产业垄断保护主义对改革效率的影响。我们的研究表明，混合所有制改革对创新的影响在垄断行业比在竞争行业更明显，尽管改革宣布侧重于竞争行业。与其他地区相比，东部地区混改促进创新能力的效果有所提高。

　　我们进一步回答了中国国有部门改革是否提高了企业效率的问题，并证实混合所有制改革对企业创新的益处。此外，受其他领域实证研究的启发，我们发现了政策效应在行业、地区和宏观经济环境方面的异质性。我们还通过识别单个企业改革的初始时间,发现国有股权比例的减少对改革的影响是显著的。从改革的另一个方向,我们进一步考察实行混合所有制改革的民营企业,发现它们的 R&D 投入也显著提高。因此,我们为中国正在进行的混合所有制改革确实促进了国有企业和民营企业的创新提供了证据。

附录

表 4-A 变量定义及计算

变量	定义	数据来源
RD_TA	研发费用与总资产之比	Wind CFD
Patent	专利申请总数	CSMAR and SIPO
Patent1	发明专利申请数量	CSMAR and SIPO
Patent23	实用新型专利和外观设计专利申请数量	CSMAR and SIPO
SOE	当它是 SOE 时等于 1,当它是 POE 时等于 0	Wind Database
Leverage	资产负债率	Wind CFD
ROE	普通股权益回报率	Wind CFD
SalesGrowth	企业收入增长率	Wind CFD
Size	总资产的对数	Wind CFD
Liquidity	流动负债占总资产比例	Wind CFD
Labor	总员工数的对数	Wind CFD
Tangibility	有形资产占总资产比例	Wind CFD
MB	市值账面比	Wind CFD
HiTechIndustry	虚拟变量,等于 1 当其属于高科技行业,等于 0 当其属于非高科技行业	Wind CFD
HousPR	当地房价上涨率	NBS (China)
PrivateSector	私营企业和个体企业雇员与地方省雇员总数之比	NBS (China)
PrivateCredit	贷款余额与当地省份 GDP 的比率	Wind CFD and NBS (China)
MarketCap	上市公司市值与所在省份 GDP 之比	Wind CFD and NBS (China)
Education	教育支出占本省教育支出总额的比例	NBS (China)
Science&Technology	教育支出占地方省总支出的比例	NBS (China)
AvrGDP	ln(人均 GDP)	NBS (China)

续表

变量	定义	数据来源
Post	等于 1 在 2013 年之后，否则为 0	CSMAR
PostState	等于 1 在国有股权份额减少以后，否则为 0	CSMAR
PostAnnounce	等于 1 在公司发布了他们混合所有制改革方案以后，否则为 0	Hand-collected from the firms' announcements

注：NBS(China)：中华人民共和国国家统计局。

表 4-B　PSM 匹配样本的检验

变量	样本	均值		标准差 /%
		SOEs	POEs	
Leverage	未匹配	0.518	0.460	32.5
	匹配	0.512	0.500	6.6
ROE	未匹配	0.080	0.078	2.1
	匹配	0.079	0.091	−9.3
SalesGrowth	未匹配	0.181	0.176	2.1
	匹配	0.181	0.204	−9.1
Size	未匹配	8.402	7.720	60.2
	匹配	8.245	8.273	−2.5

参考文献

[1] Aghion P, Van Reenen J, Zingales L. Innovation and institutional ownership [J]. *American Economic Review*, 2013, 103(1): 277-304.

[2] Allen F, Qian J, Qian M. Law, finance, and economic growth in China [J]. *Journal of Financial Economics*, 2005, 77(1): 57-116.

[3] Audretsch D, Feldman M. R&D spillovers and the geography of innovation and production[J]. *American Economic Review*, 1996, 86(3): 630-40.

[4] Barberis N, Mukherjee A, Wang B. Prospect theory and stock returns:

An empirical test[J]. *Review of Financial Studies*,2016,29(11):3068-3107.

[5] Bertrand M,Mullainathan S. Enjoying the quiet life? Corporate governance and managerial preferences[J]. *Journal of Political Economy*,2003,111 (5):1043-1075.

[6] Boubakri N,Goul S,Guidami O,Megginson W. The market value of government ownership[J]. *Journal of Corporate Finance*,2018(50):44-65.

[7] Brandt L,Van Biesebroeck J,Wang L,Zhang Y. WTO Accession and performance of Chinese manufacturing firms[J]. *American Economic Review*,2017,107(9):2784-2820.

[8] Brav A,Jiang W,Ma S,Tian X. How does hedge fund activism reshape corporate innovation? [J]. *Journal of Financial Economics*,2018,130 (2):237-264.

[9] Che J,Qian Y. Insecure property rights and government ownership of firms. Quarterly[J]. *Journal of Economics*,1998,113(2):467-496.

[10] Chen R,El Ghoul S,Guedhami O,Wang H. Do state and foreign ownership affect investment efficiency? Evidence from privatizations[J]. *Journal of Corporate Finance*,2017,42(1):408-421.

[11] Chen R,El Ghoul S,Guedhami O,Nash R. State ownership and corporate cash holdings[J]. *Journal of Financial and Quantitative Analysis*, 2018,53(5):2293-2334.

[12] Crouzet N,Eberly J. Understanding weak capital investment:The role of market concentration and intangibles. NBER working paper,2019, No. 25869.

[13] Cull R,Xu L. Institutions,Ownership,and finance:The determinants of profit reinvestment among Chinese firms[J]. *Journal of Financial Economics*,2005,77(1):117-146.

[14] D'Souza J,Nash R. Private benefits of public control:Evidence of political and economic benefits of state ownership[J]. *Journal of Corporate Finance*,2017(46):232-247.

[15] Fan J,Huang J,Morck R,Yeung B. Institutional determinants of vertical integration in China[J]. *Journal of Corporate Finance*,2017(44): 524-539.

[16] Fan J,Wong T,Zhang T. Politically connected CEOs,corporate governance

and post-IPO performance of China's partially privatized firms[J]. *Journal of Financial Economics*,2007,84(2):330-357.

[17] Gan J,Guo Y,Xu C. Decentralized privatization and change of control rights in China[J]. *Review of Financial Studies*, 2018, 31 (10): 3854-3894.

[18] Gao H,Hsu P,Li K. Innovation strategy of private firms[J]. *Journal of Financial and Quantitative Analysis*,2018,53(1):1-32.

[19] Gao H,Zhang J. SOX section 404 and corporate innovation[J]. *Journal of Financial and Quantitative Analysis*,2019,54(2):759-787.

[20] Gu L. Product market competition,R&D investment,and stock returns [J]. *Journal of Financial Economics*,2016,119(2):441-455.

[21] Guariglia A. Internal financial constraints,external financial constraints,and investment choice:Evidence from a panel of UK firms[J]. *Journal of Banking & Finance*,2008,32(9):1795-1809.

[22] Gutiérrez G,Philippon T. Declining competition and investment in the US[R]. NBER Working Paper,2017,No. 23583.

[23] Hao Y,Lu,J. The impact of government intervention on corporate investment allocations and efficiency:Evidence from China[J]. *Financial Management*,Summer,2018,47(2):383-419.

[24] Hovakimian G. Determinants of investment cash flow sensitivity[J]. *Financial Management*,2009,38(1):161-183.

[25] Huang K. China's innovation landscape[J]. *Science*,2010,329(5992): 632-633.

[26] Huang Z,Li L,Ma G,Xu L. Hayek,local information,and commanding heights:Decentralizing state-owned enterprises in China[J]. *American Economic Review*,2017,107(8):2455-2478.

[27] IMF. People's Republic of China:2017 Article IV consultation[R]. IMF Country Report,2017,No. 17/247.

[28] Jia N,Tian X. Accessibility and materialization of firm innovation[J]. *Journal of Corporate Finance*,2018(48):515-541.

[29] Laffont J,Tirole J. *A Theory of Incentives in Procurement and Regulation* [M]. MIT Press,1993.

[30] La Porta R,Lopez-De-Silanes F,Shleifer A. Corporate ownership around the

world[J]. *Journal of Finance*,1999(57):1147-1170.

[31] Lerner J,Seru A. The use and misuse of patent data:Issues for corporate finance and beyond[R]. NBER Working Paper,2017,No. 24053.

[32] Li K,Qiu J,Wang J. Technology conglomeration, strategic alliances, and corporate innovation [J]. *Management Science*, 2019, 65 (11): 4951-5448.

[33] Lin J Y, Tan G. Policy burdens, accountability, and the soft budget constraint[J]. *American Economic Review*,1999,89 (2):426-431.

[34] Lin C,Lin P,Song F. Property rights protection and corporate R&D: Evidence from China[J]. *Journal of Development Economics*,2010,93 (1):49-62.

[35] Liu C,Zhou L. Highway construction and regional economic development: Evidence from Chinese county-level cities [J]. *Economic Science (in Chinese)*,2014,2:55-67.

[36] Lu Y,Shi X. Corporate governance reform and state ownership:Evidence from China[J]. *Asia-Pacific Journal of Financial Studies*,2012,41 (6):665-685.

[37] Megginson W. Privatization, state capitalism, and state ownership of business in the 21st century[J]. *Foundations and Trends in Finance*, 2017(11):1-153.

[38] Megginson W,Ullah B,Wei Z. State ownership,soft-budget constraints,and cash holdings:Evidence from China's privatized firms[J]. *Journal of Banking Finance*,2014(48):276-291.

[39] Romer P. Endogenous technological change[J]. *Journal of Political Economy*,1990,98(5):71-102.

[40] Rong Z,Wang W,Gong Q. Housing price appreciation, investment opportunity,and firm innovation:Evidence from China[J]. *Journal of Housing Economics*,2016,33(3):34-58.

[41] Sampat B. A survey of empirical evidence on patents and innovation [R]. NBER Working Paper,2018,No. 25383.

[42] Sappington D,Stiglitz J. Privatization,information and incentives[J]. *Journal of Policy Analysis and Management*,1987,6(4):567-582.

[43] Schoenherr D. Political connections and allocative distortions [J].

Journal of Finance, 2019, 74(2):543-586.

[44] Shang Q, Poon J, Yue Q. The role of regional knowledge spillovers on China's innovation[J]. *China Economic Review*, 2012, 23(4): 1164-1175.

[45] Shi J, Zhang X. How to explain corporate investment heterogeneity in China's new normal: Structural models with state-owned property rights[J]. *China Economic Review*, 2018, 50(8):1-16.

[46] Shleifer A. State versus private ownership[J]. *Journal of Economic Perspectives*, 1998, 12(12):133-150.

[47] Shleifer A, Vishny R. Politicians and firms[J]. *Quarterly Journal of Economics*, 1994, 109(4):995-1025.

[48] Shleifer A, Vishny R. A survey of corporate governance[J]. *Journal of Finance*, 1997, 52(2):737-783.

[49] Song H, Zhang M. Spatial spillovers of regional innovation: Evidence from Chinese provinces[J]. *Emerging Markets Finance and Trade*, 2017, 53(9):2104-2122.

[50] Stein J. Agency, information and corporate investment[J]. *Handbook of the Economics of Finance*, 2003(1):111-165.

[51] Tan D, Cheng C, Lei M, Zhao Y. Spatial distributions and determinants of regional innovation in China: Evidence from Chinese metropolitan data[J]. *Emerging Markets Finance and Trade*, 2017, 53(6):1442-1454.

[52] Tan Y, Tian X, Zhang X, Zhao H. The real effects of privatization: Evidence from China's Split Share Structure Reform[R]. Social Science Electronic Publishing, Working Paper, 2015.

[53] Woo W, Hai W, Jin Y, Fan G. How successful Chinese enterprise reform been? Pitfalls in opposite biases and focus[J]. *Journal of Comparative Economics*, 1994, 18(3):410-437.

[54] Xu C. The fundamental institutions of China's reforms and development [J]. *Journal of Economic Literature*, 2011, 49(4):1076-1151.

[55] Zhang A, Zhang Y, Zhao R. A study of the R&D efficiency and productivity of Chinese firms[J]. *Journal of Comparative Economics*, 2003, 31(3):444-464.

［56］Zhang X. State ownership, intellectual property protection and M&A manipulation:Evidence from China's mixed-ownership reform［C］. 2020 *AEA Annual Meeting* ,2020.

［57］Zhang X,Yu M,Chen G. Does mixed-ownership reform improve SOE's innovation? Evidence from China's state ownership［J］. *China Economic Review*,2020(61):101450.

第五章　关联担保和隐性掏空[①]

本章研究发现关联担保会增加企业的掏空行为。对于规模较小、负债较高且盈利能力较弱的企业而言，这种影响更为显著。隐性掏空对掏空和银行融资机制具有重要影响。同时，个体的掏空显示出较小和较短期的影响。此外，经济发展、时变经济自由程度、区域经济发展、政商关系以及政府干预都是可以解释掏空规模的重要变量。本章提供了两个工具变量，即隐性关联交易以及公司贷款公告的文本分析，可以进一步预测"非关联"贷款的骗局，从而确保结果是稳健的。

第一节　引　言

上市公司的掏空行为是公司金融中存在争议的话题之一，吸引了众多学者和公众的关注。先前文献研究了控股股东对公司绩效的影响。具体而言，控股股东的掏空活动与公司的银行融资正相关（Qian and Yeung,2015）。即使在发达国家，掏空也可能是巨大的（Johnson et al.,2000）。掏空行为在新兴经济体中很普遍。但随着宏观环境的变化，企业掏空变得越来越隐性，特别是企业集团中的资本错配、抵押品交叉质押以及掏空行为（Larrain et al.,2019）。这些变化使得该领域的研究更具挑战性，因为掏空变得越来越隐性，银行贷款本质上更加多样化，而且宏观环境也在发生变化。

---

① 原文"Related guarantee and implicit tunneling"由 Xiaoqian Zhang、Shixian Lv 和 Wenlian Lin 2020 年发表在 *Pacific-Basin Finance Journal* 第 62 期。

对于不同类型银行贷款的异质性,我们通过收集每个贷款事件的详细信息来关注担保贷款。Luciano 和 Nicodano(2014)构建了一个理论模型,该模型考虑了在税收破产权衡机制下对公司组织和资本结构的最佳组合决策,以检验为防止违约而进行的集团内部担保是否存在。然而,我们对银行贷款(详细的银行贷款、担保贷款或关联担保贷款)的检验中,发现集团关联公司和独立公司之间没有任何区别①。

本章从关联交易中检验了掏空行为的隐性渠道。使用这些交易中关系的详细信息,3 种可能渠道被指出:显性渠道、隐性渠道和个体渠道。将掏空和担保贷款的这 3 个渠道相加,本章发现显性和隐性渠道均存在重大影响。而个体渠道仅仅在短期内发挥作用且影响有限。此外,具有隐性渠道的集团关联企业从经济意义和统计意义上都显示出更显著的掏空行为。

这项研究的另一个挑战是宏观环境的演变。我们通过利用随时间演变的结构性变化来克服这一问题,这意味着银行贷款的影响确实会在某些年份内出现。接下来将从以下角度进一步研究银行融资的机制:时变经济自由度、区域经济发展、企业政府关系以及政府干预。回归结果表明,这 4 个因素对于解释中国上市公司掏空活动的演变均是显著的。其中,市场化和政府干预改变了银行贷款对掏空的影响机制。市场化降低了银行贷款对掏空不断增加的影响。政府干预随着银行贷款的增加而增加了企业掏空。

为什么关联担保贷款对掏空没有显著影响?我们担心非关联的贷款本质上是关联的。为了确定是否存在这种情况,我们使用了 3 个独立的工具变量(IVs):(1)企业集团;(2)隐性掏空;(3)基于 Loughran 和 Mcdonald 的"情感词列表"对贷款公告的文本分析。2SLS 回归显示,企业集团不是一个好的工具变量,但是从后两者我们均可发现看似无关贷款在本质上是相互关联的。从使用这两个工具变量的结果来看,我们得出结论:随着更多相关担保贷款的出现,企业掏空相应增加。

本章从以下几方面为丰富相关文献做出了贡献。首先,强调一种方法来解决检验掏空渠道的困难,因为严格的规章制度使企业掏空更隐性。有3 种不同类型的掏空,即显性掏空、隐性掏空、个体掏空,以及它们与贷款担

---

① 需要深入的经验和理论洞察力来确定企业集团是否主要充当诈骗工具(Siegel and Choudhury,2012)。一些新兴的实证研究提供了个人担保(Mayordomo et al.,2018)或信托产品中的隐性担保(Allen et al.2018)的证据。

保的交互效应。一些重要文献研究了个体效应,例如 Jiang 等(2010)、Jiang 等(2016)和 Cao 等(2017),正如 Johnson 等(2000)所述,贷款担保是掏空的主要形式之一。尽管个体效应仍然存在,但在更加严格的监管约束下,贷款担保越来越普遍①。本章研究将为这一研究领域提供新证据。

其次,基于每笔贷款的详细信息,我们提供更深入的证据以证明贷款对企业掏空的影响。这与 Qian 和 Yeung(2015)在中国经济新常态②中发现的结构性变化是一致的。关于关联担保贷款的实证研究给 Luciano 和 Nicodano(2014)的理论提供了证据。Siegel 和 Choudhury(2012)呼吁重新制定研究掏空和企业集团的数据和方法。我们基于银行贷款、关联交易以及企业集团的数据,提供了揭示其关系的详细证据,这可能验证 Dasgupta 等(2019)和 Dou 等(2019)新发现的机制。Qian 和 Yeung(2015)研究了 1995—2009 年中国旧常态背景下银行贷款的影响,而我们的研究则基于掏空活动更为隐性的中国新常态背景下的详细银行贷款信息。

再者,为解释企业掏空的演变及其机制的结构性变化,本章引入时间变化和宏观环境的 4 个具体指标。这使我们能够研究市场化的束缚效应和政府干预对企业掏空的加剧效应。Bhamra 等(2010)发现随时间变化的宏观经济条件对最优动态资本机构具有影响。一些文章研究了法律—金融—增长之间的关系,从经典的 Allen 等(2005)到抵押法律(Calomiris et al.,2017)、知识产权保护(Fang et al.,2017)以及 SOX 404 法案(Gao and Zhang,2019)。我们的研究从更广泛的宏观环境视角提供实证证据。

最后,我们提供两个有用的工具变量,用于识别错误分类的非关联贷款,这两个变量是基于隐性关联渠道和使用最新的情感词汇列表字典对贷款公告进行文本分析。对两个工具变量的 2SLS 回归均表明相关的担保贷款增加了企业掏空行为。Masulis 等(2011)使用 45 个国家/地区的企业数据调查了家族控制企业集团的动机。Larrain 等(2019)发现独立企业会降低杠杆率和投资。Bai 等(2019)发现中国企业所有权网络中有 413 个社区或企业集团,但他们的模型没有考虑更正规的机构。相反,我们表明关联交易是隐性掏空的主要驱动力,而并非企业集团。

---

① 正如附录 A 中的乐视案例所示,它在中国经济"新常态"下蓬勃发展。

② 新常态是指中国经济增长放缓。中国已经转入新的增长模式,从 1980—2013 年的平均 10% 急剧放缓到此后的 7%(Selmi et al. 2019;Chen and Groenewold,2020)。

本章其余部分如下：第二节回顾与企业掏空相关的理论；第三节解释样本构建和变量设定；第四节报告掏空和关联担保的关系，以及随着宏观经济发展的结构性变化；第五节从关联交易中研究了隐性掏空；第六节通过文本分析揭示了"非关联"担保贷款中的欺诈行为；第七节总结全文。

第二节　理论综述

一、企业集团和掏空

正如 Johnson 等（2000）所定义的那样，掏空最初描述的是对公司或小股东的侵占，用来描述公司为了公司控制者的利益而转移资产和利润。它有两类形式。第一类是自营交易，包括直接盗窃或欺诈，还包括资产出售和合同转让价格优势、过度高薪酬、贷款保证等。第二类是控股股东可以通过稀释性股票发行、少数股东冻结、内幕交易、渐近式收购或其他歧视少数股东的金融交易，在不转让任何资产的情况下增加其在公司的股份。Johnson 等（2000）从法律和金融的角度为这一主题奠定了基础。大陆法系国家的法院可能比英美法系国家的法院更容易产生掏空（La Porta et al.，1998），因为其在利益冲突情况下，有更高的证据标准，对利益相关者的利益有更大回应，更依赖法规而不是公平来规范自我交易。他们指出尽管一些掏空会以盗窃或欺诈的形式出现，但合法掏空即使在发达国家也是相当普遍的①。

在新兴经济体中，企业集团是重要的侵占工具和不良治理的实施者（Bertrand et al. 2002）。在自由化和市场发展之后，印度的企业集团越来越大且愈加多元化。此外，Siegel 和 Choudhury（2012）展示了集团关联企业和独立企业在税收、销售和出口战略活动之间的差异。在政府干预程度高、法律体系薄弱、金融市场欠发达的环境下，中国是分析企业集团内部资本市场角色的自然选择。根据 He 等（2013），企业集团对中国工业产出的贡献接近 60%。他们发现，中国企业集团帮助成员企业克服与筹集外部资本有关

---

① 这种合法掏空行为的形式多种多样，包括控股股东从公司抢夺公司机会、有利于控股股东的转让定价、以非市场价格将资产从公司转移给控股股东、以公司资产为抵押提供贷款担保等。"我们将进一步挖掘贷款担保渠道"。

的融资约束,与独立企业相比,成员企业更有可能分担风险,但对企业会计业绩没有影响。上述文章探讨了企业集团关联企业和独立企业之间的区别。企业集团可以通过从事非生产性活动或掏空来伤害企业,但也可以通过宽松财政约束(如韩国企业,Almeida et al.,2011)和投融资(如智利的集团内部贷款,Buchuk et al.,2014;亚洲金融危机期间的韩国集团,Almeida et al.,2015)帮助企业。目前,Larrain 等(2019)发现公司独立会降低杠杆率和投资。他们通过从抵押品交叉质押中估算企业集团从属关系的因果效应,提供了一个新证据,但他们没有说明为什么企业选择独立而放弃掏空的机会①。

另外,企业集团的交易会带来不利影响。Jiang 等(2010)通过使用其他应收款(OREC)直接度量掏空效应。他们发现中国上市公司被公司间贷款掏空,平均占总资产的 8.1%(ORECTA)。Peng 等(2011)通过研究掏空或支持行为,讨论了中国关联交易的利弊。他们发现,中国上市公司在财务状况良好时更有可能被关联交易掏空,而在陷入财务困境时更有可能得到支持。他们的样本包括 1996—2004 年或 1998—2004 年中国非金融上市公司。Qian 和 Yeung(2015)将时间延伸至 1995—2009 年,发现 ORECTA度量的掏空在 2006 年后有所下降,当时中国证监会规定必须披露控股股东的实际借款情况,但有掏空(非零 ORECTA)的公司数目不断增长。这意味着尽管个体公司层面的掏空在减少,但这种行为仍然普遍且在不断蔓延。

二、隐性掏空

在当前的资本市场中,掏空主要来自 3 个渠道,包括关联交易、资本占用和创新。一些文献讨论了关于机制的 3 个观点。首先是公司治理特别是代理问题。Black 等(2015)提供的证据表明,公司治理是减少掏空的重要渠道,因为更好的治理可以减轻关联方交易的消极影响。Jiang 等(2016)使用中国上市公司的数据发现,董事纠纷改善了公司治理和增加了市场透明度。Cao 等(2017)表明在中国有政治关联的 CEO 不太可能发生离职,而更有可能在非国有上市公司的基础上巩固企业。但国有企业则不同,CEO 有隐性激励而不是

---

① Larrain et al.,(2019)在论文中指出,"在股权高度集中的情况下,一些如掏空形式的支出,在我们的样本中不相关"。

绩效,因为他们的薪酬—绩效敏感性太低,无法提供有意义的激励(Cao et al.,2019)。

其次是利用股权结构和外部融资。借款企业最大的最终所有者的控制权和现金流权的分离减少了公司对银行融资的依赖(Lin et al. 2013)并增加了潜在掏空行为(Lin et al. 2011)。控股股东的掏空行为与企业的银行贷款正相关(Qian and Yeung,2015)。Luciano 和 Nicodano(2014)建立了理论基础,发现与无担保的独立企业相比,嵌入在母子企业结构中的条件担保增加了联合价值和联合债务。在正在进行的实证研究中,Mayordomo 等(2018)和 Allen 等(2018)分别提供了个体担保或隐性担保的证据。但这些正在进行的研究仍未探究担保贷款或关联担保贷款对企业掏空的影响。

最后,宏观环境有利于解释企业掏空为何以及如何实现从显性到隐性的转变。之前一些文章考虑了宏观经济的显著影响。Jiang 等(2010)发现,市场化使中国的企业掏空平均减少了 0.1%。一些论文将宏观背景作为一个冲击。Siegel 和 Choudhury(2012)为印度企业引入了积极的宏观层面的行业冲击。有些文献讨论了相关话题而没有探讨掏空本身,这也有助于对这一话题进行新的阐释。Fang 等(2017)发现,知识产权保护为企业创新提供了额外激励且在发达城市更显著。Gao 和 Zhang(2019)使用 2002 年的萨班斯—奥克斯利法案(SOX)识别经济体中实际成本的增加,并发现它降低了企业创新能力。Shi 和 Zhang(2018)认为 2013 年是中国新常态的开始,因为国有企业和民营企业的投资都发生了结构性变化。他们证明在金融危机之后,中国的基本代理问题已经发生变化。

由于掏空已经从显性转变为隐性,即从图 5.1(a)转变为图 5.1(b),因此需要进一步研究关联交易。此外,图 5.1(c)显示的个体掏空仍然存在。

掏空行为是由有担保的关联交易带来的。一些资金紧张的企业甚至会对非关联担保贷款进行欺诈报告,而这些贷款实际上是关联的。但这些欺诈行为很难被发现。我们试图通过两种视角来捕捉这些欺诈行为。首先在欠发达地区,它更有可能伪装成非关联的担保贷款。其次,有资金约束的企业更有可能欺诈以获得新的银行融资。

(a) 母公司掏空

(b) 子公司掏空

(c) 个体掏空

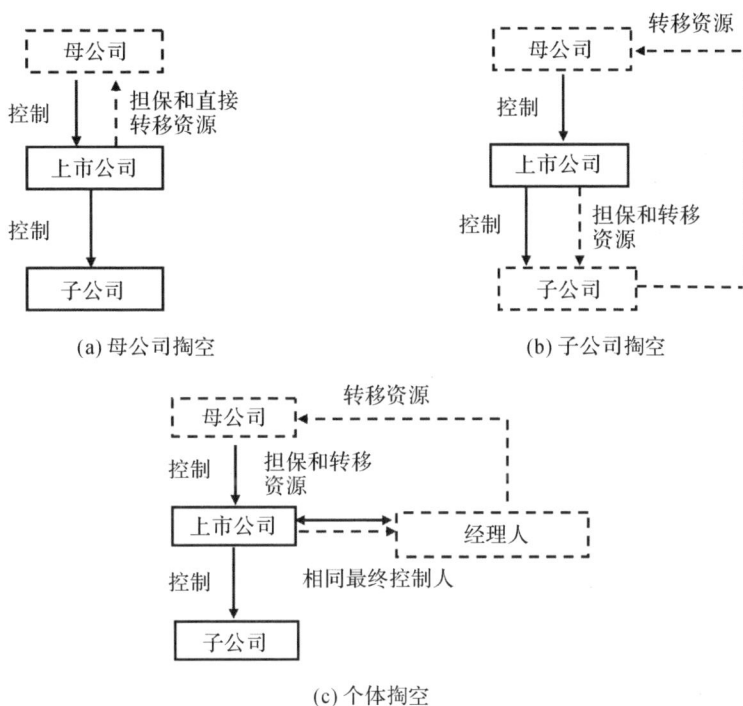

图 5.1 母公司、子公司、个体掏空

第三节 样本和变量

一、样本

本章的样本为 2006—2018 年在上海证券交易所和深圳证券交易所上市的所有公司。选择这个时期有两个原因。首先,中国的金融监管发生了变化。中国已经批准或修订了几项主要的金融法规,如《公司法》《证券法》《上海证券交易所股票上市规则》。这些法规规定了关联交易的限制和信息披露。例如,《公司法》第一百二十二条要求上市公司设立贷款担保的决议程序。第二十一条规定公司控股股东、实际控制人、董事、监事、高级管理人员不得利用其关联关系损害公司利益。正如 Qian 和 Yeung(2015)同样提到,新的规章制度要求企业从 2006 年开始披露贷给大股东的实际金额数量，他们发现 ORECTA 至少下降了 4.4%。其次，2006 年开始实施新的会计准则，扩展了公司财务报表中会计信息披露的数量和范围。我们修改了对关联方关系和交易的要求，有效地抑制了关联方会计信息的失真。截至 2018 年底，在上海证券交易所和深圳证券交易所上市的企业有 3555 家，其中中央国有企业 362 家，地方国有企业 675 家，民营企业 2166 家，其他企业 352 家。总共有 46215 个企业—年份观测值。

数据包括 3 个部分。第一部分是基本财务变量，来自 Wind 财务数据库。第二部分是贷款、交易和企业集团的详细信息。首先，从上市公司公告中收集银行贷款数据，计算贷款金额和每种贷款的类型。其次，研究关联交易使用的交易数据包括详细信息，如方向、类型、关系等。最后，控制权文件的数据库帮助我们观察他们是否属于企业集团。这 3 个数据集均来自中国证券市场研究(CSMAR)数据库。第三部分是描述中国在宏观环境下发展的数据，包括经济自由指数(IEF)、市场化、政府与企业的关系、政府干预。

二、关联交易

关联交易描述性统计如表 5.1 所示。Panel A 报告了 CSMAR 数据库中的所有关联交易，2005[①]—2018 年共有 921075 个关联交易事件。如表 5.1 所示，在隐性掏空中上市公司处于资产出售的位置。因此，上市公司处于接受资产地位的交易 424702 笔或方向不明的交易 92551 笔被剔除[②]。最后获得了 403822 笔交易，这些交易将在后面使用。

Panel B 按交易类型报告了交易数量和金额。这个数据库包括 21 种关联交易，如商品交易、资产交易、提供商品和服务等。如 Panel B 所示，担保(包括抵押)关联交易有 153803 个观察值，占总观测值的 38.09%，它也是总额上的第二大类，占交易总额的 25.05%。担保关联交易发生频率最高，其涉及第二高的总金额。无论是数量还是金额上，均是关联交易的重要类型。

表 5.1 Panel C 按关联关系类型报告了关联交易。有 252695 个交易属于隐性掏空。上市公司与母公司控制的子公司或其他关联公司的交易总数为

---

① 根据交易日期而非统计截止日期。

② 由于在我们的实证研究中，企业的关联担保数据推迟了一段时间，因此数据选自 2005 年。

252695 笔,占交易总数的 62.58%。上市公司直接与母公司的交易仅占 29318 笔,占总交易数的 7.26%。有 7.1% 的观察值与个体交易,包括上市公司或其母公司的所有投资者或经理及其家人。从金额角度看,第一种交易也是 3 种交易中最多的一种。在后面的回归分析中,在关联交易的详细信息基础上,3 个变量,dumExplicit、dumImplicit 和 dumIndividual 被构建来识别交易的类型,这些变量有助于探究隐性掏空的效应。

表 5.1 关联交易描述性统计

分类	交易数/笔	交易数占比/%	总金额/亿元	金额占比/%
Panel A. 按方向统计				
卖方	403822	44	3680	54%
买方	424702	46	2810	41
不确定	92551	10	341	5
总计	921075	100	6831	100
Panel B. 按类型统计				
担保抵押	153803	38.09	922.00	25.05
商品交易	119534	29.60	652.00	17.72
提供或接受劳务	48285	11.96	65.25	1.77
资金交易	28244	6.99	336.00	9.13
租赁	24525	6.07	2.37	0.06
股权交易	9418	2.33	61.59	1.67
资产交易	5924	1.47	29.72	0.81
委托	5139	1.27	1.57	0.04
代理	3784	0.94	3.25	0.09
债权债务类交易	1631	0.40	1590.00	43.21
Panel C. 按关系统计				
与上市公司享同一母公司控制的其他企业	252695	62.58	1601.00	43.51
上市公司的母公司	29318	7.26	1120.00	30.43
上市公司的子公司	9109	7.10	342.52	9.31
其他	112244	27.80	616.48	16.75

图 5.2 是 2006—2018 年担保交易事件。关联交易占总资产的平均比例，在 2011 年和 2013 年出现大幅下降。担保交易占总资产的平均比例，呈现平缓趋势，2013 年后担保交易占总关联交易的比例超过 1/2，2018 年担保交易占总关联交易的比例达到 2/3。图中显示，每年有关联交易的公司数量在强劲增长。担保关联交易的公司数量也在增加，但没有像关联交易公司那样呈现出强劲的增长趋势，甚至在 2010 年、2013 年和 2018 年呈持平趋势。图 5.2 显示了担保交易在总关联交易中的演变，其结构变化似乎是显著的。

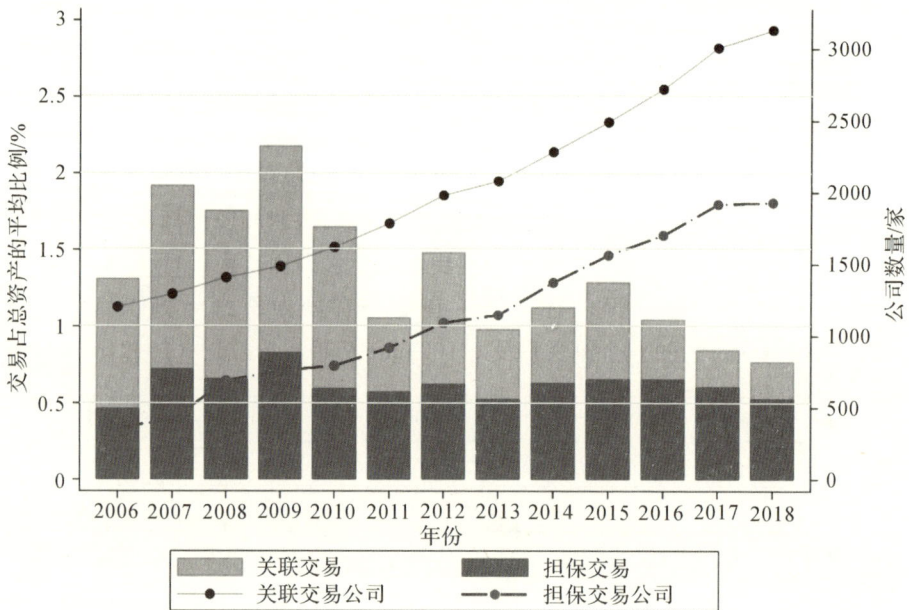

图 5.2　2006—2018 年的担保交易事件

三、变量和描述性统计

与 Jiang 等（2010）、Qian 和 Yeung（2015）一样，我们使用其他应收款（OREC）来度量掏空效应。由于其他应收款是账面上的绝对金额，其价值可能会随公司发展而增加，而不是因为掏空。因此，OREC 按资产总额的比率进行调整，记为 ORECTA。图 5.3 报告了 2006—2018 年 ORECTA 的平均值和中位数。2006—2010 年，ORECTA 均值逐年快速下降，从 4.63% 下降到 1.97%，下降了 57%。此后，ORECTA 的平均值略有下降，并稳定在 2% 左右。但 2018 年 ORECTA 均值呈上升趋势,从 1.63％上升到 1.99％,增幅为 22％,这表明对上市公司掏空行为的研究仍具有重要现实意义。ORECTA 的中值,在 2010 年之前也呈现出快速下降的趋势,在 2010 年之后呈现出平缓的趋势。

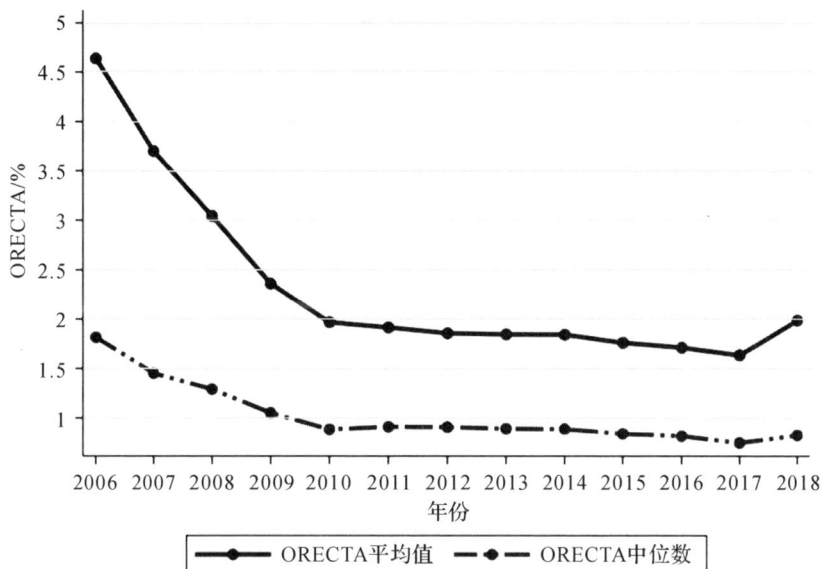

图 5.3　公司掏空行为演变

我们确定了企业每年的关联关系。基于 CSMAR 上市公司控制者数据库,我们得到了 2005—2018 年各上市公司的最终控制者。He 等(2013)通过判断公司的最终控制实体在那一年是否持有 1 个以上的公司来确定一个公司每年的集团关联关系,我们参照该标准。此外,如果公司的标记为集团,其也会被识别为一个企业集团。在我们的样本中,使用 He 等(2013)的准则有 12233 个公司一年度观测值,以及 5518 个公司一年度标记为集团,总共 13314 个公司一年度观测值作为企业集团。该变量被标记为 Group,这是一个虚拟变量,当该企业在今年是集团关联企业时,该虚拟变量为 1,否则为 0。为了减少内生性,我们在回归中使用 Group 的滞后项,被标记为 lGroup。

基于样本贷款事件的详细信息,我们统计了每家公司 2005—2018 年的贷款金额。与其他应收款类似,贷款金额按其与总资产的比率进行调整。由于 CSMAR 贷款数据库报告每种贷款的类型,我们能够获得贷款的详细信息。我们感兴趣的是第二节中提到的两种类型的贷款:担保贷款和关联担保贷款。因此，我们收集了贷款信息，最终构建了贷款金额 3 个变量：LoanTA、GuaLoanTA 和 RelatedGuaLoan。此外，构建了他们的虚拟变量以识别每种类型的贷款是否在这年出现。为了减少内生性，我们在回归中使用滞后项。

我们采用了两组控制变量。第一组为 Qian 和 Yeung(2015)使用的控制变量，包括杠杆（总负债/总资产）、账面价值、负净收入（一个虚拟变量，当净利润小于 0 时该变量为 1，否则为 0）、规模（总资产对数）、董事独立性（独立董事/董事总数）、散度（控股股东现金流权利与控制权利之间的差异）、四大会计师事务所（一个虚拟变量，如果上市公司的外部审计师是国际四大会计师事务所则为 1，否则为 0）。第二组为 Jiang 等(2010)使用的控制变量，包括总资产收益率（ROA）、Block（第一大股东权益）、规模和 SOE（虚拟变量，国有企业为 1，民营企业为 0）。每个变量的详细定义见附录表。

表 5.2 探究了关联交易和企业集团的影响。Panel A 报告了主要变量的描述性统计以及有关联交易的企业与没有关联交易的企业之间的差异。平均而言，有关联交易 ORECTA 的均值为 2.12%，显著高于无关联交易的ORECTA（为 1.629%）。t 检验与 Wilcoxon 检验均显著。ORECTA 的均值约为 ORECTA 中值的两倍，说明掏空是右偏的，一些企业有较高水平的掏空。有关联交易和无关联交易的 lLoanTA 分别为 6.606% 和 0.793%。t 检验与 Wilcoxon 检验均显著，表明有关联交易的银行贷款显著高于无关联交易的银行贷款。类似的，有关联交易的 lGuaLoanTA 和 lRelatedGuaLoan 均比没有关联交易的高。至于杠杆、有形资产、规模、Block、机构、四大会计事务所，有交易的均高于无交易的，然而没有关联交易的 ROA 和 Z_{51} 比有关联交易的高。

Panel B 报告了企业集团与独立企业之间的差异。我们还分别报告了企业集团和独立企业的 ORECTA 的均值和中位数。t 检验和 Wilcoxon 检验在1% 的水平上并不显著，表明企业集团和独立企业之间的掏空可能没有显著差异。通过 t 检验和 Wilcoxon 检验，企业集团的 lLoanTA、lGuaLoanTA 和lRelatedGuaLoan 均显著低于独立企业。从杠杆、规模、Block、机构、四大会计事务所来看，企业集团均高于独立企业。而独立企业的 ROA、有形资产和Z_{51} 均高于企业集团。这意味着企业集团可能具有更多的债务杠杆，并受到外部人员的监督。

表 5.2 样本描述性统计

变量	Panel A. 关联交易 vs 非关联交易							
	关联交易			非关联交易			t-test	Wilcoxon
	个数	平均值	中位数	个数	平均值	中位数		
ORECTA	22670	2.120%	0.955%	23545	1.629%	0.462%	0.491***	0.493***
lLoanTA	22670	6.606	0.000	23545	0.793	0.000	5.813***	0.000***
lGuaLoanTA	22670	2.107	0.000	23545	0.176	0.000	1.931***	0.000***
lRelatedGuaLoan	22670	1.713	0.000	23545	0.112	0.000	1.601***	0.000***
Leverage	22670	48.543%	48.383%	23545	28.056%	23.785%	20.487***	24.598***
ROA	22670	5.933%	5.295%	23545	8.24%	5.826%	−2.307***	−0.531**
Tangibility	22670	40.143%	39.716%	23545	30.32%	29.436%	9.823***	10.28***
Size	22670	8.297%	8.092%	23545	4.34%	5.799%	3.957***	2.293***
Block	22670	36.026%	34.13%	23545	11.442%	0.000	24.584***	34.13***
Z_{51}	22670	−18.944%	−17.26%	23545	−4.027%	0.000	−14.917***	−17.26***
Institution	22670	35.624%	35.444%	23545	5.678%	0.000	29.946***	35.444***
BigFourAuditors	22670	0.081	0.000	23545	0.023	0.000	0.058***	0.000***

变量	Panel B. 集团 vs 单个企业							
	集团			单个企业			t-test	Wilcoxon
	个数	平均值	中位数	个数	平均值	中位数		
ORECTA	11746	2.093%	0.918%	16921	2.308%	0.956%	−0.215**	−0.038*
lLoanTA	11746	5.361	0.000	16921	6.232	0.000	−0.871***	0.000***
lGuaLoanTA	11746	1.387	0.000	16921	2.105	0.000	−0.718***	0.000***
lRelatedGuaLoan	11746	1.097	0.000	16921	1.689	0.000	−0.592***	0.000***
Leverage	11746	52.234%	52.908%	16921	41.56%	39.661%	10.674***	13.247***
ROA	11746	5.517%	4.858%	16921	6.825%	6.214%	−1.308***	−1.356***
Tangibility	11746	36.835%	35.733%	16921	47.528%	48.583%	−10.693***	−12.85***

续表

变量	Panel B. 集团 vs 单个企业							
	集团			单个企业			t-test	Wilcoxon
	个数	平均值	中位数	个数	平均值	中位数		
Size	11746	8.549%	8.331%	16921	7.706%	7.596%	0.843***	0.735***
Block	11746	39.018%	37.95%	16921	33.204%	30.83%	5.814***	7.12***
Z_{61}	11746	−23.859%	−23.465%	16921	−13.075%	−10.83%	−10.784***	−12.635***
Institution	11746	39.846%	41.623%	16921	27.874%	24.139%	11.972***	17.484***
BigFourAuditors	11746	0.111	0.000	16921	0.038	0.000	0.073***	0.000***

注：***、**、* 分别表示 1%、5%、10% 水平上显著，下同。

第四节 掏空和银行融资

一、中国经济新常态下重新审视 Qian-Yeung 模型

Qian 以及 Yeung(2015)证明了银行贷款的低效率与控股股东的掏空有关。以他们的模型为基准模型，以下模型被建立来介绍银行贷款的细节。

$$ORECTA_{it} = \beta_0 + \beta_1 LoanTA_{i,t-1} + \beta_2 LoanTA_{i,t-1} \times Group_{i,t-1} +$$
$$\beta_3 FirmCha_{i,t-1} + \alpha_i + \alpha_t + \varepsilon_{it} \tag{5-1}$$

其中 ORECTA 参考 Jiang 等(2010)以及 Qian 和 Yeung(2015)使用其他应收款与总资产的比率衡量企业的掏空。FirmCha 是一组公司层面的财务变量(Qiant and Yeung,2015)，包括杠杆、账面价值、负净收入、规模、董事独立性、散度和四大会计事务所。本项初始值用来减少内生性。为减轻异常值影响，所有非宏观连续变量将按年份在 1% 和 99% 百分位数进行缩尾。α_i 和 α_t 分别代表企业和年度固定效应。所有回归均采用聚类稳健标准误。

表 5.3 中模型(5-1)的回归结果显示银行融资对掏空的影响，对于 Panel A 中的非金融企业和 Panel B 中的全样本。列(1)为不考虑银行融资影响的回归结果。Panel A 列(2)结果与 Qian 和 Yeung(2015)类似，不过是在 2006—2018 年的新时间段。其他企业财务特征的系数是稳健的，这意味着回归是稳

定的。Panel A 和 Panel B 列(2)中 lLoanTA 的系数均不显著,这意味着银行贷款对掏空没有显著影响。Panel B 中列(2)的交叉项 lLoanTA×Fin 几乎不显著,这意味着结论对于全样本也是稳健的。

表 5.3 中公司层面财务变量的回归结果显示了公司基本财务特征和公司治理的影响。杠杆系数均显著为正,表明高负债企业更有可能掏空;负收益系数均显著为正,表明财务状况较差的公司更可能掏空;规模系数均显著为负,说明大型上市公司具有抑制掏空的动机;散度系数均显著为负,表明权力分散的企业有抑制掏空的动机;四大会计事务所的系数均显著为负,表明有优秀审计师的企业具有抑制掏空的动机。

Qian 和 Yeung(2015)发现银行贷款具有显著的正向效应。他们的样本是 1995—2009 年中国的旧常态,而我们的样本包含了中国经济增长结构变化速度较低的新常态。为了解释为什么效果不显著,表 5.3 中使用 3 种方法进一步检验。首先,在 Panel A 的列(3)中加入了来自企业集团的异质性,即交叉项 lLoanTA×lGroup。其显著为正表明 Qian 和 Yeung(2015)的结论在新时期仍然适用于商业关联企业,而在独立企业中不复存在。其次,进一步探究了银行贷款的详细信息、担保贷款和关联担保贷款,结果在列(4)至列(7)中。最后,扩大样本至金融企业,且使用虚拟变量 Fin,以显示 Panel B 中报告的差异。交叉项包括列(2)的 lLoanTA × Fin,列(3)的 lLoanTA × lGroup × Fin,列(5)的 lGuaLoanTA×lGroup×Fin,列(6)的 lRelatedGuaLoan×Fin 以及列(7)中的 lRelatedGuaLoan×lGroup×Fin 不显著,表明我们可以将结论扩展到全样本,而 Qian 和 Yeung(2015)排除了金融企业。但我们也发现列(4)中 lGuaLoanTA × Fin 在 5%水平上显著,因此我们的研究使用了非金融子样本。

表 5.3　掏空与贷款

变量	(1)	(2)	(3)	(4)	(5)	(6)	(7)
Panel A.非金融企业							
lLoanTA		−0.000	−0.000				
		(0.000)	(0.000)				
lLoanTA×lGroup			0.003**				
			(0.002)				
lGuaLoanTA				−0.0000004*	−0.000		
				(0.000)	(0.000)		

续表

变量	(1)	(2)	(3)	(4)	(5)	(6)	(7)
lGuaLoanTA×lGroup					0.003		
					(0.004)		
lRelatedGuaLoan						−0.000004*	−0.000
						(0.000)	(0.000)
lRelatedgualoan ×lGroup							0.005
							(0.005)
Leverage	0.033***	0.033***	0.042***	0.033***	0.042***	0.033***	0.042***
	(0.004)	(0.004)	(0.005)	(0.004)	(0.005)	(0.004)	(0.005)
BM	−0.0004**	−0.0004**	−0.001***	−0.0004**	−0.001***	−0.0004**	−0.001***
	(0.000)	(0.000)	(0.000)	(0.000)	(0.000)	(0.000)	(0.000)
NegativeNetIncome	0.660***	0.660***	0.466***	0.660***	0.469***	0.660***	0.469***
	(0.132)	(0.132)	(0.135)	(0.132)	(0.135)	(0.132)	(0.135)
Size	−0.379***	−0.379***	−0.667***	−0.379***	−0.669***	−0.379***	−0.670***
	(0.113)	(0.113)	(0.142)	(0.113)	(0.142)	(0.113)	(0.142)
BoardIndependence	−0.003	−0.003	−0.008	−0.003	−0.008	−0.003	−0.008
	(0.009)	(0.009)	(0.010)	(0.009)	(0.010)	(0.009)	(0.010)
Divergence	−0.033***	−0.033***	−0.035***	−0.033***	−0.035***	−0.033***	−0.035***
	(0.011)	(0.011)	(0.011)	(0.011)	(0.011)	(0.011)	(0.011)
BigFourAuditors	−0.472**	−0.472**	−0.412*	−0.472**	−0.410*	−0.472**	−0.410*
	(0.214)	(0.214)	(0.229)	(0.214)	(0.229)	(0.214)	(0.229)
Firm FE	是	是	是	是	是	是	是
Year FE	是	是	是	是	是	是	是
观测值个数	28614	28614	26717	28614	26717	28614	26717
R^2	0.383	0.383	0.385	0.383	0.385	0.383	0.385
Panel B：全样本							
lLoanTA		−0.000	0.000				
		(0.000)	(0.000)				

续表

变量	(1)	(2)	(3)	(4)	(5)	(6)	(7)
lLoanTA×Fin		−0.026*	−0.027				
		(0.013)	(0.018)				
lLoanTA×lGgroup ×Fin			−0.013				
			(0.023)				
lGuaLoanTA				−0.000004*	−0.000		
				(0.000)	(0.000)		
lGuaLoanTA×Fin				−0.057**	−0.108		
				(0.027)	(0.129)		
lGuaLoanTA× lGgroup×Fin					0.064		
					(0.130)		
lRelatedGuaLoan						−0.000004*	−0.000
						(0.000)	(0.000)
lRelatedGuaLoan× Fin						−0.093	−0.090
						(0.105)	(0.140)
lRelatedGuaLoan × lGgroup×Fin							−0.037
							(0.175)
控制	是	是	是	是	是	是	是
Firm FE	是	是	是	是	是	是	是
Year FE	是	是	是	是	是	是	是
观测值个数	29281	29281	27349	29281	27349	29281	27349
R^2	0.383	0.383	0.385	0.383	0.385	0.383	0.385

二、结构性变化的机制

探究为什么影响会消失，需要进一步检验结构性变化。本节使用 Post 来查看不同年份的结构性变化。本节及后面所有章节均使用非金融子样本。

$$ORECTA_{it} = \beta_0 + \beta_1 LoanTA_{i,t-1} + \beta_2 Post_t + \beta_3 LoanTA_{i,t-1} \times Group_{i,t-1} +$$
$$\beta_4 FirmCha_{i,t-1} + \alpha_i + \alpha_d + \varepsilon_{it} \tag{5-2}$$

其中 Post 为 1 当 t 年以后, $t = 2006, \cdots, 2017$。FirmCha 是与模型 1 一致的公司财务变量。为了降低异常值的影响,非宏观解释变量的所有连续变量将按年份分别以 1% 和 99% 的百分位数缩尾。α_i 和 α_t 分别代表企业和年度固定效应。所有回归都采用聚类和稳健的标准误差。

表 5.4 报告模型 2 的回归结果来探究结构性变化。Post 的系数变化很大,从列(1)—(5)的显著为负到列(8)—(12)的显著为正。并且系数逐渐增大,这意味着掏空活动逐年增加。交叉项 lLoanTA×Post 在 2016 年后显著为负。引入结构性变化的回归结果表明,如果考虑结构性变化,贷款的影响的确会在某些年份显示出来。

此外,这个结构模型还显示出有趣的结果,即董事独立性也表现出结构性变化。2013 年以后,董事独立性的系数都显著为负,这表明 2013 年后独立董事掏空有限。

表 5.4　担保交易与贷款：随时间演变的结构性变化

变量	(1) 2006 年	(2) 2007 年	(3) 2008 年	(4) 2009 年	(5) 2010 年	(6) 2011 年	(7) 2012 年	(8) 2013 年	(9) 2014 年	(10) 2015 年	(11) 2016 年	(12) 2017 年
ILoanTA	0.000	0.000	0.000	0.000	0.000004*	0.000004*	−0.078	−0.003	0.000	0.003	0.003*	0.003**
	(0.000)	(0.000)	(0.000)	(0.000)	(0.000)	(0.000)	(0.059)	(0.008)	(0.003)	(0.002)	(0.001)	(0.001)
Post	−1.677***	−1.454***	−1.169***	−0.766***	−0.361***	−0.133	0.048	0.238***	0.395***	0.520***	0.510***	0.651***
	(0.220)	(0.152)	(0.117)	(0.108)	(0.106)	(0.101)	(0.087)	(0.083)	(0.087)	(0.088)	(0.084)	(0.088)
ILoanTA×Post	0.000	0.000	0.000	0.000	0.000	0.000	0.078	0.003	−0.000	−0.003	−0.003**	−0.003**
	(0.000)	(0.000)	(0.000)	(0.000)	(0.000)	(0.000)	(0.059)	(0.008)	(0.003)	(0.002)	(0.001)	(0.001)
Leverage	0.033***	0.032***	0.031***	0.031***	0.032***	0.032***	0.033***	0.033***	0.033***	0.033***	0.033***	0.033***
	(0.004)	(0.004)	(0.004)	(0.004)	(0.004)	(0.004)	(0.004)	(0.004)	(0.004)	(0.004)	(0.004)	(0.004)
BM	−0.000***	−0.000*	−0.000***	−0.000***	−0.000***	−0.000***	−0.000***	−0.001***	−0.001***	−0.001***	−0.000***	−0.000***
	(0.000)	(0.000)	(0.000)	(0.000)	(0.000)	(0.000)	(0.000)	(0.000)	(0.000)	(0.000)	(0.000)	(0.000)
NegativeNetIncome	0.691***	0.697***	0.749***	0.760***	0.723***	0.716***	0.693***	0.668***	0.650***	0.638***	0.659***	0.684***
	(0.130)	(0.130)	(0.131)	(0.131)	(0.131)	(0.132)	(0.132)	(0.131)	(0.131)	(0.131)	(0.131)	(0.130)
Size	−0.260***	−0.182***	−0.148**	−0.176**	−0.251***	−0.318***	−0.386***	−0.460***	−0.513***	−0.541***	−0.506***	−0.475***
	(0.066)	(0.069)	(0.072)	(0.078)	(0.086)	(0.090)	(0.087)	(0.086)	(0.086)	(0.084)	(0.078)	(0.071)
BoardIndependence	−0.007	−0.001	−0.002	−0.007	−0.012	−0.015*	−0.016*	−0.017**	−0.017**	−0.018**	−0.017**	−0.017**
	(0.009)	(0.009)	(0.009)	(0.009)	(0.009)	(0.009)	(0.009)	(0.009)	(0.009)	(0.009)	(0.009)	(0.009)

续表

变量	(1) 2006 年	(2) 2007 年	(3) 2008 年	(4) 2009 年	(5) 2010 年	(6) 2011 年	(7) 2012 年	(8) 2013 年	(9) 2014 年	(10) 2015 年	(11) 2016 年	(12) 2017 年
Divergence	-0.033***	-0.034***	-0.035***	-0.034***	-0.034***	-0.033***	-0.033***	-0.032***	-0.032***	-0.032***	-0.032***	-0.033***
	(0.011)	(0.011)	(0.011)	(0.011)	(0.011)	(0.011)	(0.011)	(0.011)	(0.011)	(0.011)	(0.011)	(0.011)
BigFourAuditors.	-0.461**	-0.465**	-0.465**	-0.533**	-0.448**	-0.411*	-0.386*	-0.373*	-0.379*	-0.394*	-0.392*	-0.393*
	(0.215)	(0.215)	(0.215)	(0.216)	(0.216)	(0.216)	(0.216)	(0.216)	(0.216)	(0.215)	(0.215)	(0.216)
Firm FE	Yes	Yes	Yes	Yes	Yes	Yes	Yes	Yes	Yes	Yes	Yes	Yes
Industry FE	Yes	Yes	Yes	Yes	Yes	Yes	Yes	Yes	Yes	Yes	Yes	Yes
观测值个数	28,614	28,614	28,614	28,614	28,614	28,614	28,614	28,614	28,614	28,614	28,614	28,614
R^2	0.378	0.380	0.379	0.376	0.374	0.374	0.374	0.374	0.375	0.375	0.375	0.375

三、宏观环境的经济发展

由于中国经济进入新常态,经济增速急剧放缓,从 1980—2013 年平均 10%左右到之后的 7%(World Bank,2015;Selmi et al. 2019),我们进一步研究了经济发展对企业掏空行为的影响。根据模型(5-1),我们应用如下模型:

$$ORECTA_{it} = \beta_0 + \beta_1 \text{LoanTA}_{i,t-1} + \beta_2 \text{Development}_{i,t-1} + \beta_3 \text{LoanTA}_{i,t-1} \times$$
$$\text{Development}_{i,t-1} + \beta_4 \text{FirmCha}_{i,t-1} + \alpha_i + \alpha_t + \varepsilon_{it} \qquad (5-3)$$

其中 Development 分别代表时变经济自由、区域经济发展、企业—政府关系和政府干预 4 种视角的影响。

为了确定宏观环境是否是如图 5.3 所示掏空下降的原因,以及贷款的作用机制,我们采用宏观环境发展的 4 个可度量的视角。IEF 是美国传统基金会和《华尔街日报》联合发布的中国经济自由指数。$\text{Marketization}_{pt}$ 是 p 省年份 t 的中国市场化指数,是中国社会科学院发布的基于调查的地级指数。我们使用更新了 2019 年指数的最新报告(Wang et al. 2019)。R_BusiGovernRel 是一个虚拟变量,根据 2017 年各城市的指数,如果商政关系高于前 25%则为 1,如果商政关系低于 25%,则为 0。与 Hao 和 Lu (2018)一致,政府干预被定义为政府支出超出国内生产总值(GDP)。

表 5.5 报告了宏观环境对企业掏空影响的回归结果。在列(1)和列(4)中,发展系数均显著。我们的回归显示了对企业掏空的两种影响。经济自由和政府干预有助于减少企业掏空,而市场化和企业与政府关系将导致更高的掏空。我们没有发现与 Jiang 等(2010)相同的市场化方向,其时间段为 1996—2004 年。他们的市场化系数为负且相对较小,原因可能在于市场化本身的价值。我们使用市场化的滞后来降低内生性,且时间段是不同的。贷款的作用机制在列(2)中显著,lLoanTA 系数显著为正,这与 Qian 和 Yeung (2015)一致。交叉项 lLoanTA×lMarketization 显著为负,说明市场化降低了银行贷款的影响。

表 5.5 掏空与贷款:经济发展带来的结构性变化

变量	(1)	(2)	(3)	(4)
lLoanTA	−0.034	0.025**	−0.000	−0.004
	(0.037)	(0.012)	(0.004)	(0.004)

续表

变量	（1）	（2）	（3）	（4）
lIEF	−0.377***			
	(0.061)			
lLoanTA×IEF	0.001			
	(0.001)			
lMarketization$_{pt}$		0.170**		
		(0.074)		
lLoanTA ×lMarketization$_{pt}$		−0.003**		
		(0.001)		
R_BusiGovernRel			0.234***	
			(0.081)	
lLoanTA×R_ BusiGovernRel			0.003	
			(0.004)	
lGovernIntervention				−7.526***
				(2.242)
lLoanTA× lGovernIntervention				0.040*
				(0.022)
Leverage	0.015***	0.015***	0.028***	0.015***
	(0.002)	(0.003)	(0.002)	(0.002)
BM	−0.000	−0.000	0.000***	0.000
	(0.000)	(0.000)	(0.000)	(0.000)
NegativeNetIncome	0.688***	0.624***	1.056***	0.690***
	(0.101)	(0.105)	(0.128)	(0.101)
Size	0.027	−0.003	−0.232***	0.030
	(0.063)	(0.070)	(0.028)	(0.063)
BoardIndependence	−0.004	−0.005	−0.012**	−0.003
	(0.008)	(0.008)	(0.005)	(0.008)

续表

变量	(1)	(2)	(3)	(4)
Divergence	−0.019**	−0.017**	0.002	−0.019**
	(0.008)	(0.009)	(0.004)	(0.008)
BigFourAuditors	−0.488***	−0.480**	−0.245***	−0.466**
	(0.185)	(0.202)	(0.077)	(0.185)
Firm FE	是	是	否	是
Year FE	是	是	否	是
Industry FE	否	否	是	否
观测值个数	26517	23413	17700	26517
R^2	0.437	0.454	0.077	0.438

图 5.4 直观显示了这种效应。宏观环境的影响在图 5.4(a)中,银行贷款的影响在图 5.4(b)中。市场化降低了贷款效应,政府干预增加了贷款效应。当考虑市场化或政府干预时,贷款的积极效应会上升。

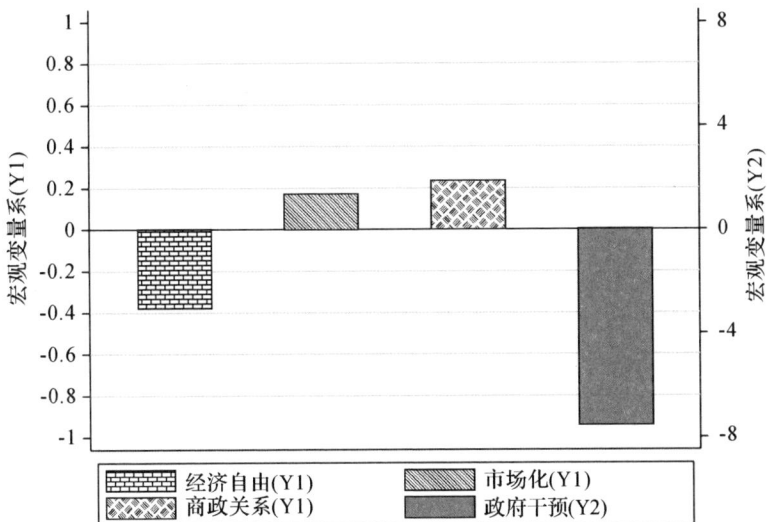

(a) 宏观环境影响

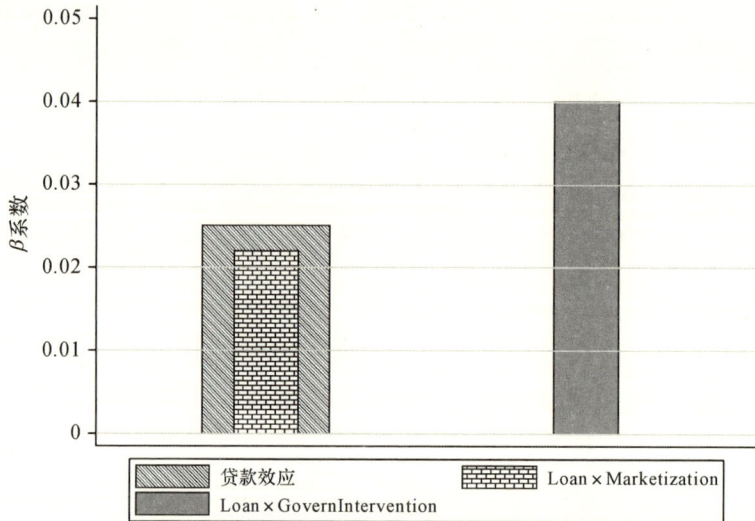

(b) 贷款效应及其与宏观环境的相互作用

图 5.4　宏观环境的不同影响

第五节　关联交易中的隐性掏空

一、隐性掏空 vs. 其他渠道

我们进一步检验了图 5.1 中担保贷款的不同效应及表 5.1 Panel C 中 3 种类型的关联交易。由于 Qian 和 Yeung（2015）的模型存在结构性变化,因此将 Jiang 等（2010）的模型作为基准模型。

$$\mathrm{ORECTA}_{it} = \beta_0 + \beta_1 \mathrm{Treated}_{i,t-1} + \beta_2 \mathrm{GuaranLoanTA}_{i,t-1} +$$
$$\beta_3 \mathrm{GuaranLoanTA}_{i,t-1} \times \mathrm{Treated}_{i,t-1} +$$
$$\beta_4 \mathrm{FirmCha}_{i,t-1} + \alpha_i + \alpha_t + \varepsilon_{it} \tag{5-4}$$

其中,处理组的企业是有关联交易的企业,而对照组是没有关联交易的企业。与 Jiang 等（2010）一致的 FirmCha 是一组企业财务变量,设置这些变量是为了减少内生性。α_i 和 α_t 分别代表公司和年度固定效应,标准误差在行业水平聚集。我们还进一步研究了图 5.1 中的 3 种掏空类型,作为 3 个表示隐性掏空、显性掏空和个体掏空的哑变量。

　　表 5.6 给出回归结果。从控制变量的系数可以看出财务特征对企业掏空的影响。ROA、Block、Size 的系数均显著为负,说明在盈利能力较差、第一大股东权益较低、规模较小的企业中有更高的企业掏空。但 SOE 的系数均不显著,这与 Jiang 等(2010)的发现不同。这可能与中国正在进行的混合所有制改革有关(Zhang et al.,2020;Zhang and Wang,2020)①。

　　表 5.6 从 3 个角度展示了担保贷款和关联方交易的效应。首先,Panel A 使用当年的关联交易。(8)—(9)列显示了个体关联交易的显著影响,包括上市公司或其母公司的所有投资者或经理及其家人。但这种效应很小。Panel B 报告了滞后关联交易的影响。Panel B 中的(1)—(3)列表明担保贷款对掏空有显著正向影响,而集团附属企业的担保贷款影响更大。其次,担保贷款的影响是稳健的。lGuaLoanTA 的系数在列(5)、列(7)和列(9)均显著为正。这意味着无论通过哪种渠道,担保贷款均会增加掏空。列(4)—(9)显示考虑了 3 个掏空渠道的担保贷款的影响和机制。lGuaLoanTA×dumImplicit 和 lGuaLoanTA×dumlExplicit 的系数都显著为负,这意味着隐性和显性的关联方交易均会减少掏空。但是对于个体渠道,我们看不到其显著性,这与使用相同年份解释变量的 Panel A 中的结果有很大不同。

　　这些结果表明,担保贷款导致更多的掏空。尽管个体关联交易对掏空乃至掏空机制和担保贷款有显著影响,但这种影响很小,下一年就会消失。显性和隐性关联交易对掏空机制和担保贷款有更大影响。

表 5.6　掏空与关联交易

变量	(1)	(2)	(3)	(4)	(5)	(6)	(7)	(8)	(9)
Panel A:ORECTA 同一年度的关联交易									
Treated	−0.159		−0.159						
	(0.146)		(0.146)						

---

　　① Zhang et al.(2020)发现混合所有制改革促进了国有企业创新。Zhang 和 Wang (2020)提供了有力的证据,表明即使政府限制监管,当违约浪潮到来时,中国债券市场也会追逐隐性担保。这可以解释异质性可能会转移到债券市场的违约波,而公司从银行融资的掏空没有区别。

续表

变量	(1)	(2)	(3)	(4)	(5)	(6)	(7)	(8)	(9)
GuaLoanTA		0.000			0.002		0.000		0.000004*
		(0.000)			(0.003)		(0.000)		(0.000)
GuaLoanTA× Treated			0.000						
			(0.000)						
Implicit				−0.000					
				(0.000)					
GuaLoanTA× dumImplicit					−0.002				
					(0.003)				
Explicit						−0.000			
						(0.000)			
GuaLoanTA× dumExplicit							−0.00001		
							(0.000)		
Individual								−0.00001***	
								(0.000)	
GuaLoanTA× dumIndividual									−0.0002***
									(0.000)
ROA	−0.065***	−0.065***	−0.065***	−0.065***	−0.065***	−0.064***	−0.065***	−0.065***	−0.065***
	(0.013)	(0.013)	(0.013)	(0.013)	(0.013)	(0.013)	(0.013)	(0.013)	(0.013)
Block	−0.028***	−0.028***	−0.028***	−0.028***	−0.027***	−0.028***	−0.028***	−0.028***	−0.028***
	(0.007)	(0.007)	(0.007)	(0.007)	(0.007)	(0.007)	(0.007)	(0.007)	(0.007)
Size	−0.295**	−0.305***	−0.295**	−0.305***	−0.298**	−0.305***	−0.304***	−0.312***	−0.305***
	(0.116)	(0.116)	(0.116)	(0.116)	(0.117)	(0.116)	(0.116)	(0.116)	(0.116)
SOE	−0.700	−0.702	−0.700	−0.702	−0.719*	−0.719*	−0.699	−0.685	−0.701
	(0.431)	(0.432)	(0.431)	(0.432)	(0.431)	(0.432)	(0.432)	(0.432)	(0.432)
Firm FE	是	是	是	是	是	是	是	是	是
Year FE	是	是	是	是	是	是	是	是	是
观测值个数	26492	26492	26492	26492	26492	26492	26492	26492	26492

变量	(1)	(2)	(3)	(4)	(5)	(6)	(7)	(8)	(9)
R^2	0.386	0.386	0.386	0.386	0.386	0.386	0.386	0.386	0.386

Panel B:ORECTA 滞后一期的关联交易

变量	(1)	(2)	(3)	(4)	(5)	(6)	(7)	(8)	(9)
lTreated	−0.133		−0.137						
	(0.127)		(0.127)						
lGuaLoanTA		0.0008***			0.0011***		0.0011***		0.0008***
		(0.000)			(0.000)		(0.000)		(0.000)
lGuaLoanTA × lTreated			0.0008***						
			(0.000)						
lImplicit				0.000008					
				(0.000)					
lGuaLoanTA × dumlImplicit					−0.0008***				
					(0.000)				
lExplicit						0.000			
						(0.000)			
lGuaLoanTA × dumlExplicit							−0.0009***		
							(0.006)		
lIndividual								−0.000003	
								(0.014)	
lGuaLoanTA × dumlIndividual									0.0007
									(0.060)
Jiang's Controls	是	是	是	是	是	是	是	是	是
Firm FE	是	是	是	是	是	是	是	是	是
Year FE	是	是	是	是	是	是	是	是	是
观测值个数	26492	26492	26492	26492	26492	26492	26492	26492	26492
R^2	0.386	0.387	0.387	0.386	0.387	0.386	0.387	0.386	0.387

二、企业集团的掏空

为了了解如表 5.3 Panel A 列(3)所示的企业集团是否存在异质性,使用 DID 模型进行检验。模型如下:

$$ORECTA_{it} = \beta_0 + \beta_1 Treated_{i,t-1} + \beta_2 Group_{i,t-1} + \beta_3 Treated_{i,t-1} \times$$
$$Group_{i,t-1} + \beta_4 FirmCha_{i,t-1} + \alpha_i + \alpha_t + \varepsilon_{it} \tag{5-5}$$

其中,Treated 和 FirmCha 与模型(5-4)一致。α_i 和 α_t 表示公司和年份固定效应,标准误聚集在行业层面。

表 5.7 报告了模型(5-5)的结果。列(1)显示了关联方交易和企业集团之间的差异,这意味着关联方交易的集团子公司具有更高的掏空程度。列(2)显示关联方交易和隐性渠道的差异,表明虽然隐性关联方交易会减少掏空程度,但具有隐性关联方交易的集团关联公司掏空率较高。但在列(3)和列(4)中,lGroup 的系数以及与显性渠道和个体渠道的交叉项不显著,表明显性渠道和个体渠道不存在异质性。以上结果进一步表明,具有隐性关联方交易的集团关联公司具有较高的掏空程度。与子公司或同一母公司控制的其他公司的交易可能是隐性的掏空渠道。

表 5.7　企业集团 vs. 个体企业

变量	(1)	(2)	(3)	(4)
lGroup	−0.489*	−0.445**	−0.152	−0.137
	(0.280)	(0.203)	(0.169)	(0.148)
lTreated	−0.263*			
	(0.154)			
lTreated×lGroup	0.465*			
	(0.254)			
ldumlImplicit		−0.267**		
		(0.120)		

续表

变量	（1）	（2）	（3）	（4）
ldumlImplicit×lGroup		0.492***		
		(0.174)		
ldumlExplicit			0.182	
			(0.163)	
ldumlExplicit×lGroup			0.099	
			(0.180)	
ldumlIndividual				−0.209*
				(0.116)
ldumlIndividual×lGroup				0.276
				(0.220)
ROA	−0.066***	−0.066***	−0.065***	−0.066***
	(0.013)	(0.013)	(0.013)	(0.013)
Block	−0.031***	−0.031***	−0.031***	−0.030***
	(0.007)	(0.007)	(0.007)	(0.007)
Size	−0.285**	−0.288**	−0.304***	−0.294**
	(0.117)	(0.118)	(0.116)	(0.118)
SOE	−0.660	−0.660	−0.679	−0.661
	(0.442)	(0.442)	(0.431)	(0.442)
Firm FE	是	是	是	是
Year FE	是	是	是	是
观测值个数	26083	26083	26083	26083
R^2	0.385	0.385	0.385	0.385

第六节　"无关联"担保贷款中的欺诈现象

一、年度层面候工具变量:企业集团 vs. 隐性关联交易

第五节证实了关联交易确实对企业掏空产生了重大影响。但如表 5.3 所示,关联担保贷款却没有显著影响,这不禁引起我们的思考,即那些非关联的担保贷款实际上可能是相关的。实际上,公司确实有动机隐瞒贷款的关联性,从而产生欺诈行为。因此本章,我们使用工具变量来检验是否存在实质相关的"非关联"担保贷款。

第一个工具变量是公司层面的。我们将分别检验企业集团变量和隐性关联交易变量能否发现上述欺诈现象,采用的方法是先将这两个变量引入以下两阶段最小二乘法中:

$$LogitdumRelGuaLoan_{i,t-1} = \beta_0 + \beta_1\,IV_{i,t-1} + \beta_2\,FirmCha_{i,t-1} +$$
$$\alpha_p + \alpha_{ind} + \varepsilon_{i,t-1} \qquad (5\text{-}6)$$

$$ORECTA_{it} = \beta_0 + \beta_1\,dumRelGuaLoan_{i,t-1} + \beta_2\,Controls_{i,t-1} +$$
$$\alpha_i + \alpha_t + \varepsilon_{it} \qquad (5\text{-}7)$$

其中,两个工具变量分别是 Group 和 dumImplicit,模型(5-6)中的被解释变量 $dumRelGuaLoan_{i,t-1}$ 是一个虚拟变量,若该公司在 $t-1$ 年度有关联担保贷款则为 1,否则为 0。通过第一步的 logit 模型得到了 $dumRelGuaLoan_{i,t-1}$ 的预测值,然后将其($dumRelGuaLoan_{i,t-1}$)引入模型(5-7),并再次依照 Qian 和 Yeung 的模型进行检测。在模型(5-6)中,我们固定了行业和省份效应,而不是公司和年度效应,因为我们认为贷款策略取决于前者而不是后者。

回归结果如表 5.8 的(1)—(5)列所示,在 2SLS 的第二步中,分别考虑了 Jiang 等(2010)、Qian 和 Yeung (2015)的模型,但为了便于阅读,以下仅报告了第一个工具变量 Group 的两种结果[第(2)列和第(3)列],对于后面使用其他工具变量的回归,以下仅报告 R^2 较高的结果。表 5.8 表明,没有得到哪个控制组更好的结论。

表 5.8　包含工具变量的 2SLS

变量	(1) ldumRelGuaLoan	(2) ORECTA	(3) ORECTA	(4) ldumRelGuaLoan	(5) ORECTA	(6) ldumRelGuaLoan	(7) ORECTA
lGroup	−0.080						
	(0.094)						
ldumImp				2.433***			
				(0.089)			
Constraining						0.474***	
						(0.022)	
ldumRelGuaLoan		0.299	0.771***		0.081***		0.486***
		(0.186)	(0.172)		(0.029)		(0.162)
Leverage	−0.009**			−0.010**		−0.000	
	(0.004)			(0.004)		(0.001)	
ROA	0.002			−0.007		0.014***	
	(0.005)			(0.005)		(0.002)	
Tangibility	−0.019***			−0.007*		−0.011***	
	(0.004)			(0.004)		(0.001)	
Size	0.588***			0.548***		0.154***	
	(0.047)			(0.049)		(0.010)	
lChinaMarketIndex	0.301***			0.187***		−0.029***	
	(0.036)			(0.038)		(0.005)	
Qian's controls		√			√		
Jiang's controls			√				√
Firm FE	是	是	是	是	是	否	是
Year FE	是	是	是	是	是	是	是
Industry FE	是	否	否	是	否	是	否
观测值个数	12819	21298	21000	14975	22990	68213	9763
R^2		0.458	0.440		0.461		0.598
p 值	0.000	0.000	0.000	0.000	0.000	0.000	0.000

首先看到第一个工具变量 Group，第一步中 lGroup 的系数不显著[第（1）列]，并且在第二步中我们分别检测了两组控制变量，当引入 Qian 和 Yeung 的

模型时，预测值的系数也不显著。这也许能解释表 5.3 中 lRelatedGuaLoan 仅有较小影响而 lGroup 无影响的结果。综上，工具变量 Group 被排除。

再看第二个工具变量 ldumImp，通过前文已得知其与关联担保贷款 dumRelGuaLoan 的相关性，且在第(4)列中得到验证。第二步中，预测值与 ORECTA 也呈现了显著相关［第(5)列］。因此，隐性关联交易(ldumImp)是一个好的工具变量，且 2SLS 的结果表明，隐性关联交易隐藏了看似不相关的担保贷款，并加剧了公司的掏空行为。该表想使用工具变量来检验那些分别从公司层面和事件层面实际上相关的不相关贷款。

二、事件层工具变量：基于公司公告的文本分析

上述 2SLS 回归是基于公司层面的面板数据。本小节将重点介绍每笔贷款公告的详细信息。我们参考了 Loughran 和 Mcdonald (2011)提出的情感词汇表[①]，经过比较使用了最新的 2018 版本，并根据相关性在词典的 7 个类别中选择"约束"类别作为检测词。"约束"类别中的 184 个单词被翻译成中文，整理成中文词典来检查中国公司的贷款公告。综上，根据 Loughran 和 Mcdonald 的"情感词汇表"，我们对每笔贷款的公司公告进行文本分析，并构造一个指标 Constraining，如果公告中出现中文词典中的词语，则该变量等于 1，否则为 0。

基于对每笔贷款公告的文本分析，模型(5-8)被建立并得到了每笔贷款的预测值(dumRelGuaLoan$_n$)，区别于模型(5-6)的 Panel 回归，这里是横截面数据。然后，我们对 $t-1$ 年的公司 i 的预测值进行累加，从而得到模型(5-9)：

$$\text{Logit}(\text{dumRelGuaLoan}_n) = \beta_0 + \beta_1 \text{IV}_n + \beta_2 \text{FirmCha}_n + \alpha_p + \alpha_{ind} + \varepsilon_n \quad (5\text{-}8)$$

$$\text{ORECTA}_{it} = \beta_0 + \beta_1 \sum_{n \in \{t-1\}} \text{dumRelGuaLoan}_n +$$
$$\beta_1 \text{QianControls}_{i,t-1} + \alpha_i + \alpha_t + \varepsilon_{it} \quad (5\text{-}9)$$

其中 IV 表示第三个工具变量 Constraining。

回归结果如表 5.8 的列(6)—列(7)所示。第一步回归是显著的［第(6)列］，Constraining 的系数在 1% 的水平上显著，表明工具变量和解释变量 ldumRelGuaLoan 之间存在强相关性。也就是说如果贷款公告中明显出现约

---

① 情绪词列表刷新了的列表，并在最新版本中添加了约束类别。目前已将其分为消极、积极、不确定、诉讼、强模式、弱模式和约束 7 类。

束类词语,则该公告很有能是关联贷款。再看第二步回归,预测值的累加值的系数显著为正,表明关联担保贷款会导致更显著的企业掏空。

综上,两个有效工具变量均证实关联担保贷款会导致更高的企业掏空,而表5.3中的公共信息却无法检测到这个情况,这也进一步表明公司的贷款公告中存在欺诈现象。

第七节　结　论

我们探究了2006—2018年中国企业的掏空。实证结果表明,企业集团内部的相关担保是掏空的一个重要渠道,其在负债较多、盈利能力较差、规模较小的企业中更为明显,而国有企业和民营企业之间没有差异。我们解释了这一时期银行融资的影响是如何变化的。首先,我们揭示了结构性变化,表明在一些年份这种影响确实存在。其次,从宏观环境的4个视角进一步考察了银行融资的机制。即从时变经济自由、区域经济发展、企业—政府关系和政府干预4个视角解释企业掏空的演变且均显著。市场化和政府干预甚至改变了银行贷款对掏空的作用机制和效果。

我们进一步研究了担保贷款的影响和相关交易的类型。研究发现,随着担保贷款的增加,企业掏空增加,而隐式掏空是这一机制的重要渠道。我们对3个候选工具变量,即企业集团、隐性关联交易以及对贷款公告文本分析的约束指标进行了检验,发现企业集团无法检测到真实的相关担保贷款,但后两者分别是更好的年度层面和事件层面的工具变量,这可能为未来研究企业掏空提供好的工具。

附录

A. 乐视:中国新常态下大股东掏空案例研究(再访 Jiang et al. 2010 中国旧常态案例)

贾跃亭是乐视网(股票代码:300104)的实际控制者,截至2019年12月31日持有乐视网23%的股份。2015年和2016年,乐视旗下子公司乐视体育通过乐视担保共融资84亿美元。2016年12月,乐视体育在股东大会上披露,乐视体育在未经董事会或股东同意的情况下,通过贾跃峰向旗下子公司乐控股(Le Holdings)借款超过 40 亿元人民币。这种行为实际上是贾跃亭的个人行为，显然违反了中国的公司法。2016 年 10 月，乐商集团资金链断裂。乐视体育被起诉，并被处以违反信任的刑罚。贾跃亭于 2017 年 7 月 5 日逃到美国，乐视于 2019 年 4 月 26 日收到暂停播放的通知。作为担保人，乐视应与另外两名股东共同承担 110 亿元的巨额亏损。乐视于 2019 年 5 月被禁止上市，一年后将被摘牌。深圳证券交易所于 2020 年 5 月 14 日宣布，乐视将于 6 月退市，当时其股价仅为 1.69 元，而其峰值为 44.70 元。28 万股东将承受 210 亿元的巨额债务。这是一场股东掏空破坏乐视网的灾难，乐视网是世界上第一个通过 IPO 上市的视频网站。

担保贷款是一个隐性的"掏空"渠道。在为贾跃亭及其子公司提供担保之后，乐视的掏空活动在迅速增加。2009—2015 年，ORECTA 一直低于 1%，2016 年上升到 2.6%，2017 年上升到 6.8%。这是一个令人震惊的上市公司关联交易掏空案例。

B.变量定义

变量	变量说明
被解释变量	
ORECTA	其他应收款/总资产(%)
dumRelGuaLoan	虚拟变量，等于 1 如果贷款有相关担保
解释变量	
LoanTA	每年银行贷款/总资产（%）
GuaLoanTA	担保贷款/总资产（%）
RelatedGuaLoan	关联贷款/总资产（%）
UnRelatedGuaLoan	每一笔无关联的担保贷款/总资产（%）
Group	虚拟变量，等于 1 如果该公司属于企业集团，否则为 0
Treated	等于 1 如果公司在 t 年有关联交易，否则为 0
dumExplicit	等于 1 如果公司和其母公司有关联交易，否则为 0
dumImplicit	等于 1 如果公司和其子公司或其他受控于同一家母公司的公司有关联交易，否则为 0

续表

变量	变量说明
dumIndividual	等于 1 如果公司和个人有关联交易,包括所有上市公司或其母公司的投资者或管理者及其家人否则为 0
Fin	虚拟变量,等于 1 如果是一家金融类公司,为 0 如果是一家非金融类公司
Constraining	虚拟变量,等于 1 当贷款公告包含敏感词列表内容,否则为 0
控制变量 Qian and Yeung（2015）	
Leverage	总负债/总资产（%）
BM	账面市值比＝市场价值/（总资产－总负债）（%）
NegativeNetIncome	虚拟变量,等于 1 如果净利润小于 0,否则为 0
Size	ln（总资产）
BoardIndependence	独立董事/所有董事（%）
Divergence	控股股东现金流动权与控制权的背离（%）
BigFourAuditors	虚拟变量,等于 1 如果上市公司的外部审计师是国际四大会计师事务所,否则为 0
控制变量 Jiang et al.（2010）	
ROA	总资产收益（%）
Block	最大股权比例（%）
Size	ln（总资产）
SOE	虚拟变量,国家控股＝1,私人控股＝0
宏观环境发展	
Post	虚拟变量,等于 1 如果该年在 t 之后,$t＝2016,\cdots,2017$
IEF	美国传统基金会和《华尔街日报》发布的中国经济自由指数
Marketization$_{pt}$	t 年 p 省的中国市场化指数
R_BusiGovernRel	虚拟变量,等于 1 如果企业和政府关联度大于上 25%,为 0 如果企业和政府关联度低于下 25%,基于 2017 年每个城市的指数
GovernIntervention	政府支出占国内生产总值（GDP）比重（%）

参考文献

[1] Allen F,Qian J,Qian M J. Law,finance,and economic growth in China [J]. *Journal of Financial Economics*,2005,77(1):57-116.

[2] Allen F,Gu X,Qian J,Qian Y M. Implicit guarantees and the rise of shadow banking:the case of trust products[R]. working paper,2018.

[3] Almeida H,Kim C S,Kim H B. Internal capital markets in business groups:Evidence from the Asian financial crisis[J]. *Journal of Finance*, 2015,70(6):2539-2586.

[4] Almeida H,Park S Y,Subrahmanyam M G,Wolfenzon D. The structure and formation of business groups:Evidence from Korean chaebols[J]. *Journal of Financial Economics*,2011,99(2):447-475.

[5] Bai C E,Hsieh C T,Song Z,Wang X. Conglomeration formation in China [R]. working paper,2019.

[6] Black B S,Kim W,Jang H,Park K. How corporate governance affect firm value? Evidence on a self-dealing channel from a natural experiment in Korea[J]. *Journal of Banking and Finance*,2015(51):131-150.

[7] Bertrand M,Mehta P,Mullainathan S. Ferreting out tunneling:An application to Indian business groups[J]. *Quarterly Journal of Economics*,2002,117 (1):121-148.

[8] Bhamra H,Kuehn L,Strebulaev H. The Aggregate Dynamics of capital structure and macroeconomic risk[J]. *Review of Financial Studies*, 2010,23(12):4187-4241.

[9] Buchuk D,Larrain B,Munoz F,Urzua I,F. The internal capital markets of business groups:Evidence from intra-group loans[J]. *Journal of Financial Economics*,2014,112(2):190-212.

[10] Calomiris C,Larrain M,Liberti J,Sturgess J. How collateral laws shape lending and sectoral activity[J]. *Journal of Financial Economics*. 2017,123(1):163-188.

[11] Cao X P,Pan X F,Qian M J,Tian G. Political capital and CEO entrenchment:Evidence from CEO turnover in Chinese non-SOEs[J]. *Journal of Corporate Finance*,2017(42):1-14.

［12］Cao X P,Lemmon M,Pan X F,Qian M J,Tian G. Political promotion, CEO incentives,and the relationship between pay and performance［J］. *Management Science*,2019,65(7):2947-2965.

［13］Chen A P,Groenewold N. China's "New Normal":Is the growth slowdown demand- or supply-driven? ［J］. *China Economic Review*,2019(58): 101203.

［14］Dasgupta S,Li E X N,Yan D. Inventory behavior and financial constraints: Theory and evidence［J］. *Review of Financial Studies*,2019,32(3): 1188-1233.

［15］Dou Y,Masulis R,Zein J. Shareholder wealth consequences of insider pledging of company stock as collateral for personal loans［J］. *Review of Financial Studies*,2019,32(12):4810-4854.

［16］Fang L,Lerner J,Wu C. Intellectual property rights protection,ownership, and innovation:Evidence from China［J］. *Review of Financial Studies*, 2017,30(7):2446-2477.

［17］Gao H,Zhang J. SOX Section 404 and corporate innovation［J］. *Journal of Financial and Quantitative Analysis*,2019,54(2):759-787.

［18］Hao Y,Lu J. The Impact of government intervention on corporate investment allocations and efficiency:Evidence from China［J］. *Financial Management*, 2018,47(2):383-419.

［19］He J,Mao X,Rui O,Zha X. Business groups in China［J］. *Journal of Corporate Finance*,2013(22):166-192.

［20］Jiang G,Lee C,Yue H. Tunneling through intercorporate loans:The China experience［J］. *Journal of Financial Economics*,2010,98(1): 1-20.

［21］Jiang W,Wan H,Zhao S. Reputation concerns of independent directors: Evidence from individual director voting［J］. *Review of Financial Studies*,2016,29(3):655-696.

［22］Johnson S,Porta R,Lopez-de-Silanes F,Shleifer A. Tunneling［J］. *American Economic Review*,2000,9(1):22-27.

［23］Larrain B,Sertsios G,Urzúa I. The effects of losing a business group affiliation［J］. *Review of Financial Studies*,2019,32(8):3036-3074.

［24］Lin C,Ma Y,Malatesta P,Xuan Y H. Ownership structure and the cost of corporate borrowing[J]. *Journal of Financial Economics*,2011,100 (1):1-23.

[25] Lin C,Ma Y,Malatesta P,Xuan Y. Corporate ownership structure and the choice between bank debt and public debt[J]. *Journal of Financial Economics*,2013,109(2):517-534.

[26] Loughran T,Mcdonald B. When is a liability not a liability textual analysis,dictionaries,and 10-Ks[J]. *Journal of Finance*,2011,66(1): 35-65.

[27] Luciano E,Nicodano G. Guarantees,leverage,and taxes[J]. *Review of Financial Studies*,2014,27(9):2736-2772.

[28] Masulis R,Pham P,Zein J. Family business groups around the world: Financing advantages,control motivations,and organizational choices [J]. *Review of Financial Studies*,2011,24(11):3556-3600.

[29] Mayordomo S,Moreno A,Ongena S,Rodríguez-Moreno M. "Keeping It Personal" or "Getting Real"? On the drivers and effectiveness of personal versus real loan guarantees[R]. CEPR Working Paper,2018.

[30] Peng W,Wei K,Yang Z. Tunneling or propping:Evidence from connected transactions in China[J]. *Journal of Corporate Finance*,2011,17(2): 306-325.

[31] Qian M,Yeung B. Bank financing and corporate governance[J]. *Journal of Corporate Finance*,2015(32):258-270.

[32] Selmi R,Bouoiyour J,Miftah A. China's "New normal":Will China's growth slowdown derail the BRICS stock markets[J]. *International Economics*,2019 (159):121-139.

[33] Shi J,Zhang X. How to explain corporate investment heterogeneity in China's new normal:Structural models with state-owned property rights[J]. *China Economic Review*,2018,50(8):1-16.

[34] Siegel J,Choudhury P. A Reexamination of tunneling and business groups: New data and new methods[J]. *Review of Financial Studies*,2012,25(6): 1763-1798.

[35] Stern N,Green F. China's "new normal":Structural change,better growth, and peak emissions[R]. LSE Working Paper,2015.

[36] Wang X L,Fan G,Hu L P. *Marketization Index of China's Provinces:Neri*

Report 2018［M］. Social Sciences Academic Press (China),2019.

［37］ World Bank. Global economic prospects:Having fiscal space and using it［R］. *World Bank*,2015.

［38］ Zhang X,Lv S,Lin W. Related guarantee and implicit tunneling［J］. *Pacific-Basin Finance Journal*,2020(62):101359.

［39］ Zhang X,Wang Z. Marketization vs. market chase:Insights from implicit government guarantees［J］. *International Review of Economics and Finance*,2020(69):435-455.

［40］ Zhang X,Yu M,Chen G. Does mixed-ownership reform improve SOE's innovation? Evidence from China's state ownership［J］. *China Economic Review*,2020(61):101450.

第六章　市场化与市场追逐

——来自政府隐性担保的证据[①]

　　地方政府融资平台(LGFV)和国有企业(SOE)在债券发行期间受到隐性担保,民营企业具有更高的融资成本。具有较高行政级别的地方政府融资平台发行债券时,信用利差较低。这意味着随着政府的集中化,隐性担保得到加强。另外在取消隐性担保,推行市场化的规定出台之后,城投债(MCB)信用利差仍然下降。这种异常现象的产生可能是因为中国债券市场刚性兑付被打破、民营企业出现债券违约浪潮。民营企业债券大量违约造成市场在即使监管方推动城投债市场化的情形下,仍然追逐隐性担保,城投债信用利差进一步下降。

第一节　引　言

　　在经济衰退期间,政府对国有企业的隐性担保变得更加突出,这将进一步扭曲企业的投资和融资决策。这种隐性担保的存在必然会改变市场预期,从而影响企业的信用等级和融资成本。大多数研究分析了大萧条期间政府干预对美国经济活动的影响。Cong et al.(2019)基于贷款数据,发现在2009—2010年经济刺激计划的推动下,中国的信贷扩张过度偏向于国有企业。2012年之后的后刺激时期,中国的地方政府融资诉诸非银行债务(Chen et al.,2020b),并进一步扩张。

---

　　① 原文"Marketization vs. market chase: Insights from implicitgovernment guarantees"由 Xiaoqian Zhang 和 Zhiwei Wang 2020 年发表在 *International Review of Economics and Finance* 第 69 期。

中美两国政府担保之间的差异在市政债券中尤为突出。在中国,市政债券(MCB)由地方政府融资平台(LGFV)发行,地方政府融资平台是支持基础设施投资的国有企业。中国的市政债券与美国的市政债券不同点主要表现在:首先,个人投资者直接或通过美国的市政债券基金持有市政债券,而在中国购买市政债券的主要投资者是金融机构。其次,中国城投债的信用评级很高,而且截至目前从未发生实质性违约。而在美国则有很多投机级的市政债券(Babina et al.,2020)。Borisova et al.(2020)发现,1991—2010 年,43 个国家的政府所有权通常与债务成本较高有关。

这一章表明政府的隐性担保存在,并通过较低的债券信用利差来降低城投平台的融资成本。城投债和其他地方国有企业的信用利差比民营企业债券的信用利差低分别低 85 和 81 个基点,而其 ROA 则低得多,中央国有企业的信用利差更低。这说明在城投债和国有企业债券中,政府业绩受到的隐性担保确实存在。这一章从以下 3 个角度进行更深入的分析。第一,本章讨论债券特征和区域经济发展的关系,由于隐性担保的存在,资本可能存在分配不当的问题(Gertler and Klenow,2019),城投债和其他地方国有企业的融资成本减少约 1%。而政府信贷可能会导致同一行业的私人公司被挤出市场(Ru,2018)。第二,本章进一步研究城投平台行政级别对融资成本的影响,发现地方政府融资平台受到不同行政级别的隐性担保的程度不同(Bardhan,2016)。行政级别的权力下放增加了资金成本,这与 Huang et al(2017)的观点一致。第三,本章对担保进行深入研究,揭示政府的隐性和显性担保的异质性。在有担保人或政府明确担保的情况下,信用利差高出约 12 个基点,而隐性担保显著地将债券信用利差降低 1%。

区域政府干预和宏观异质性可能也会对融资成本产生影响。本章遵循 Hao 和 Lu(2018)的方法根据公共部门的员工数量和 GDP 占比两个指标分别来确定政府干预的程度,发现政府干预会产生重大影响。本章还从区域经济发展、财务报表和银行信贷中检查区域宏观异质性,发现政府的隐性担保对银行贷款具有更大的权力,并在较发达的地区和更多的银行贷款中降低了城投债的融资成本。为了处理内生性,本章引入区域医疗卫生支出的对数值和疫情严峻程度的交叉项作为工具变量来预测人均 GDP。其中疫情严峻程度是一个虚拟变量,用于表示在该区域的 COVID-19 的累积确认病例的高低,若累计确认病例较高,则该虚拟变量为 1,否则为 0。本章将公共卫生引入 IV 是基于地方政府在公共卫生方面的权力①。

目前的研究倾向于将注意力集中在对政府干预的负面解读,例如在信息不对称的情况下不同生产方之间的冲突(Caillaud et al.,1988)、政策负担和软预算约束(Lin and Tan,1999),这使得投资决策效率低下(Chen et al.,2011)②。价格是政府政策的内生因素,这是重要经济力量的标志。当政府根据他们从市场价格中学到的信息作出决策时,会影响他们可以获得的信息量。Bond 和 Goldstein(2015)的文章表明,政府披露了对投机者有利的变量的详细信息。这反过来又有助于政府降低投机者因公开股票价格而面临的风险。但是,Bond 和 Goldstein(2015)仍然担心政府会在没有关于成本和收益的准确信息的情况下进行大规模干预。中国的债券市场以及最近的紧缩干预措施,使人们对 Bond 和 Goldstein(2015)的担忧有更深刻的理解。中国政府比投机者拥有更多有关城投债的信息,但它一直致力于城投债市场化。随着这些市场化政策的实施,政府的隐性担保应减少,然而与政府的预期相反,市场一直在追逐这些城投债,因为它们认为城投债更安全。

本章与政治联系或国有产权有关。先前的研究集中在政治联系上(Fisman,2001)。Fisman 和 Wang(2015)发现关联企业的工人死亡率是非关联企业的 2—3 倍,为说明政治联系如何使企业避免合规措施提供了证据;Gao et al(2019)发现,成熟的地方政客较少选择性地拖欠银行贷款。本章从债券市场提供一个视角来解释政府与市场之间的议价问题,还提供了有关国家所有权研究的证据。Shi 和 Zhang(2018)发现,在全球金融危机期间,国有企业和民营企业的公司投资存在异质性,中国公司投资进入新常态。Zhang et al.(2020)进一步利用当前正在进行的混合所有制改革的政策冲击研究投资。本章着重于第三种监管效应,特别是债券融资。

本章的主要贡献在于,从政府债务市场化的新视角进一步讨论政府与市场之间的议价。2014 年 9 月中国国务院发布了具有重大影响的 43 号文,要求地方政府通过发行市政债券的方式以置换地方政府融资平台的政府隐性债务。因此,根据 43 号文的要求,政府债务和平台债务被剥离,政府提供的隐性担保减少导致城投债信用利差应该升高。但是,本章发现了

①　例如 *Economist* 在 2020 年 5 月 30 的文章"The American way: How the world's most powerful country is handling COVID-19"。

②　一些事件研究分析了私人关联的价值,例如 Fisman (2001)、Faccio (2006)、Goldman et al. (2009);中国的事件研究如 Fan et al. (2008)。

相反的效果,即在对这一政策通过 DID 双重差分回归后,城投债的信用利差实际上减少了。本章也分别将城投债与地方国有企业债券和民营企业债券进行比较。所有结果都表明,在 43 号文之后,城投债的信用利差降低。为什么市场仍在追逐隐性政府担保? 本章提供的证据表明,市场对中国债券违约浪潮存在较大的担忧。民营企业的债券违约是驱动因素,而地方政府国有企业债券的违约具有相反的作用。本章为国家与市场之间的关系提供了新的思路。这可能不是 Bardhan(2016)提出的那些有争议的问题之一,国家和市场都能够平衡它们所产生的利弊。本章为 Bond 和 Goldstein(2015)、Cong et al. (2019)和 Chen et al. (2020b)等的后危机刺激时期的研究提供了重要的证据。

本章也有助于国际投资者或学者了解中国债券市场。部分中国国家债券和政策性金融债券于 4 月 1 日正式被纳入彭博巴克莱全球综合指数,自2019 年以来,越来越多的国际投资者进入银行间市场。截至 2019 年底,约有2608 家境外机构进入中国债券市场,债券持有量超过 2.1 万亿元人民币。尽管本章的经验证据主要来自中国,但这一见解能够更广泛地解释政府与市场之间的关系。本章还可能为一些重要的理论提供新的证据,例如 Hart 和Zingales(2011)、Bond 和 Goldstein(2015),他们呼吁国家充分利用市场价格所包含的信息。

本章组织如下:第二节简要回顾了中国的债券市场和法规,以及隐含在中小企业中的隐性政府担保。第三节描述了样本和数据。第四节给出了实证结果。第五节分析了机制,第六节进一步探讨了国家与市场之间的讨价还价。第七节介绍了 Bonferroni 检验,极限范围分析和安慰剂测试作为稳健性检验。第八节总结了本章的发现。

第二节 背景与理论综述

一、中国债券市场

随着中国经济的发展和金融市场的改善,中国债券市场一直处于稳定的上升趋势。参考 Amstad 和 He(2019),图 6.1(a)报告了中国债券市场未清偿债券占 GDP 的比例(以线条表示)或占股票市值的比例(以柱形表示)①的显著增长。中国债券市场正在快速增长,市值增长率超过 GDP9%,占 GDP 的比例从 2010 年的 50% 上升到 2018 年的 95%。相比之下,美国债券市场的市值占 GDP 的比例从 2010 年的 224% 下降到 2018 年的 205%,平均每年稳定下降 1%。2018 年中国债券市场已超过其自身的股票市值和 2017 年美国债券市场的水平。因此,无论是在其自身资本市场还是在全球范围内,中国债券市场都扮演着越来越重要的角色。

图 6.1 的(b)比较了 G20 国家和地区中政府债务占 GDP 的比例。中国的政府债务比率比澳大利亚以外的其他发达国家和地区甚至印度和巴西等一些发展中国家和地区低得多。原因可能是某些中国政府债务以公司债的形式存在,即城投债,其发行人是地方政府融资平台。政府通过这些城投平台进行融资和投资。地方政府债务隐含在公司债务中,这是关注国家与市场之间议价行为的独特视角。

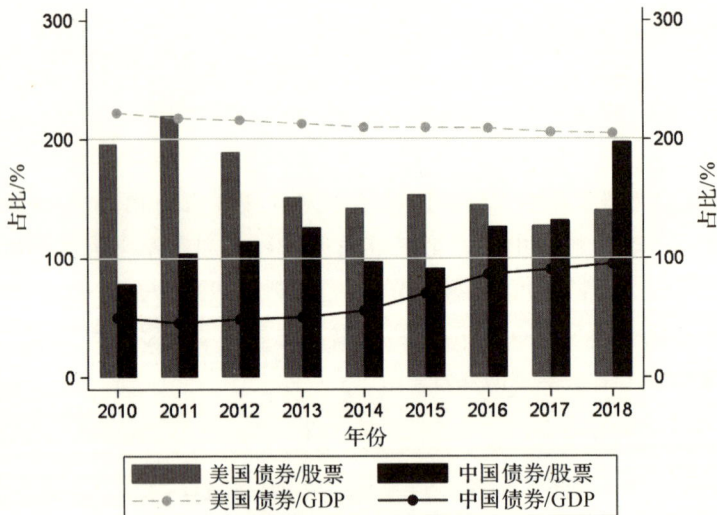

(a)中美债券市场增长情况

---

① 中国债券数据来源于万德债券总览。美国债券数据来自于 SIFMA 美国债券市场发行和余额。

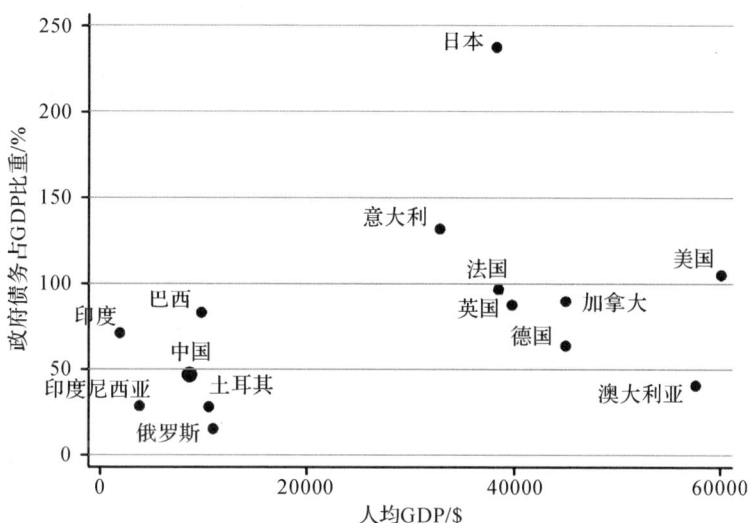

(b) G20国家和地区政府债务比较

图6.1 国际比较

Jiang et al.(2020)概述了2015年之前的中国资本市场,他们认为尽管中国债券市场加速增长,但银行融资仍占中国债务融资的主导地位。如图6.1的(a)所示,有别于Jiang et al(2020)的描述,在2015年之后中国债券市场迅速增长。中国人民银行的社会融资总额数据显示,到2019年底,中国公司债券市场规模为23.56万亿元人民币,是中国股票市场的3倍多,非金融企业为7.36万亿元人民币。即使面对新冠肺炎(COVID-19)疫情的冲击,中国公司债券市场仍保持快速增长并迅速崛起。根据中央政府债务登记和清算报告,非金融公司债券的净融资增加了1.77万亿元人民币,约占2019年债券市场融资的一半。中国人民银行在2020年第一季度的《金融统计报告》中显示,银行对企业的贷款增加了6.04万亿元。贷款和债券是社会融资高增长的最大推动力,约占新社会融资的85%。尽管银行贷款仍占很大比例,但债券融资仍处于持续且快速的增长阶段,构成公司融资的重要组成部分,并且在未来可能会发挥更大的作用。

随着中国金融市场向全球投资者的开放,中国债券市场正在吸引越来越多的国际关注。中国国内债券已于2019年4月1日成为彭博巴克莱综合债券指数这一全球主要指数的一部分。这将吸引约1500亿美元的外国资金流入中国债券市场。根据中国人民银行《中国金融》杂志的数据,截至2019年6

月底,有 1846 家境外机构进入中国债券市场,债券持有量为 1.96 万亿人民币。债券国际化也已经开始,并在交易所市场上得到强劲的推动。中国于 2017 年 7 月推出了债券通(Bond Connect),以吸引更多的国际机构投资者。截至 2019 年 8 月,全球资产规模最大的 100 家资产管理公司中有 58 家已成为 Bond Connect 用户,并已进入中国债券市场。本章有助于国际投资者了解中国债券市场及其追求政府的隐性担保的特点。

二、城投债市场化

根据发行实体,债券市场被分为三大类:政府债券、金融债券和公司债券。根据 Amstad 和 He(2019)的数据,中国的政府债券为 57.55%,低于美国的 63.94%。为什么中国发行的政府债券比美国少? Amstad 和 He(2019)认为原因是中国政府通过将市政债券转换为由地方政府融资平台发行的城投债来市场化这些市政债券。通过这种方式,越来越多的政府债务被视为嵌入国家资产负债表的公司债券。

Cong et al.(2019)和 Chen et al.(2020b)研究了中国信贷繁荣的驱动力和后果。中国的经济刺激计划鼓励建立地方政府融资平台。地方政府融资平台在实施 2009 年和 2010 年的财政扩张中发挥了不可或缺的作用。地方政府无法发行债券筹集资金,并在 2015 年之前严重依赖中央政府。地方政府必须建立地方政府融资平台通过发行城投债间接筹集资金。Bai et al.(2016)和 Chen et al.(2018)估计,财政投资目标主要由地方政府融资平台提供资金,在 2009—2010 年中国经济刺激期间,地方政府债务增长的 90% 以银行贷款的形式出现。Cong et al.(2019)基于中国银监会 2006—2013 年贷款水平数据发现,通过地方政府融资平台实现了信贷热潮,特别是有利于国有企业的信贷扩张。2009 年银行贷款增长较大的省份在 2012—2015 年发行了更多的城投债。Chen et al.(2020b)在此期间发现了更多的影子银行活动,包括信托贷款和财富管理产品。他们认为中国的后刺激政策类似于美国国家银行时代。本章目标是研究后经济刺激时期(Chen et al.,2019)发生的事情,以及 Chen et al.(2020b)找出的债务展期问题。

本章着眼于中国的后刺激时期。在此期间,政府收紧了关于地方政府融资平台的法规。图 6.2 显示了对中国地方政府融资平台收紧监管的政策。2011 年发生了非标城投平台危机,而第一只国有企业债券"保定天威"于 2015 年 4 月违约,市场开始探索隐性政府担保的价值(Jin et al.2018)。在去库存和去杠杆化的背景下,国有企业僵化的支付方式被打破,导致市场动荡,隐性担保本应该逐渐失去其效力。迅速增长的地方政府隐性债务吸引了中央政府的注意力,越来越多的城投平台的债务风险增加。国务院发布的 43 号文件要求将地方政府融资平台与地方政府脱钩,平台债务不能被视为地方政府的隐性债务,这降低了地方政府的隐性担保。

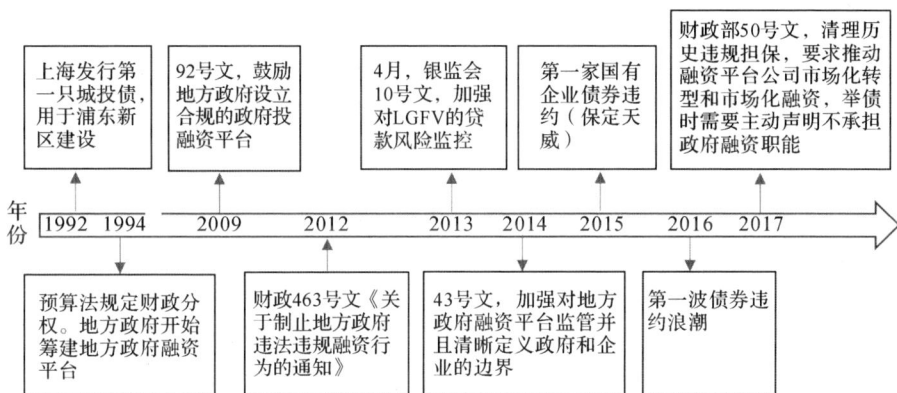

图 6.2 中国城投债市场化时间线

但是,民营企业债券面临更严峻的挑战。2014 年,中国债券市场爆发了第一只债券违约,即"上海超日"的债券违约事件。这打破了中国债券市场的刚性兑付,并在整个债券市场引起了恐慌。与国有企业相比,民营企业体量相对较小,并且更有可能陷入流动性危机。一旦民营企业的资产恶化,银行或其他金融机构通常更可能撤回或放贷,融资成本会迅速增加,民营企业的违约风险也会增加。2016 年,第一波债券违约浪潮爆发,债券违约金额增至195.57 亿元。在 2018 年,民营企业债券 104 个,债券违约金额 1004.51 亿元。因此,尽管城投债处于市场化进程下,但由于其蕴含政府的隐性担保,市场仍然将城投债作为一种避险资产,见图 6.3。

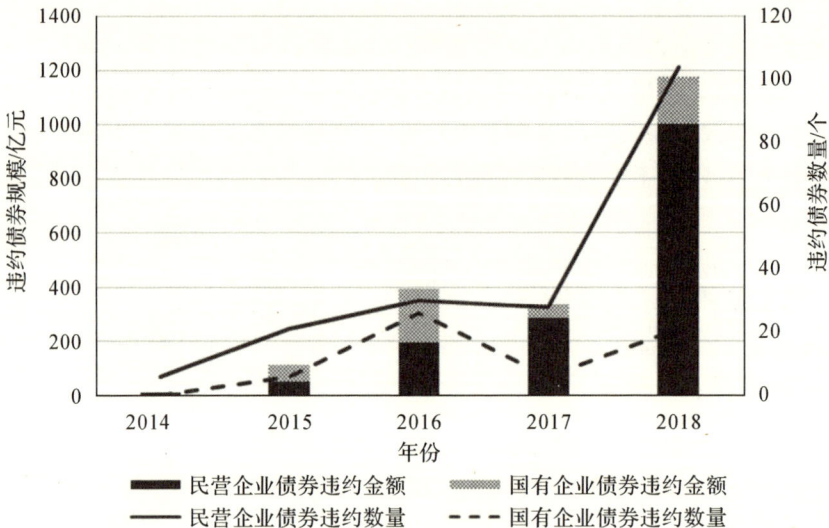

图 6.3　违约债券时间趋势

三、城投债的政府隐性担保

几乎所有的发达国家和发展中国家都存在隐性政府担保或者软预算约束。Dewatripont 和 Maskin(1995)证明,中央集权经济更有可能存在软预算约束。隐性担保的存在要求政府花更多的精力来管理由隐性债务引起的金融安全问题,从而引发地方政府的信贷危机。企业可能利用担保盲目地扩大投资,不断扩大信贷规模,提高杠杆率,加剧风险问题。市场对软预算约束的普遍看法是软预算约束将破坏金融市场秩序的正常发展。由于国有企业与政府之间的密切关系,国企更可能以软预算约束的形式向政府寻求帮助(Lin and Tan,1999)。银行将收紧对抵押品较少、监管成本较高的高风险借款人的信贷,这将导致信贷配给(Stiglitz and Weiss,1981)。银行优先考虑对政治关联客户(例如,国有企业)进行信贷分配,那是因为它们通常会保留隐性或显性的政府担保。Huang et al. (2018)衡量了中国影子银行间产品隐性担保的风险。他们发现,当偿付能力下降时,银行会向影子银行产品提供更多的隐性担保。

政府的隐性担保对于中国的高速增长至关重要。在过去的 40 年中,中国政府提供了显性或隐性的担保,并肩负着提高经济发展水平的责任。从银行贷款看我国隐性政府担保的近期研究,Cong et al.(2019)的论文显示,基于中国银监会2006—2013年贷款水平的数据,刺激驱动的信贷扩张有利于国有企业,这意味着国有企业持有更多的隐性政府担保。Jin et al.(2018)发现,隐性政府担保至少占债券价值的1.8%,并对公司投资和融资政策产生实际影响,减少隐性担保会导致投资减少。地方政府融资平台发行的城投债,它们是当今中国经济中计划与市场相结合的完美范例之一,得到地方政府的支持,但也像Amstad和He(2019)所指出的那样具有公司的特征。

政府的隐性担保在发行时通过信用利差来识别,因为它可以衡量债券的融资成本。一些文章指出了政治联系的优点。在中国法律保护薄弱和市场制度薄弱的地区,私人企业家的党员身份对民营企业的表现具有积极影响(Li et al.,2008)。对于拥有具有政治关系的董事会成员的公司而言,银行贷款的成本要低得多,因为这种联系可以提高借款人的信用度(Houston et al.2012)。政治联系抵消了投资与政治不确定性之间的负相关关系,因为它减少了关联企业的信息不对称性(Wellman,2017)。企业信息不对称是新兴市场的共同特征,它减轻了企业财务约束与债务证券发行之间的负面关系(Nagano,2018)。信用利差的发行更多地取决于宏观经济周期中的波动(Gilchrist and Zakrajsek,2012)、发行人的质量(Benzion et al.,2018)以及新发行债券的微观结构(Nagler and Ottonello,2019)。本章从政府监管的角度对此进行了研究,还为城投债在2014年的扩张提供了解释(Chen et al.,2020)。

第三节 数据与变量

一、样本和主要变量

本章收集了2010—2018年发行的所有中国企业债券(EB)、交易所交易企业债券(ETCB)和中期票据(MTN)的样本。Amstad和He(2019)总结了2008—2017年的中国债券市场。为排除2008—2009年全球金融危机的影响,本章的样本从2010年开始,总共12345笔债券。在删除10个缺少地区信息的债券、57个香港发行人的债券和6个西藏发行人的债券之后,本章最终收集了12272个观测值。该样本筛选方法与Chen et al.(2020b)方法一致,使用全国 30 个省(区、市)(港澳台、西藏除外)的数据。本章的样本包括 3 种公司债券:企业债券(EB)、交易所买卖公司债券(ETCB)和中期票据(MTN)。企业债券受国家发展和改革委员会(NDRC)的监管,发改委是监督国有企业的强大政府机构。根据 Amstad 和 He(2019)的研究,1/3 的企业债券在交易所市场上发行和交易,而 2/3 的企业债券在银行间市场上发行和交易。交易所交易企业债券是在交易所市场发行并受中国证券监督管理委员会(CSRC)监管的。本章仅保留国有企业(SOE)或私营企业(POE)的样本,最终获得 11740 只债券。表 6.1 报告了本章的样本分布。本章最终获得了5464 个城投债、4998 个其他 SOE 债券和 1278 个 POE 债券的数据。

表 6.1　中国债券市场数据的描述性统计

年度	城投债			非城投国企债			民营企业债		
	ETCB	EB	MTN	ETCB	EB	MTN	ETCB	EB	MTN
2010	1	18	1	3	20	0	0	2	0
2011	0	11	1	5	25	1	1	2	0
2012	7	141	12	17	85	9	5	12	0
2013	13	357	17	3	87	19	7	16	0
2014	12	620	98	5	110	76	8	7	2
2015	105	353	214	133	160	285	88	13	20
2016	393	669	266	539	234	286	275	12	44
2017	224	474	346	553	225	386	236	4	120
2018	292	290	529	805	214	713	283	12	109
总计	5464			4998			1278		

本章从 WIND 收集发行人的债券特征和财务指标。债券发行人必须按照《中华人民共和国证券法》提交季度财务报告。因此,尽管 85% 的债券发行人是非上市公司,但可以获取其财务指标,本章将使用上一季度财务报告中的数据。所有企业级财务指标均已按年份进行了分类。变量的定义在附录表中显示。债券每日交易数据和宏观经济数据可从 CSMAR 获得。

二、数据说明

(一)隐性担保的存在

本章使用信用利差(Spread)来衡量债券的融资成本。参考 Ang et al. (2019),信用利差是债券收益率与匹配的国债收益率之间的差额,匹配的国债具有与债券相同的现金流量特征,并且具有相同的发行日期和到期日。本章也使用 Amstad 和 He(2019)的第二个信用利差指数 SpreadCDB,定义为债券收益率减去匹配的国家开发银行收益率,结果是稳健的。

表 6.2Panel A 将城投债和其他国有企业债券与民营企业债券进行了比较,以揭示政府隐性担保的存在。民营企业被视为没有政府担保,因此本章以民营企业为基础。表 6.2 中 Panel A 中的比较表明,城投债、中央国有企业和地方国有企业中存在政府隐性担保。从融资成本的角度来看,变量 Spread显示,中央国有企业的融资成本最低,而民营企业的融资成本最高。平均而言,城投债和地方国有企业债券的利差也显著低于民营企业债券,分别为84.8 和 80.7 个基点,中央国有企业债券的融资成本比民营企业低 174.6 个基点。两者的差异在经济和统计上都很显著。从到期日看,城投债的到期期限比民营企业债券明显更长,平均大约要长 2 年左右。两种差异都暗示着城投债存在政府的隐性担保。从债务发行人的表现来看,此表显示,城投债的发行人地方政府融资平台的 ROA 低于民营企业。中央国有企业的成长率甚至更低,ROA 也更低。尽管城投债的 ROA 较低,但与民营企业债券相比,城投债具有较低的融资成本和更长的期限。这可能是政府隐性担保所致。城投债与地方国有企业相似,中央国有企业的融资成本最低,尽管其增长率和 ROA 均低于民营企业,因为中央国有企业的政府担保甚至更高。

表 6.2Panel B 进一步确定了差异是否源于信用评级。本章通过对债券的信用等级进行排序来记录债券的发行情况。大多数债券被评为 AAA、AA+和 AA。只有 2 个城投债、3 个地方国有企业债券和 4 个民营企业债券被评为 AA-。Chen et al. (2020a)报告了更多的 AA 级债券,因为他们在2014 年 6 月 9 日至 2015 年 6 月 8 日的样本期内使用了债券的信用评级。由于本章的变量是发行期间的信用利差,因此只记录了发行时的评级。除去这9 个债券和信用评级缺失的债券,Panel B 显示城投债与民企债具有相似的信用评级分布,而大多数中央国有企业均为 AAA 评级。利差的中位数仍显示 4

个类别的差异。城投债的利差比相同信用评级的民营企业债券低 76—94 个基点。这个结果表明城投债有更低的融资成本。

表 6.2　隐性担保的存在

Panel A.隐性担保的存在

变量	城投债	央企债	地国企债	民企债	城投债 vs. 民企债	英企债 vs. 民企债	地方国企 vs. 民企债
	(1)	(2)	(3)	(4)	(5)	(6)	(7)
Spread	2.428	1.530	2.469	3.276	−0.848***	−1.746***	−0.807***
	(2.389)	(1.449)	(2.417)	(3.400)	(−1.011***)	(−1.951***)	(−0.983***)
BondSize	1199.271	2337.453	1095.614	1007.464	191.807***	1329.989***	88.15***
	(1000)	(1840)	(1000)	(700)	(300***)	(1140***)	(300***)
Maturity	6.141	5.085	5.858	4.190	1.951***	0.895***	1.668***
	(7.000)	(5.000)	(5.000)	(5.000)	(2.000***)	(0.000***)	(0.000***)
RateAAA	0.282	0.817	0.271	0.174	0.108***	0.643***	0.097***
	(0.000)	(1.000)	(0.000)	(0.000)	(0.000***)	(1.000***)	(0.000***)
FirmSize	10.205	12.141	10.206	10.277	−0.072*	1.864***	−0.071**
	(9.980)	(12.254)	(10.064)	(10.230)	(−0.250***)	(2.024***)	(0.166***)
Leverage	51.945	69.368	53.078	60.503	−8.558***	8.865***	−7.425***
	(53.518)	(73.197)	(55.426)	(63.170)	(−9.652***)	(10.027***)	(−7.744***)
Salegrowth	0.351	0.180	0.365	0.464	−0.113	−0.284***	−0.099
	(0.090)	(0.094)	(0.098)	(0.174)	(−0.084)	(−0.080***)	(−0.076***)
ROA	1.779	2.575	1.662	4.469	−2.690***	−1.894***	−2.807***
	(1.449)	(2.145)	(1.309)	(3.495)	(−2.046***)	(−1.350***)	(2.186***)

Panel B.信用利差随信用评级的分布情况

变量	城投债		央企债		地方国企债		民企债	
	(1)	(2)	(3)	(4)	(5)	(6)	(7)	(8)
Credit Rating	观测值	Spread	观测值	Spread	观测值	Spread	观测值	Spread

续表

AAA	1541	1.599	1068	1.359	2483	1.712	222	2.541
AA+	1422	2.399	144	1.779	2409	2.333	445	3.249
AA	2121	2.929	41	2.370	3283	2.897	512	3.687

注:***、**、*分别表示在 1%、5%、10% 水平上显著,下同。

(二)经济发展的影响

表 6.3 按照年份报告了按行政区域划分的债券平均信用利差。根据地区人均 GDP 的十分位数,本章将样本分为 10 个子样本,最低的一组表示为 1,最高的一组表示为 10。结果表明,在平均 GDP 较高的发达地区,债券利差相对较低。其中,2010 年存在的异常可能是由于该年发行的债券数量相对较少,这极大地受到了极值的影响。本章将在第五节中进一步讨论宏变量对债券利差的影响。本章还通过在表 6.3 的 Panel B 中对城市水平 GDP 进行排序对样本进行了划分,其结果与表 4.3 的 Panel A 一致。

表 6.3 不同区域的信用利差分布

排序	2010 年	2011 年	2012 年	2013 年	2014 年	2015 年	2016 年	2017 年	2018 年
Panel A. 按照省级人均 GDP 排序									
1(最低)	2.141	3.461	3.233	2.984	3.058	2.465	2.388	2.886	3.440
2	2.308	3.153	3.362	2.815	3.194	2.708	2.073	2.564	3.241
3	2.320	2.128	3.013	2.796	3.074	2.683	2.278	2.669	3.103
4	2.433	4.151	3.203	2.900	2.992	2.497	1.928	2.626	2.988
5	1.508	1.955	3.371	3.017	2.956	2.269	1.962	2.604	2.702
6	1.661	2.411	3.265	2.838	2.644	2.111	1.614	2.315	2.569
7	2.499	2.270	3.355	2.943	2.892	2.487	1.755	2.475	2.919
8	1.014	2.065	2.858	2.921	3.010	2.452	1.880	2.544	2.825
9	0.825	3.141	1.573	2.531	2.418	1.866	1.469	2.321	2.004
10(最高)	0.898	1.632	2.060	1.876	2.195	1.759	1.442	1.748	1.875

续表

排序	2010 年	2011 年	2012 年	2013 年	2014 年	2015 年	2016 年	2017 年	2018 年
Panel B.按照市级人均 GDP 排序									
1(最低)	2.643	3.578	3.667	3.278	3.294	2.864	2.492	2.878	3.579
2	1.906	1.885	3.310	2.989	3.095	2.579	2.098	2.823	3.669
3	2.517	3.199	3.319	2.964	3.021	2.477	2.005	2.664	3.145
4	2.644	2.725	3.507	2.892	2.889	2.435	2.156	2.709	3.187
5	1.492	2.827	2.993	2.980	3.002	2.130	1.863	2.563	2.851
6	1.202	3.228	2.949	2.524	2.776	2.439	1.771	2.494	2.772
7	0.969	2.383	2.760	2.771	2.481	2.003	1.294	2.358	2.712
8	0.949	2.269	1.590	2.339	2.336	1.681	1.375	2.244	2.681
9	0.949	2.508	1.677	1.883	2.275	2.096	1.820	2.432	2.301
10(最高)	1.879	1.744	2.898	2.501	2.545	1.942	1.558	2.340	2.445

第四节　实证结果

一、信用利差和隐性担保

首先,本章使用下列基准模型:

$$\text{Spread}_i = \beta_1 \text{Treated}_i + \gamma_1 \text{Macro}_{p,t-1} + \gamma_2 \text{Bond}_i + \gamma_3 \text{Issuer}_{j,t-1} + \alpha_s + \alpha_p + \alpha_t + \varepsilon_I$$

$$(6\text{-}1)$$

其中,Spread_i 等于债券 i 的票面利率减去同期限的国债利率。Treated_i 是一个虚拟变量,当债券 i 属于实验组时为 1,属于控制组时为 0。本章将民营企业债券定义为控制组。实验组分别分为国有企业债券、中央国有企业债券、地方国有企业债券和城投债。Macro 包括两个宏观变量(Erel et al.,2015),即私人部门雇佣率(PrivateSector)以及在省份 p 的上市企业的市值除以

GDP（MarketCap）。Bond 表示债券特征控制变量，包括 5 个债券特征变量，包括信用评级（RateAAA）、债券发行额的对数值（Bondsize）、债券期限的对数值（lnMaturity）以及是否是企业债（EB，Chen et al.，2020a）或者是中期票据（MTN，Yang et al.，2018）。Issuer 包含 5 个发债主体变量，公司资产的对数值（FirmSize）、资产负债率（Leverage）、销售增长率（Salegrowth）、资产回报率（ROA）、公司年龄（Age）。α_s、α_p 和 α_t 分别表示行业固定效应、省份固定效应和时间固定效应。

表 6.4 显示了回归结果。列（1）是遵循 Ang et al.（2019）的基准模型。在列（2）的回归中，本章引入 Erelet al.（2015）两个影响因子；PrivateSector 表示控制了贷款比例，MarketCap 控制 p 省股票市场的融资情况。列（3）表明国有企业的发展成本比民营企业低 1.004%。列（4）—列（6）说明中央国有企业、地方国有企业、地方政府融资平台的融资成本分别比民营企业低 1.259%、0.984% 和 0.967%，本章发现中央国有企业的系数低于地方国有企业，证明了中央国有企业存在来自中央政府的更强的隐性担保。在列（6）中，本章定义 MCB_i 为 $Treated_i$，当发债主体是地方政府融资平台时为 1，当发债主体为民营企业时为 0。结果证明城投债的平均信用利差比民营企业债低 0.967%。

表 6.4　隐性担保的效应

变量	(1)	(2)	(3)	(4)	(5)	(6)
SOEvsPOE			−1.004***			
			(0.027)			
CentralSOEvsPOE				−1.259***		
				(0.048)		
LocalSOEvsPOE					−0.984***	
					(0.029)	
MCBvsPOE						−0.967***
						(0.033)
PrivateSecter		−1.151***	−1.197***	−0.779*	−1.179***	−0.796***
		(0.168)	(0.158)	(0.418)	(0.180)	(0.216)

续表

变量	(1)	(2)	(3)	(4)	(5)	(6)
MarketCap		0.129***	0.116***	0.063	0.084*	0.097**
		(0.028)	(0.026)	(0.042)	(0.043)	(0.040)
RateAAA	−0.703***	−0.707***	−0.598***	−0.615***	−0.594***	−0.628***
	(0.020)	(0.020)	(0.019)	(0.044)	(0.021)	(0.026)
lnBondSize	−0.109***	−0.110***	−0.080***	−0.021	−0.097***	−0.085***
	(0.013)	(0.013)	(0.013)	(0.023)	(0.014)	(0.017)
lnMaturity	−0.387***	−0.405***	−0.259***	−0.167***	−0.305***	−0.223***
	(0.030)	(0.030)	(0.028)	(0.059)	(0.032)	(0.041)
EB	0.055**	0.059**	0.088***	0.158**	0.062**	0.025
	(0.024)	(0.024)	(0.023)	(0.076)	(0.025)	(0.032)
MTN	−0.326***	−0.331***	−0.229***	−0.101***	−0.277***	−0.297***
	(0.019)	(0.019)	(0.018)	(0.035)	(0.020)	(0.027)
FirmSize	−0.125***	−0.126***	−0.145***	−0.109***	−0.157***	−0.127***
	(0.010)	(0.010)	(0.009)	(0.017)	(0.010)	(0.013)
Leverage	0.005***	0.005***	0.003***	0.013***	0.003***	0.003***
	(0.001)	(0.001)	(0.001)	(0.001)	(0.001)	(0.001)
Salegrowth	0.000	0.001	0.000	0.012*	−0.000	−0.002
	(0.003)	(0.003)	(0.002)	(0.007)	(0.002)	(0.003)
Age	−0.004***	−0.004***	−0.005***	−0.005***	−0.005***	−0.007***
	(0.001)	(0.001)	(0.001)	(0.002)	(0.001)	(0.001)
ROA	−0.001	−0.001	−0.037***	−0.020***	−0.034***	−0.027***
	(0.003)	(0.003)	(0.003)	(0.005)	(0.003)	(0.004)
Intercept	4.403***	4.755***	5.452***	3.870***	5.862***	5.128***
	(0.174)	(0.216)	(0.204)	(0.418)	(0.236)	(0.272)

续表

变量	（1）	（2）	（3）	（4）	（5）	（6）
Year FE	是	是	是	是	是	是
Province FE	是	是	是	是	是	是
Industry FE	是	是	是	是	是	是
观测值个数	11184	11184	11184	2421	9960	6408
调整后的 R^2	0.486	0.488	0.546	0.694	0.515	0.545

由于城投债可能比民营企业债券有更高的信用评级,因此本章在表 6.5 中进一步对比了评级匹配的样本。列（1）和列（3）汇报了未匹配的样本的回归结果。列（2）和列（4）汇报了使用区域、年份、信用评级进行最近无放回的倾向得分匹配（PSM）的样本。回归结果是一致的,MCB vs POE 的系数显著为负。地方政府融资平台比民营企业有更低的融资成本,约为 90 个基点。

表 6.5 隐性担保效应:MCBs vs POEs

变量	（1）	（2）	（3）	（4）
MCBvsPOE	−0.917***	−0.886***	−0.967***	−0.872***
	(0.033)	(0.056)	(0.033)	(0.055)
Bond	是	是	是	是
Issuer	是	是	是	是
Macro	是	是	是	是
Year FE	是	是	是	是
Province FE	否	否	是	是
Industry FE	是	是	是	是
PSM	否	是	否	是
观测值个数	6408	5060	6408	5060
调整后的 R^2	0.522	0.521	0.545	0.551

二、行政级别的影响

地方政府融资平台的不同行政级别提供了不同程度的隐性担保。一般而言,更高行政级别的地方政府融资平台发行债券时会由于较低的系统性风险而有更低的发行利差,因此本章研究不同行政级别的差异:

$$Spread_i = \beta_1 \text{Administration}_j + \gamma_1 \text{Macro}_{p,t-1} + \gamma_2 \text{Bond}_i + \gamma_3 \text{Issuer}_{j,t-1} +$$
$$\alpha_s + \alpha_p + \alpha_t + \varepsilon_i \tag{6-2}$$

其中 Administration 代表第 j 个地方政府融资平台的行政级别。本章将地方政府融资平台的行政级别划分为 3 种:CapitalLevel、PrefecturalLevel 和 CountyLevel. CapitalLevel 是虚拟变量,当发债主体为地方政府融资平台,且其行政级别为省级、省会城市或计划单列市的市级平台时为 1,若发债主体为民营企业为 0。PrefecturalLevel 是虚拟变量,当发债主体为地方政府融资平台且该平台为地级市级别时为 1,当发债主体为民营企业时为 0。CountyLevel 是虚拟变量,若发债主体是县级地方政府融资平台时为 1,当发债主体为民营企业时为 0。

表 6.6 证明地方政府融资平台的不同行政级别对信用利差产生影响。和民营企业债相比,行政级别越高的城投债信用利差越低。在列(1)、(3)、(5)中,CapitalLevel 的系数证明省级地方政府融资平台的债券平均利差比民营企业低 1.413%,这意味着省级政府提供了最强的隐性担保,其次是地级市级别的政府,县级政府提供的隐性担保最弱。本章在列(2)、(4)、(6)中控制了信用级别固定效应,其结果和列(1)、(3)、(5)是一致的。这为 Bardhan (2016)和 Huang et al. (2017)提出的政治分权提供了一个较强的证据。他们认为中国政府由于国有企业的较差业绩而表现出去中心化的特征,本章从城投债的角度提供了支持。

表 6.6 不同行政级别的隐性担保

变量	(1)	(2)	(3)	(4)	(5)	(6)
CapitalLevel	−1.413***	−1.413***				
	(0.040)	(0.040)				
PrefecturalLevel			−0.919***	−1.008***		
			(0.047)	(0.0450)		

变量	(1)	(2)	(3)	(4)	(5)	(6)
CountyLevel					-0.828^{***}	-0.910^{***}
					(0.063)	(0.064)
Bond	是	是	是	是	是	是
Issuer	是	是	是	是	是	是
Macro	是	是	是	是	是	是
Year FE	是	是	是	是	是	是
Province FE	是	是	是	是	是	是
Industry FE	是	是	是	是	是	是
CreditRating FE	否	是	否	是	否	是
观测值个数	3727	3727	3918	3918	2714	2714
调整后的 R^2	0.636	0.659	0.511	0.531	0.472	0.501

三、隐性担保与显性担保

一些信用债为了增加市场信心而成功发行,从而有显性担保。然而,市场会根据担保人的性质作出不同的反应。本章研究不同性质担保人的影响:

$$\text{Spread}_i = \beta_1 \text{Guarantee}_i + \gamma_1 \text{Macro}_{p,t-1} + \gamma_2 \text{Bond}_i + \gamma_3 \text{Issuer}_{j,t-1} +$$
$$\alpha_s + \alpha_p + \alpha_t + \varepsilon_i \tag{6-3}$$

其中 Guarantee_i 是虚拟变量,表示债券 i 的担保人性质。本章使用 3 种变量 DummyGuarantee、ExGovGuarantee 和 ImGovGuarantee,分别表示不同性质的担保人,并且使用倾向得分匹配方法对信用评级、时间、省份、行业对实验组和控制组进行匹配。

DummyGuarantee 等于 1 表示该债券有担保,否则为 0。表 6.7 列(1)中 DummyGuarantee 的系数是正的,这表明担保债券的利差要比无担保债券高 0.241%。第二个变量,ExGovGuarantee 是一个虚拟变量,当债券发行的担保人为政府或国有企业表示存在显性政府担保,此时为 1,否则为 0。列(2)的结果表示显性政府担保利差要比无担保债券高 0.156%。

第三个变量为 ImGovGuarantee,是虚拟变量,用来衡量政府的隐性担保效应。本章仅使用无担保债券样本。若发债主体是国有企业,本章认为其受到了政府隐性担保的支持,则 ImGovGuarantee 变量记为 1,否则为 0。这是因为无担保国有企业债券主要受到了政府的隐性担保,为了达到政治目标会预防债券违约。列(3)显示 ImGovGuarantee 的系数显著为负,证明了国有企业债券的利差由于存在隐性担保,比其他无担保债券低 1.074%。

在列(4)—列(6)中,本章进一步引入了城投债的交叉项来研究城投债和民营企业债的影响。本章汇报了没有经过 PSM 的回归结果来探究结论是否能够拓展到一般样本中。这里的样本拓展到所有的城投债和民营企业债。列(1)—(3)中的 ImGovGuarantee 等于列(4)—(6)中的 MCBvsPOE。因此,这里的 3 个回归结果表明这两种担保都是显著的。隐性担保降低了利差,而显性担保增加了城投债的利差。但是对于民营企业债来说显性担保具有降低利差的显著作用。

表 6.7　不同担保的影响

变量	全样本			城投 vs. 民企		
	(1)	(2)	(3)	(4)	(5)	(6)
MCBvsPOE				−1.001***	−1.011***	−0.967***
				(0.0340)	(0.034)	(0.033)
DummyGuarantee	0.241***			−0.191***		
	(0.043)			(0.067)		
ExGovGuarantee		0.156***			−0.345***	
		(0.047)			(0.089)	
ImGovGuarantee			−1.074***			
			(0.039)			
DummyGuarantee× MCBvsPOE				0.306***		
				(0.071)		
ExGovGuarantee× MCBvsPOE					0.480***	
				·	(0.092)	
Bond	是	是	是	是	是	是
Issuer	是	是	是	是	是	是
Macro	是	是	是	是	是	是

变量	全样本			城投 vs. 民企		
	(1)	(2)	(3)	(4)	(5)	(6)
Year FE	是	是	是	是	是	是
Province FE	是	是	是	是	是	是
Industry FE	是	是	是	是	是	是
PSM	是	是	是	否	否	否
观测值个数	2344	1973	8570	6408	6272	6408
调整后的 R^2	0.492	0.462	0.569	0.546	0.543	0.545

第五节　机制分析

一、政府干预

这一部分解释了为什么信用利差如表 6.3 中显示的那样在区域上有相异性。首先,本章研究了政府干预的影响:

$$\text{Spread}_i = \beta_1 \text{MCB}_i + \beta_2 \text{GovInt}_{p,t-1} \beta_3 \text{GovInt}_{p,t-1} \times \text{MCB}_i +$$
$$\gamma_1 \text{Macro}_{p,t-1} + \gamma_2 \text{Bond}_i + \gamma_3 \text{Issuer}_{j,t-1} + \alpha_s + \alpha_t + \varepsilon_i \quad (6\text{-}4)$$

其中,$\text{GovInt}_{p,t-1}$ 衡量了政府干预在省份 p 的强度。本章使用两种测度方式,一个是公共部门、社会团体和社会组织人数占总雇佣人数的比重(GovInt1),另一个是政府支出占当地 GDP 的比重(GovInt2)。

表 6.8 汇报了公式(6-4)的回归结果。列(1)和列(2)比较了城投债和民营企业债。列(3)和列(4)比较了城投债和地方国有企业债。基于 GDP 的政府干预 GovInt2 的系数显著为正,这有助于解释表 6.3 的结果。在政府干预较强的省份,市场化程度相对较低,这扭曲了企业实现利润最大化的目标,公司的正常运营受到政府的干预,风险在增加,因此信用利差增加。

在列(1)和列(2)中,MCB_i 是一个虚拟变量,当债券发行人是地方政府融资平台时,它等于 1,但是当债券发行人是民营企业时,它等于 0。在列(3)和(4)中,MCB_i 是一个虚拟变量,当发行者是地方政府融资平台时等于 1,而当发行者是地方国有企业等于 0。本章发现,与民营企业债相比,列(1)中城投债的系数显著为正,这意味着城投债比民营企业债利差低约 0.78%,这和前文的研究是一致的。在列(3)和列(4)中城投债和地方国有企业债券无显著差异。基于就业的政府干预出现在第(1)列中,但在第(3)列中不显著。这意味着基于 GDP 的政府干预的效果是稳健的,但是基于就业的政府干预仅出现在包括民营企业债券在内的样本中。交叉项的系数不显著,这表明本章结论是稳健的。

表 6.8　政府干预对债券信用利差的影响

变量	城投 vs. 民企		城投 vs. 国企	
	(1)	(2)	(3)	(4)
MCB	-0.702^{***}	-0.788^{***}	-0.087	-0.018
	(0.142)	(0.160)	(0.101)	(0.100)
GovInt1	0.177^{***}		0.042	
	(0.059)		(0.042)	
GovInt2		1.589^{**}		0.858^{**}
		(0.702)		(0.394)
GovInt1×MCB	-0.081		0.049	
	(0.060)		(0.043)	
GovInt2×MCB		-0.473		0.205
		(0.714)		(0.417)
Bond	是	是	是	是
Issuer	是	是	是	是
Macro	是	是	是	是
Year FE	是	是	是	是
Industry FE	是	是	是	是
PSM	是	是	是	是
观测值个数	5060	5060	5281	5281
调整后的 R^2	0.524	0.526	0.513	0.515

二、隐性担保的宏观异质性

在这一部分,本章讨论了不同宏观环境的影响:

$$\text{Spread}_i = \beta_1 \text{Fiscal}_{r,t-1} + \gamma_2 \text{Bond}_i + \gamma_3 \text{Issuer}_{j,t-1} + \alpha_s + \alpha_t + \varepsilon_i \quad (6\text{-}5)$$

其中,Fiscal 表示发行主体所在地的财政情况。这里本章同时考虑省级和地级市级的财政情况。省级变量包括人均 GDP 的对数值,$(\ln \text{perGDP}_{p,t-1})$、房地产部门 GDP 占比的对数值($\text{RealEstateGDP}_{p,t-1}$)、房产税占税收收入比例的对数值($\text{RealEstateTax}_{p,t-1}$)、地方政府融资平台所在城市的房价增长率($\text{HousePriceGrowth}_{p,t-1}$)。城市级别的变量包括地方政府融资平台所在地级市的人均 GDP 对数值($\ln \text{percityGDP}_{c,t-1}$)和金融机构贷款余额与 GDP 之比($\text{PrivateCredite}_{c,t-1}$)。因为 Macro 包括了省级层面的变量,本章在这一部分排除了这些因素的影响

本章在表 6.9 中使用城投债子样本来检验公式(6-5)。本章仅关心政府财政情况对地方政府融资平台的影响,因为地方政府融资平台和地方政府之间有强烈的纽带关系。列(1)至列(6)研究了单个省级财政变量的影响。列(7)考虑了全部变量。本章使用当地 GDP 作为省的财政情况的代理变量。首先,从当地 GDP 的效果来看,列(1)、列(7)和列(8)都证明了在经济状况更好的省份,信用利差会下降得更多。列(7)证明 GDP 的影响要强于其他因素,这和本章之前的发现是一致的。当地 GDP 提高 1%,城投债发行利差会下降0.4%,在城市层面则更加显著。

表 6.9　区域财政状况和信用利差

变量	(1)	(2)	(3)	(4)	(5)	(6)	(7)	(8)	(9)	(10)
lnperGDP	−0.395***						−0.414***			
	(0.025)						(0.056)			
RealEstateGDP		−0.161***					−0.210***			
		(0.012)					(0.049)			
RealEstateTax			−0.178***				0.149***			
			(0.012)				(0.051)			
HousePrice Growth				−0.475***			0.023			
				(0.172)			(0.177)			

续表

变量	(1)	(2)	(3)	(4)	(5)	(6)	(7)	(8)	(9)	(10)
GovInv1					0.043***		0.004			
					(0.014)		(0.018)			
GovInv2						1.657***	−0.634*			
						(0.137)	(0.324)			
lnpercityGDP								−4.583***		−4.401***
								(0.262)		(0.274)
PrivateCredit									−0.138***	−0.058***
									(0.019)	(0.019)
Bond	是	是	是	是	是	是	是	是	是	是
Issuer	是	是	是	是	是	是	是	是	是	是
Year FE	是	是	是	是	是	是	是	是	是	是
Industry FE	是	是	是	是	是	是	是	是	是	是
观测值个数	5211	5211	5211	5192	5211	5211	5192	4158	4146	4123
调整后的 R^2	0.511	0.507	0.508	0.488	0.489	0.502	0.513	0.526	0.497	0.526

　　其次，本章还考虑了 Ang et al.（2019）提出的房地产部门带来的影响。本章使用 3 个变量来表明房地产的影响，即房地产行业产值在 GDP 中的占比、房地产税在税收中的占比和房价的增长率。回归结果显示，当房地产 GDP 增长 1％时，发行信用利差将下降 0.161％，并在 1％的水平上显著。第（5）列和第（6）列中的结果表明，政府干预的程度越大，城投债的信用利差越小。通过在列（7）中添加所有省变量，lnperGDP$_{p,t-1}$ 和 RealEstateGDP$_{p,t-1}$ 仍会产生显著的负面影响。这意味着城投债在发达省份有更低的融资成本。

　　最后，进一步考虑银行贷款的影响，本章保留最强的影响因子 GDP，但在城市一级添加 PrivateCredit，即金融机构贷款余额与 GDP 的比率。列（8）—（10）证明了这两个城市层面因素的重大影响。无论是将它们分别还是一起放在回归中，系数都是负的。GDP 仍然具有重大的负面影响。从银行贷款角度而言，更高的金融机构贷款余额意味着公司更容易获得银行贷款，本章的结果表明，如果 PrivateCredit$_{c,t-1}$ 增加 1％，则利差减少 0.138％。但是如果将经济发展的影响视为列(10)所示,它的影响很小,仅为 0.058%。

　　为了进一步减少内生性,本章引入一个外生变量来预测 lnperGDP。COVID-19 爆发对全球经济是一个外生冲击,最近的一些文献检验了疫情和经济发展的关系,例如 Jia et al.(2020)、Fang et al.(2020)和 Qiu et al.(2020)。本章引入一个疫情和人均区域医疗卫生支出的交叉项和滞后一期的 GDP 作为第一阶段来预测区域经济发展[①]。两阶段回归模型如下:

$$\text{lnperGDP}_{p,t}=\beta_1 \text{lnHealthExpenditure}_{p,t-1}\times \text{Pandemic}+$$
$$\gamma_1 \text{lnperGDP}_{p,t-1}+\alpha_p+\alpha_t+\varepsilon_i \tag{6-6}$$

$$\text{Spread}_i=\beta_1 \widehat{\text{lnperGDP}}_{p,t-1}+\gamma_2 \text{Bond}_i+\gamma_3 \text{Issuer}_{j,t-1}+\alpha_s+\alpha_t+\varepsilon_i \tag{6-7}$$

其中,lnHealthExpenditure 是人均医疗卫生支出的对数值。Pandemic 是一个虚拟变量,表明在 2020 年 4 月 8 日,若当地累计确诊率高于累计确诊率中位数,则为 1,否则为 0。2020 年 4 月 8 日是武汉解封日,表明疫情之后发展趋于稳定,本章也使用死亡率和治愈率进行稳健性检验,结果是稳健的。表 6.10 汇报稳健性检验结果。

表 6.10　2SLS 回归结果

变量	(1)	(2)	(3)
	1 阶段:lnperGDP	2 阶段:Spread	2 阶段:Spread
lnHealthExpenditure ×Pandemic	0.022***		
	(0.0061)		
lnperGDP$_{t-1}$	0.875***		
	(0.0237)		
$\widehat{\text{lnperGDP}}_{t-1}$		−0.476***	−0.558***
		(0.020)	(0.044)
RealEstateGDP			−0.101***
			(0.034)
RealEstateTax			0.046
			(0.037)

　　① 这种工具变量与 Di Maggio 和 Kermani(2017)、Ru(2018)所使用的交叉项类似。

续表

变量	（1） 1 阶段：lnperGDP	（2） 阶段 2：Spread	（3） Step 2：Spread
HousePriceGrowth			0.257**
			(0.123)
GovInv1			3.912***
			(1.324)
GovInv2			−1.258***
			(0.236)
Bond	否	是	是
Issuer	否	是	是
Year FE	是	是	是
Industry FE	否	是	是
观测值个数	341	11184	11142
调整后的 R^2	0.989	0.464	0.464

第六节　进一步研究

一、43 号文的冲击

2014 年 9 月国务院发布 43 号文件，要求地方政府减少隐性担保，因此城投债的信用利差应该上升。图 6.4 中的实线显示了城投债的平均信用利差。6.4(a)比较了城投债和地方国有企业债券，结果显示在冲击前后二者并没有表现出显著差异。6.4(b)比较了城投债和民营企业债券，结果显示 2014 年之后城投债的利差仍然较低。这说明尽管中央政府试图加速债券市场的市场化进程，但是隐性担保仍然存在。为了减少其他因素的影响，本章使用了对信用评级、年份、省份匹配后的样本。

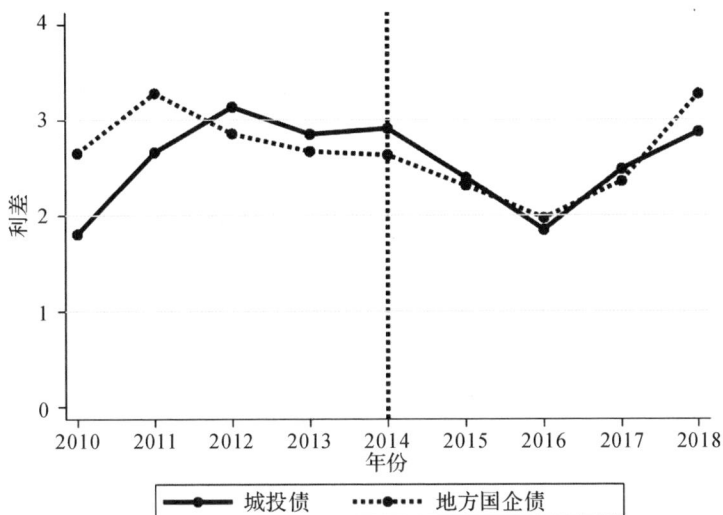

(a) 城投 vs. 地方国企债

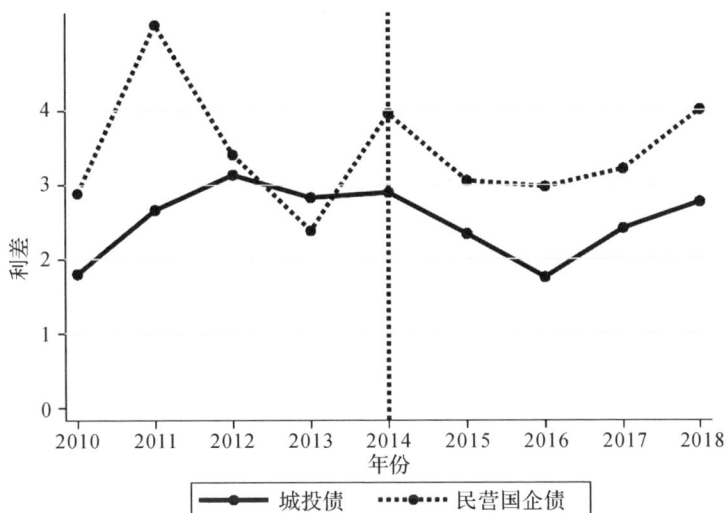

(b) 城投 vs. 民营企业债

图 6.4　不同债券信用利差的时间趋势

本章使用双重差分模型来研究 43 号文：

$$\text{Spread}_i = \beta_1 \text{MCB}_i + \beta_2 \text{MCB}_i \times \text{Post} + \gamma_1 \text{Macro}_{p,t-1} + \gamma_2 \text{Bond}_i +$$
$$\gamma_3 \text{Issuer}_{j,t-1} + \alpha_s + \alpha_p + \alpha_t + \varepsilon_i \tag{6-8}$$

其中，$Post_t$ 是虚拟变量，当债券发行时间晚于 2014 年 9 月 28 日时为 1，α_s 表示行业固定效应，α_p 表示省份固定效应，α_t 表示年份固定效应。表 6.11 列（2）和列（4）是倾向得分匹配后的双重差分模型的回归结果，本章匹配了债券的信用评级、发行年份和主体所在省份。

表 6.11 证明了城投债和地方国有企业债券与民营企业债券的异质性和 43 号文冲击前后的结构变化。列（1）和列（2）是城投债和地方国有企业债券进行比较。本章在列（1）中使用了未匹配的样本，在列（2）中使用了匹配后的样本，二者的回归结果是一致的。MCB 的系数显著为正，交叉项 MCB×Post 的系数显著为负。城投债在 43 号文之前，发行利差比地方国有企业债券高 0.27%，在 43 号文之后低了 0.022%。使用匹配后的样本，城投债利差下降了 0.28%。列（3）和列（4）展示了和民营企业债券比较的结果。MCB 和交叉项 MCB×Post 的系数都是负向显著的，这表明城投债的利差在冲击前比民营企业债低了 0.3%，并在冲击后更低。无论本章是否使用匹配样本，城投债有约 1% 的更低的融资成本。

表 6.11　43 号文的冲击

变量	(1)	(2)	(3)	(4)
MCBvsLocalSOE	0.271***	0.230***		
	(0.041)	(0.053)		
MCBvsLocalSOE×Post	−0.293***	−0.510***		
	(0.043)	(0.054)		
MCBvsPOE			−0.359***	−0.289***
			(0.068)	(0.075)
MCBvsPOE×Post			−0.587***	−0.633***
			(0.063)	(0.066)
Bond	是	是	是	是
Issuer	是	是	是	是
Macro	是	是	是	是
Year FE	是	是	是	是
Industry FE	是	是	是	是
PSM	否	是	否	是

续表

变量	(1)	(2)	(3)	(4)
观测值个数	9150	5724	6408	5741
调整后的 R^2	0.479	0.502	0.528	0.519

　　表 6.12 进一步从行政级别角度研究了 43 号文前后的影响,本章分别考虑了省级和地级市级平台。对于省级平台发行的城投债,本章根据发债主体所在省份 GDP 排名将样本分为 10 组。GDP 最高的组记为 High GDP,GDP 最低的组记为 Low GDP。对于地级市级平台本章根据地方政府融资平台所在城市 GDP 也分为 10 组。表 6.12 显示了在冲击之后,每个区域的平均利差。在列(1)中,对于省级平台,本章发现在高 GDP 省份的城投债利差比低GDP 省份低 0.504%。列(2)显示在冲击后这种差异增强了,达到了 0.568%。对于地市级平台发行的城投债,本章发现这种差异仍然是显著的,在冲击前高 GDP 区域城投债利差比低 GDP 区域低 0.222%。在冲击之后,不同 GDP 城市的城投债的差异的显著性消失了。因此,本章发现在 43 号文实施之后,无论是省级平台还是市级平台,城投债的平均利差都减少了。

表 6.12　43 号文前后不同行政级别的城投债利差

变量	CapitalLevel MCBs		PrefecturalLevel MCBs	
Spread	(1)Pre Document 43	(2)Post Document 43	(3)Pre Document 43	(4)Post Document 43
High GDP region	2.418	1.675	3.144	2.783
Low GDP region	2.922	2.243	3.366	2.937
High-Low	−0.504***	−0.568***	−0.222**	−0.154

二、市场追逐隐性担保

　　最后,本章研究为什么信用利差即使在政府希望对城投债市场化之后仍然减少。这可能来自市场对债券违约的担心。本章引入了变量 Default 来验证假设。回归模型如下:

$$\text{Spread}_i = \beta_1 \text{Default}_{t-1} + \beta_2 \text{Default}_{t-1} \times \text{Post} + \gamma_1 \text{Macro}_{p,t-1} +$$
$$\gamma_2 \text{Bond}_i + \gamma_3 \text{Issuer}_{j,t-1} + \alpha_s + \alpha_p + \alpha_t + \varepsilon_i \quad (6\text{-}9)$$

其中，Default 分别使用总违约金额、民营企业债券违约金额和国有企业债券违约金额表示。表 6.13 汇报了回归结果，本章使用违约债券的数量对数值和违约债券金额的对数值以及违约债券的累计值，这些结果都是一致的。

表 6.13　债券违约的影响

变量	(1)	(2)	(3)	(4)
TotalDefault	−0.219***			
	(0.012)			
LocalSOEDefault		0.091***		0.270***
		(0.011)		(0.012)
POEDefault			−0.259***	−0.408***
			(0.014)	(0.015)
Bond	Yes	Yes	Yes	Yes
Issuer	Yes	Yes	Yes	Yes
Macro	Yes	Yes	Yes	Yes
Province FE	Yes	Yes	Yes	Yes
Industry FE	Yes	Yes	Yes	Yes
Observations	5211	5211	5211	5211
Adjusted R-squared	0.400	0.367	0.401	0.443

第七节　稳健性检验

一、Bonferroni 检验

本节计算了联合分布的 Bonferroni 的上限与联合 p 值。在基准模型中，本章有 13 个控制变量和 1 个被解释变量，因此本章使用 1/13 的原 p 值（0.01/13）作为显著性标准。在表 6.14 的 Panel A 中，***、**、* 分别表示 $p < 0.00077$、p

<0.0038、p<0.0077。当本章使用严格的 Bonferroni 界限，结果仍然是显著的，与本章在表 4.4 中的基准模型一致。

二、极值边界分析(EBA)

Leamer (1983)使用极值边界分析(EBA)在信息集中对系数估计进行稳健性检验。本节使用 MCB 作为 M-变量，将 RateAAA、lnBondsize、lnMaturity 作为常态变量(I-variables)。其他变量(Z-variables)包括 MTN、Firm Size、Leverage、Salegrowth、Age、PrivateSector 和 MarketCap。从表 6.14 的 Panel B 中可以看到敏感性分析结果。在 EBA 分析中，本节不控制时间和行业的固定效应，所以回归结果中 MCB 的系数类似于表 6.4，其符号和显著性与表 6.4 的结果是一致的。$\beta_{max}+2\sigma_{max}$ 和 $\beta_{min}+2\sigma_{min}$ 有同样的符号且 β_{max} 和 β_{min} 均显著，所以结果是稳健的。

三、安慰剂检验

本章检验不同事件和 43 号文的对比结果，包括 463 号文、10 号文、88 号文、50 号文。表 6.14 Panel C 证明所有交叉项均不显著，这反映了 43 号文的重要作用。

表 6.14　稳健性检验

Panel A. Bonferroni 界限

变量	(1)	(2)	(3)	(4)	(5)	(6)
SOE			−1.004***			
			(0.027)			
CentralSOE				−1.259***		
				(0.048)		
LocalSOE					−0.984***	
					(0.029)	
MCBvsPOE						−0.917***
						(0.033)
PrivateSecter		−1.151***	−1.197***	−0.779	−1.179***	−0.839***
	(0.168)	(0.158)	(0.418)	(0.180)	(0.060)	

续表

MarketCap		0.129***	0.116***	0.063	0.084	0.014
		(0.028)	(0.026)	(0.042)	(0.043)	(0.007)
RateAAA	−0.703***	−0.707***	−0.598***	−0.615***	−0.594***	−0.682***
	(0.020)	(0.020)	(0.019)	(0.044)	(0.021)	(0.026)
lnBondSize	−0.109***	−0.110***	−0.080***	−0.021	−0.097***	−0.090***
	(0.013)	(0.013)	(0.013)	(0.023)	(0.014)	(0.018)
lnMaturity	−0.387***	−0.405***	−0.259***	−0.167**	−0.305***	−0.248***
	(0.030)	(0.030)	(0.028)	(0.059)	(0.032)	(0.041)
EB	0.055	0.059	0.088***	0.158	0.062	0.041
	(0.024)	(0.024)	(0.023)	(0.076)	(0.025)	(0.032)
MTN	−0.326***	−0.331***	−0.229***	−0.101**	−0.277***	−0.310***
	(0.019)	(0.019)	(0.018)	(0.035)	(0.020)	(0.027)
ROA	−0.001	−0.001	−0.037***	−0.020***	−0.034***	−0.031***
	(0.003)	(0.003)	(0.003)	(0.005)	(0.003)	(0.004)
Leverage	0.005***	0.005***	0.003***	0.013***	0.003***	0.002
	(0.001)	(0.001)	(0.001)	(0.001)	(0.001)	(0.001)
Salegrowth	0.000	0.001	0.000	0.012	−0.000	−0.000
	(0.003)	(0.003)	(0.002)	(0.007)	(0.002)	(0.003)
FirmSize	−0.125***	−0.126***	−0.145***	−0.109***	−0.157***	−0.110***
	(0.010)	(0.010)	(0.009)	(0.017)	(0.010)	(0.013)
Age	−0.004***	−0.004***	−0.005***	−0.005*	−0.005***	−0.008***
	(0.001)	(0.001)	(0.001)	(0.002)	(0.001)	(0.001)
Intercept	4.403***	4.755***	5.452***	3.870***	5.862***	5.538***
	(0.174)	(0.216)	(0.204)	(0.418)	(0.236)	(0.224)
Year FE	是	是	是	是	是	是
Province & Industry FE	是	是	是	是	是	是
观测值个数	11,184	11,184	11,184	2,421	9,960	6,408
调整后的 R^2	0.486	0.488	0.546	0.694	0.515	0.522

续表

Panel B. 敏感性分析

变量		β	Std. Err.	t-value	p 值	其他变量	稳健性
MCB	max	−0.580	0.032	−17.95	0.0354	Firm Size, Leverage, Salegrowth, MTN	稳健
	base	−0.672	0.032	−21.29			
	min	−0.880	0.035	−25.05	0.0254	Firm Size, Age, ROA, PrivateSecter	

Panel C. 安慰剂

变量	(1)	(2)	(3)	(4)
	463 号文	10 号文	88 号文	50 号文
MCB(vs POE)	−0.936***	−0.901***	−0.835***	−0.863***
	(0.217)	(0.093)	(0.061)	(0.058)
MCB(vs POE)×Post	0.054	0.018	−0.093*	−0.045
	(0.216)	(0.078)	(0.056)	(0.051)
Controls	是	是	是	是
PSM	是	是	是	是
Year FE	是	是	是	是
Industry FE	是	是	是	是
观测值个数	5617	5617	5617	5617
调整后的 R^2	0.507	0.507	0.507	0.507

第八节　结　论

本章发现政府担保会通过降低产业债的信用利差减少融资成本。由于隐性担保的影响,地方政府融资平台有显著更低的融资成本。根据地方政府融资平台的行政级别的差异,政府提供了不同程度的隐性担保,其中省级平台受到的担保力度最强。本章也发现了显性担保和隐性担保在城投债和民营企业债券之间的异质性。尽管显性担保减少了民营企业债券的利差，但对城投债而言如果其发行时有显性担保其利差会上升，因为这对市场来说是一个不好的信号。与显性担保相反的是，隐性担保是一个利好消息，因为相比于民营企业债券，市场对于城投债有更强的信心。

本章还从政府干预和宏观异质性两个角度分析了其机制。即使引入了两个政府干预指标，本章发现城投债仍然有比民营企业债券更低的利差。无论是使用省级还是市级人均 GDP 用于衡量区域经济发展水平，都对信用利差有最强的效应。尽管银行贷款减少了利差，但当引入经济发展时银行贷款的效应也显著下降。这些结果对于政府分权和政府干预的研究有一定的贡献。

进一步地，本章研究了市场和政府之间的博弈关系。使用 43 号文的政策冲击，在这一政策实施中，政府希望对城投债进行市场化，取消政府隐性担保，这从理论上应该增加城投债的利差。然而却发现城投债利差并没有在实施 43 号文之后上升，本章认为这可能是因为债券违约。即使政府希望收紧对地方政府债务的监管，市场仍然追求隐性担保。

附录

变量	变量说明
解释变量	
Spread	信用利差。票面利率减去同期限发行日期相同的国债利率（Ang et al. ,2019）（％）
SpreadCDB	信用利差。票面利率减去同期限发行日期相同的国开行利率（Amstad and He,2019）（％）
局部变量	
GovInt1	政府干预指标。使用政府支出除以地方政府 GDP（Hao and Lu,2018）
GovInt2	政府干预指标。公共服务、社会团体、社会组织雇员人数占总雇员人数比重（Hao & Lu,2018）
PrivateSector	各个省份私人部门的总雇佣人数除以总雇佣人数

续表

变量	变量说明
MarketCap	注册地为该省的上市公司的总市值除以省份 GDP（Erel et al.，2015）
lnperGDP	各省人均 GDP 的对数值
lnRealEstateGDP	各省房地产部门 GDP 占比的对数值
lnRealEstateTax	各省房地产税收收入在总税收收入比例的对数值
HousePriceGrowth	各个省份的房价增长率
lnpercityGDP	各个地级市的人均 GDP 对数值
PrivateCredit	各个地级市金融机构贷款余额除以 GDP（Erel et al.，2015）
lnHealthExpenditure	各个地级市的人均医疗卫生支出对数值
Pandemic	虚拟变量。当省份在 2020 年 4 月 8 日的累计确诊率高于中位数时为 1，否则为。2020 年 4 月 8 日是武汉解封日
债券特征	
MCB	城投债虚拟变量。若发债主体为地方政府融资平台则为 1，否则为 0
RateAAA	虚拟变量。若债券信评是 AAA 则为 1，否则为 0
lnBondSize	债券发行额的对数值（百万元）
lnMaturity	债券发行期限的对数值（年）
EB	虚拟变量。若为发改委审核的企业债则为 1，否则为 0
MTN	虚拟变量。若为中期票据则为 1，否则为 0
CapitalLevel	虚拟变量。若城投平台行政级别为省级或省会城市级别或计划单列市级别则为 1，否则为 0
PrefecturalLevel	虚拟变量。若城投平台行政级别为地级市级则为 1，否则为 0
CountyLevel	虚拟变量。若城投平台行政级别为县级则为 1，否则为 0
DummyGuarantor	虚拟变量。若债券有担保则为 1，否则为 0
ExGovGuarantee	虚拟变量。若债券由国有企业担保则为 1，否则为 0
ImGovGuarantee	虚拟变量。若债券发行主体为国有企业但无担保则为 1，否则为 0

续表

变量	变量说明
TotalDefault	ln（1＋违约债券数量）
LocalSOEDefault	ln（1＋地方国有企业债券违约数量）
POEDefault	ln（1＋民营企业债券违约数量）
发行人特征	
ROA	资产回报率
Leverage	资产负债率(％)
Salegrowth	当期营业收入减去上期营业收入的差除以上期营业收入
FirmSize	公司总资产的对数值
Age	公司成立日与债券发行日的年份之差

参考文献

[1] Amstad M，He Z. Chinese bond market and interbank market [M]//*The Handbook of "China's Financial System"*. Princeton University Press，2019.

[2] Ang A，Bai J，Zhou H. The great wall of debt：Real estate，political risk and Chinese local government financing cost[R]. Working papers，2019.

[3] Babina T，Jotikasthira C，Lundblad C，Ramadorai T. Heterogeneous taxes and limited risk sharing：Evidence from municipal bonds[J]. *Review of Financial Studies*，2020(34)：509-568.

[4] Bai C E，Hsieh C T，Song Z M. The long shadow of China's fiscal expansion [J]. *Brookings Papers on Economic Activity*，2016，2016(2)：129-165.

[5] Bardhan P. State and Development：The need for a reappraisal of the current literature[J]. *Journal of Economic Literature*，2016，54(3)：862-892.

[6] Benzion U，Galil K，Lahav E，Shapir O. Debt composition and lax screening in the corporate bond market[J]. *International Review of Economics Finance*，2018(56)：178-189.

[7] Bond P，Goldstein I. Government intervention and information aggregation by

prices[J]. *Journal of Finance*, 2015, 70(6):2777-2812.

[8] Borisova G, Fotak V, Holland K, Megginson M. Government ownership and the cost of debt: Evidence from government investments in publicly traded firms[J]. *Journal of Financial Economics*, 2015, 118(1):168-191.

[9] Caillaud B, Guesnerie R, Rey P, Tirole J. Government intervention in production and incentives theory: A review of recent contributions[J]. *Rand Journal of Economics*, 1988, 19(1):1-26.

[10] Chen H, Chen Z, He Z, Liu J, Xie R. Pledgeability and asset prices: Evidence from the Chinese corporate bond markets [R]. Working paper, 2020a.

[11] Chen S, Sun Z, Tang S, Wu D. Government intervention and investment efficiency: Evidence from China[J]. *Journal of Corporate Finance*, 2011, 17(2):259-271.

[12] Chen Z, He Z, Liu C. The financing of local government in China: Stimulus loan wanes and shadow banking waxes[R]. NBER Woring Paper, 2017, No. w23598.

[13] Cong L W, Gao H, Ponticelli J, Yang X. Credit allocation under economic stimulus: Evidence from China[J]. *Review of Financial Studies*, 2019, 32(9):3412-3460.

[14] Dewatripont M, Maskin E. Credit and efficiency in centralized and decentralized economies[J]. *Review of Economic Studies*, 1995, 62(4):541-555.

[15] Di Maggio M, Kermani A. Credit-Induced Boom and Bust[J]. *Review of Financial Studies*, 2017, 20(11):3711-3758.

[16] Erel I, Jang Y, Weisbach M. Do acquisitions relieve target firms' financial constraints? [J]. *Journal of Finance*, 2015, 70(1):289-328.

[17] Faccio M. Politically Connected Firms[J]. *American Economic Review*, 2006, 96(1):369-386.

[18] Fan J, Rui O, Zhao M. Public governance and corporate finance: Evidence from corruption cases[J]. *Journal of Comparative Economics*, 2008, 36(3):343-364.

[19] Fang H, Wang L, Yang Y. Human mobility restrictions and the spread of the novel coronavirus (2019-NCOV) in China[R]. NBER working paper,

2020,No. 26906.

[20] Fisman R. Estimating the value of political connections[J]. *American Economic Review*,2001,91(4):1095-1102.

[21] Fisman R,Wang Y. The mortality cost of political connections[J]. *Review of Economic Studies*,2015,82(4):1346-1382.

[22] Gao H,Ru H,Tang D. Subnational debt of china:The politics-finance nexus[J]. *Journal of Financial Economics*,2020(141):881-895.

[23] Gertler M,Klenow P. Economic fluctuations and growth[R]. NBER Reporter,2019(2):1-13.

[24] Gilchrist S,Zakrajšek E. Credit spreads and business cycle fluctuations [J]. *American Economic Review*,2012,102(4):1692-1720.

[25] Goldman E,Rocholl J,So J. Do politically connected boards affect firm value? [J]. *Review of Financial Studies*,2009,22(6):2331-2360.

[26] Hao Y,Lu J. The impact of government intervention on corporate investment allocations and efficiency:Evidence from China[J]. *Financial Management*,2018,47(2):383-419.

[27] Hart O,Zingales L. A new capital regulation for large financial institutions [J]. *American Law and Economics Review*,2011,13(2):453-490.

[28] Houston J,Jiang L,Lin C,Ma Y. Political connections and the cost of bank loans[J]. *Journal of Accounting Research*.2012,52(1):193-243.

[29] Huang J,Huang Z,Shao X. The risk of implicit guarantees:Evidence from the shadow interbank market in China[R/OL](2019-05-29). http://dx. doi. org/10. 2139/ssrn. 3395598.

[30] Huang Z,Li L,Ma G,Xu L C. Hayek,local information,and commanding heights:Decentralizing state-owned enterprises in China[J]. *American Economic Review*,2017,107(8):2455-2478.

[31] Jia J S,Lu X,Yuan Y,Xu G,Jia J,Christakis N A. Population flow drives spatio-temporal distribution of COVID-19 in China[J]. *Nature*,2020,582(7812):1-11.

[32] Jiang F X,Zhan J,Kenneth A K. Capital market,financial institutions and corporate finance in China[J]. *Journal of Corporate Finance*,2020 (63):101309.

[33] Jin S,Wang W,Zhang Z. The value and real effects of implicit government

guarantees[C]//SFS Cavalcade North America 2018,2018.

[34] Leamer E. Let's take the con out of econometrics[J]. *American Economic Review*,1983,73(1):31-43.

[35] Li H,Meng L,Wang Q,Zhou L. Political connections,financing and firm performance:Evidence from Chinese private firms[J]. *Journal of Development Economics*,2008,87(2):283-299.

[36] Lin J,Tan G. Policy burdens,accountability,and the soft budget constraint[J]. *American Economic Review*,1999,89(2):426-431.

[37] Nagano M. What promotes/prevents firm bond issuance in emerging economies:Bank-firm relationship or information asymmetry? [J]. *International Review of Economics Finance*,2018(56):161-177.

[38] Nagler F,Ottonello G. Inventory capacity and corporate bond offerings [J]. BAFFI CAREFIN Centre Research Paper,2020,2017-48.

[39] Qiu Y,Chen X,Shi W. Impacts of social and economic factors on the transmission of coronavirus disease 2019（COVID-19）in China[J]. *Journal of Population Economic*,2020,33(4):1127-1172.

[40] Ru H. Government credit,a double-edged sword:Evidence from the China development bank[J]. *Journal of Finance*,2018,73(1):275-316.

[41] Shi J,Zhang X. How to explain corporate investment heterogeneity in China's new normal:Structural models with state-owned property rights[J]. *China Economic Review*,2018(50):1-16.

[42] Stiglitz J,Weiss A. Credit rationing in markets with imperfect information [J]. *American Economic Review*,1981,71(1):393-410.

[43] Wellman L. Mitigating political uncertainty[J]. *Review of Accounting Studies*,2017,22(1):217-250.

[44] Yang G,Pan Y. Is trust priced? Evidence from the bond market[J]. *Journal of Financial Research（in Chinese version）*,2019(463):35-53.

[45] Zhang X,Wang Z. Marketization vs. market chase:Insights from implicit government guarantees [J]. *International Review of Economics and Finance*,2020(69):435-455.

[46] Zhang X,Yu M,Chen G. Does mixed-ownership reform improve SOE's innovation? Evidence from China's state ownership[J]. *China Economic Review*,2020(61):101450.

第七章 并购风险案例分析

第一节 全产业链科技集团——美的集团

第一章至第六章分析了民营企业在并购过程中各类风险,为使上述分析更贴近现实,本章选取几个民营企业经典案例作深入分析,以观察风险及其传染途径。

一、并购带来产业链升级

在民企海外并购中,我们已经提到美的集团对德国库卡进行收购的全过程,其实美的集团自整体上市以后,多次实施并购,以全球视野进行产业布局及新产业拓展。表7.1记录了美的集团上市以来的并购过程。

日本东芝家电的并购是美的全球并购的开端,旨在增强美的集团在全球范围内的影响力和竞争力。而东芝家电与美的集团优势互补,在生产制造、品牌、技术等各方面都能为美的集团提供支持和帮助,达到“1+1＞2”的效果。其后的意大利克来沃集团具有完整的中央空调生产线与先进的技术。借着克来沃集团的东风,美的集团在中央空调上的全球市场占有率将进一步提升,销售渠道将进一步拓展。德国库卡集团是全球领先的机器人及自动化生产设备和解决方案的供应商,收购库卡集团,可加速推进美的集团“智慧家居＋智能制造”的战略。

依托美的集团在全球的布局,它在白色家电、机器人、自动化生产设备等领域有了更强的技术与渠道支持,产业结构与布局更加合理,能够适应科学技术快速发展、市场需求不断变化、外部形势错综复杂的大环境,其全球影响力和竞争力不断增强。得益于此,美的集团的市值也在稳步上升之中。

表 7.1　美的集团并购相关信息

并购完成时间	并购公司	所属国家	所属领域	并购股份/%
2016 年 6 月	东芝家电	日本	白色家电	80.1
2016 年 7 月	克来沃集团	意大利	中央空调	80
2017 年 1 月	库卡集团	德国	机器人及自动化生产设备	94.55

在产业链与供应链分析中,美的产业链具有"横向做多,纵向做强"的特征。横向产业链方面,美的集团构建"全产业链",产品涵盖家电行业几乎所有领域,为用户打造了"一站式"生活服务方案。纵向方面,美的更多地强调提升核心技术水平,完善纵向产业链,实现了所有的核心零部件自主生产,外部依存度低;通过数字化产业链连接上下游,提升运行效率。美的通过"智能供应链"打通下游销售网络,同时推进全球供应协同机制,推进产品全球化和区域化。此外,美的通过上游订单融资模式和下游保兑仓模式,打造完整的金融供应链,有效解决了供货不稳定和产品积压问题。

美的集团全资控股核心零部件生产商。对美的集团进行风险扫描,观察其可能的风险传导路径,如图 7.1 所示。可以看出美的集团的股东是美的控股和香港中央结算公司,旗下有美的国际控股集团、无锡小天鹅、芜湖厨卫电器等子公司。值得注意的是,美的 100% 控股浙江美芝压缩机有限公司。美芝(GMCC)是一家专业化研发、生产、销售空调用旋转式压缩机、往复球承式冰箱

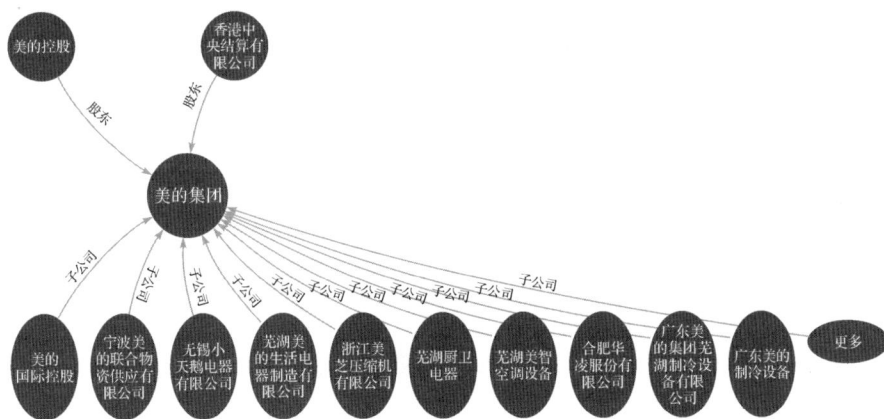

图 7.1　美的集团风险传导路径

压缩机的大型中日合资企业，其主要产品——压缩机即为空调的核心零部件。这样一来，美的集团通过自营空调核心技术，保障其上游供应链的稳定。

二、美的案例经验

（一）全产业链打造"一站式"生活服务方案

美的作为主要产品品类皆占据领导地位的全球家电行业龙头，可为用户提供覆盖全产品线、全品类的一站式高品质家庭生活服务方案。美的集团的产品在家电产业链的各个环节均有体现。

从图 7.2 的家电行业产业链速览中可以看出，家电产业链共分为油烟机、微波炉、电饭煲、电视、洗衣机、冰箱、空调和热水器共八大类产品。其中，除电视机外，美的全部覆盖，且在空调领域具备明显优势。

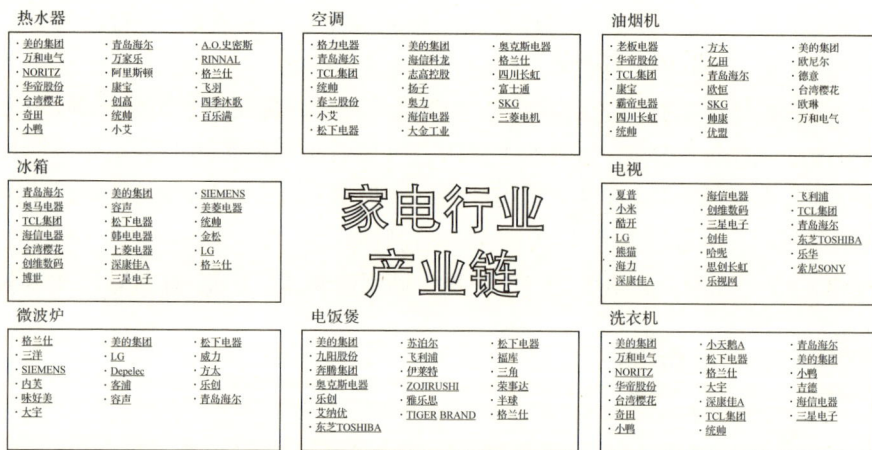

热水器

美的集团	青岛海尔	A.O.史密斯
万和电气	万家乐	RINNAL
NORITZ	阿里斯顿	格兰仕
华帝股份	康宝	飞利
台湾樱花	创高	四季沐歌
奇田	统帅	百乐满
小鸭	小艾	

空调

格力电器	美的集团	奥克斯电器
青岛海尔	海信科龙	格兰仕
TCL集团	志高控股	四川长虹
统帅	扬子	富士通
春兰股份	奥力	SKG
小艾	海信电器	三菱电机
松下电器	大金工业	

油烟机

老板电器	方太	美的集团
华帝股份	亿田	欧尼尔
TCL集团	青岛海尔	德意
康宝	欧派	台湾樱花
霸帝电器	SKG	欧琳
四川长虹	帅康	万和电气
统帅	优惠	

冰箱

青岛海尔	美的集团	SIEMENS
奥马电器	容声	美菱电器
TCL集团	松下电器	统帅
海信电器	韩电电器	金松
台湾樱花	上菱电气	LG
创维数码	深康佳A	格兰仕
博世	三星电子	

电视

夏普	海信电器	飞利浦
小米	创维数码	TCL集团
酷开	三星电子	青岛海尔
LG	创佳	东芝TOSHIBA
熊猫	哈呢	乐华
海力	思创长虹	索尼SONY
深康佳A	乐视网	

微波炉

格兰仕	美的集团	松下电器
三洋	LG	威力
SIEMENS	Depelec	方太
内芙	客浦	乐创
昧好美	容声	青岛海尔
大宇		

电饭煲

美的集团	苏泊尔	松下电器
九阳股份	飞利浦电气	福库
奔腾电器	伊莱特	三角
奥克斯电器	ZOJIRUSHI	荣事达
乐创	雅乐思	半球
艾纳优	TIGER BRAND	格兰仕
东芝TOSHIBA		

洗衣机

美的集团	小天鹅A	青岛海尔
万和电气	松下电器	小鸭
NORITZ	格兰仕	统帅
华帝股份	大宇	美的集团
台湾樱花	深康佳A	海信电器
奋田	TCL集团	三星电子
小鸭	统帅	

家电行业产业链

图 7.2　家电产业链速览

（二）拥有核心技术，对外依存度低

"横向做多、纵向做强"是美的的一大战略。"横向做多"是上一小节提到的对横向产业链的进一步完善，具体体现在美的家电产品体系的健全、种类的丰富。"纵向做强"则更多地强调提升核心技术水平，完善纵向产业链，降低对外依存度，从而更少地受到外部复杂环境的影响。实际上，早在 2012 年，美的集团副总裁王金亮就已经公开宣称："在整个纵向产业链上，美的所有的

核心零部件都是自己生产。"这一言论强势展现了美的做强纵向产业链的决心。公开数据显示,目前市场的空调行业中,仅有美的和格力拥有全部核心零部件。

以空调为例,美的是全产业链、全产品线的家电及暖通空调系统企业,公司以行业领先的压缩机、电机、磁控管、控制器等核心部件研发制造技术为支撑,结合强大的物流及服务能力,形成了包括关键部件与整机研发、制造和销售为一体的完整产业链。

图7.3是家电行业纵向产业链,上游为原材料和零部件,中游是家电制造,下游则为销售。根据美的集团2020年中报数据,美的上游供应商涉及数量众多,主要的供应商包括:珠海拾比佰彩图板股份有限公司、三友联众集团股份有限公司和南方电网综合能源有限公司3家。这3家企业均坐落于中国广东省,为中国本土企业,其中南方电网综合能源有限公司是中国南方电网公司的控股子公司。在当前复杂的外部环境中,美的集团的纵向产业链受到的冲击较小。

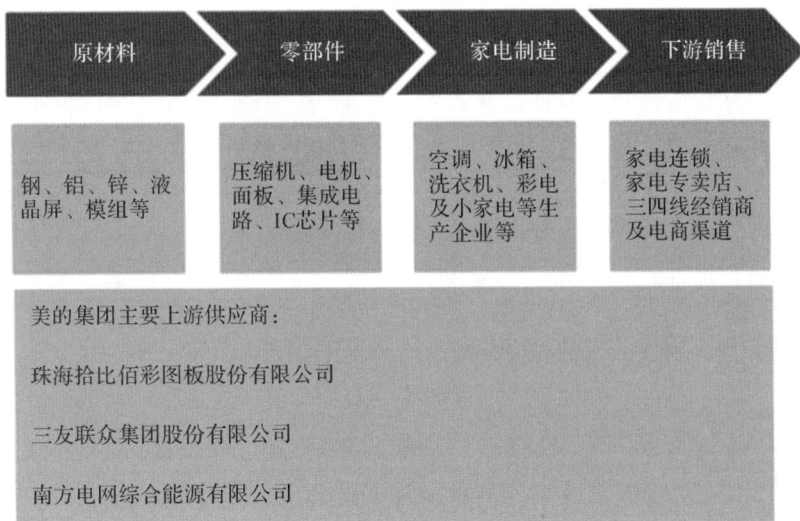

原材料	零部件	家电制造	下游销售
钢、铝、锌、液晶屏、模组等	压缩机、电机、面板、集成电路、IC芯片等	空调、冰箱、洗衣机、彩电及小家电等生产企业等	家电连锁、家电专卖店、三四线经销商及电商渠道

美的集团主要上游供应商:

珠海拾比佰彩图板股份有限公司

三友联众集团股份有限公司

南方电网综合能源有限公司

图7.3 上下游产业链

(三)"智能供应链"打通下游销售网络

美的广阔稳固的渠道网络,完善的智能供应链体系为公司线上线下业务的稳步增长提供了坚实保障。经过多年发展与布局,美的已形成了全方位、立体式市场覆盖。在成熟的一、二线市场，公司与大型家电连锁卖场一直保持着良好的合作关系；在广阔的三、四线市场，公司以旗舰店、专卖店、传统渠道和新兴渠道为有效补充，渠道网点覆盖全市场，同时公司品牌优势、产品优势、线下渠道优势及物流布局优势，也为公司快速拓展电商业务与渠道提供了有利保障。2020 年上半年，美的全网销售规模超过 430 亿元，同比增幅达到 30％以上，在京东、天猫、苏宁易购等主流电商平台连续 8 年保持家电全品类第一的行业地位。

在物流环节，美的旗下科技创新型物流公司安得智联，全面应用数字化管理技术，运用大数据技术实现对线下物流网络的优化管理，打造智能化数字化的全网配送服务平台。聚焦资源投入城乡配送领域，实现全国区、县、乡、镇无盲点全程可视化直配。基于遍布全国的近 140 个城市物流配送中心可覆盖全国 97％以上乡镇，24 小时内可送达 21418 个乡镇，占乡镇总数的 51％，48 小时内可送达 38744 个乡镇，占乡镇总数的 87％。同时，安得智联还与美的售后服务网点深度整合，实现送货安装一体化，有效改善了售后服务环节的客户体验。

推进全球供应协同机制，强化海外本地运营，优化本地化供应链比例，推进产品全球化区域化。海外业务遍布北美洲、南美洲、欧洲、亚洲、非洲、大洋洲的 200 多个国家和地区。2020 年上半年，美的集团持续开拓海外渠道，稳步推动海外渠道建设，累计新增超过 11000 家的海外销售网点，增强销售通路，持续改善客户结构，深耕全球核心客户，挖掘存量客户价值，为海外业务持续的增长提供有力保障。

（四）"数字化"产业链的标杆——美的洗消数字工厂

数字化成为了美的进一步完善上下游产业链的重要方向。在 2020 年 8 月 16 日，央视《新闻联播》报道了位于广东顺德的美的洗消数字工厂。为大家呈现了一个制造业企业升级转型的典型范本。

美的洗消数字工厂拥有能够对接上下游 5000 个供应商的生产、库存、物流等数据打造的数字产业链，从物料到生产制造、下单、物流送到用户手中，整个产业链中的每一个节点都可知、可调控，通过智能云调控，大大提升了整个运行效率。并且可进行数据采集上云、上平台，形成了云端数字化产业链。通过建立数据库，也能为将来的生产与研发提供数字依据。仅仅通过数字化产业链打造，美的相关产品的整体效率提升了 15％，产能扩大了 1 倍。

(五)建立信息共享平台,供应链融资获得出色效果

不同于传统的融资业务,供应链融资基于大型优质的核心企业所在的供应链,资金在优质的上下游企业和核心企业之间形成资金流。这样一来,核心企业就需要充分利用自身的信用资源为上下游企业融资提供便利,核心企业在整个供应链融资中发挥了巨大作用。美的集团将与其存在长期业务往来并且征信度良好的上下游企业推荐给银行,优质的上下游企业需要主营业务突出,履约能力强,经营情况良好,具有较强的市场竞争力,所在行业应满足金融机构相关准入标准。

美的集团建立信息共享平台,提升融资供应链效率。美的将采集、储存和加工等各种供应链融资业务中不可或缺的信息通过信息共享平台传递给各节点企业,使供应链整体能更好地发挥协同效应。与此同时,在供应链融资业务实施的过程中,负责业务监管的管理人员可以借助信息共享平台获得相关信息,从而降低信息不对称性导致的经营风险。例如各个企业的财务信息、信用等级、授信额度、融资申请等信息都可以通过互联网信息共享平台进行传递。同时,信息共享平台还可以与银行进行联通,使资金提供方能够及时掌握最新动态,及时了解到资金的最新变动情况。

具体而言,美的针对上游企业采用订单融资模式。美的集团与上下游企业之间签署贸易合同协议并且产生订单需求,银行则以美的集团的优质信誉为基础与第三方签署《订单融资合同》。银行审核无误后,确定客户授信额度进行融资。订单融资的优势是上游供应商以核心企业为依托,在融资时获得更加优惠的条件,融资方式较之前更加简单方便,降低了上游企业的融资成本,保证美的供应链上游企业稳定发展。

美的针对下游企业采用保兑仓模式。经销商与美的集团签订供销合同后向银行申请贷款,三方在明确合作协议后,经销商开办保证金账户。缴纳保证金后银行根据信用额度签发银行承兑汇票用于购销合同项下经销商向美的集团支付货款。这种模式解决了美的集团的产品积压问题;对下游企业而言,也解决了全额购货的资金困难,还可以通过大批量订货获得核心企业给予的优惠价格,降低销售成本。

第二节　东北三省传统百货业转型困难
——沈阳商业城

　　沈阳商业城股份有限公司是一家典型的传统百货业公司，于 2000 年上市，拥有 20 多年的经营历史，但是这样一家老牌百货公司近 10 多年来却多次面临退市风险，债台高筑。课题组通过研究公司的融资结构发现，公司存在融资结构单一、利息负担重和过度负债经营的特点。通过同业对比，发现相较于南京新百、大商股份这些零售业龙头公司，沈阳商业城在资本结构管理上存在严重不足。在风险分析部分，可以发现，公司的偿债能力、成长能力在下降，融资困难，且针对并购问题进行详细分析发现，沈阳商业城的转型之路阻碍颇多，近 10 年来 11 次并购，5 次以转型为目的并购均以失败告终，呈现较为明显的未来发展定位不清的问题。

一、同业比较

　　在同业比较部分，我们选取了传统百货业位于市值前十的南京新百公司和辽宁大商股份公司与沈阳商业城做了对比分析。

　　大商股份现已成长为中国最大的零售业集团之一。公司运用多业态、多商号发展模式，已建立百货连锁、超市连锁、电器连锁等主力业态。公司在快速发展中创造了一系列成功的著名商号品牌：麦凯乐、新玛特、千盛、NTS 等。大商百货、大商超市、大商电器、大商地产、大商网、五星级酒店、大商自有品牌异军突起，构成了大商零售主业的立体格局。目前，公司已构筑起现代零售业多业态、多商号的发展组合，形成了全国商业独树一帜的"多业态混合制发展模式"。

　　南京新百是中国十大百货商店之一和南京市第一家商业企业股票上市公司。"新百"被江苏省工商行政管理局认定为全省著名服务商标，集团被中国国家工商行政管理局授予全国首批"重合同、守信用"先进单位，是"AAA"特级资信企业。围绕中长期发展战略，集团重点抓好制度、人才、文化、战略等四大方面的"落地"。通过梳理组织和流程再造，实现集团与中心店分离，强化对各分子公司的管控，初步建立现代商贸集团大平台；通过外聘内招，建立满足集团发展要求的人才梯队，重新构建绩效制度与薪酬福利体系，对员工形成有效激励。2018年公司通过重大资产重组收购世鼎香港100％股权，公司拥有国际领先的肿瘤细胞免疫产品和符合美国FDA cGMP标准的生产流程，结合Dendreon的研发经验、生产能力和多年上市的市场经验，公司有望打造一个广阔的细胞治疗平台，巩固上市公司在医疗养老领域的发展。

　　事实上，从3家公司的并购事件上也可以看出沈阳商业城和另两家公司之间的差距。南京新百一直致力于生物医药、养老医疗领域的深耕，自2015年收购安康通20％的股份开始，2017年又收购世鼎香港100％的股权，公司始终坚持在养老保健医疗领域的进一步发展；大商股份则始终专注于百货业的进一步扩张，相比之下，沈阳商业城的并购表现出被动、定位不清的严重问题。

　　图7.4、图7.5、图7.6分别显示了3家公司自2000年开始的资产负债率的变化情况。从图中可以明显看出，沈阳商业城自2000年上市以来资产负债率一直在上升，从2005年开始便高于50％，而反观南京新百，从2000年至2014年一直维持在60％左右，虽然2015年和2016年这两年接近90％，但是2017年开始又显著回落并稳定在60％的位置，而大商股份呈现的资产负债率的情况则是总体上呈下降趋势，这些数据表明沈阳商业城在资本结构的管理上和南京新百以及大商股份存在很大的差距，风险意识不足。

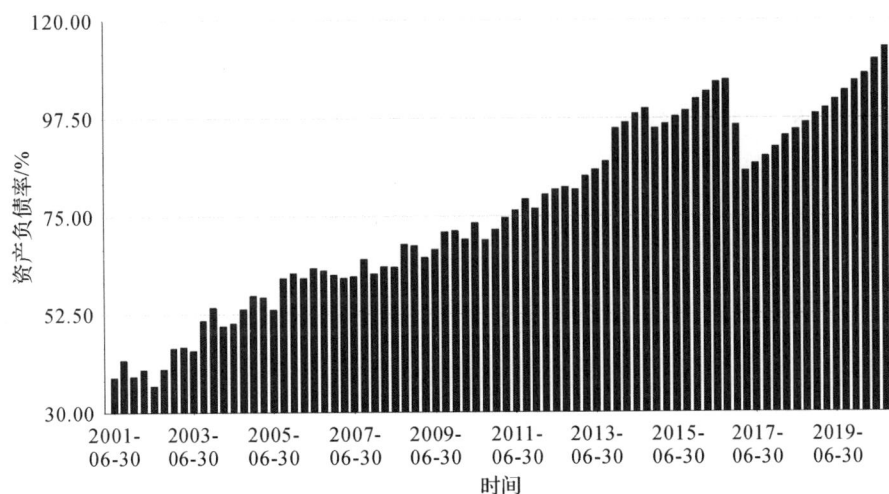

图7.4　沈阳商业城资产负债率历年情况

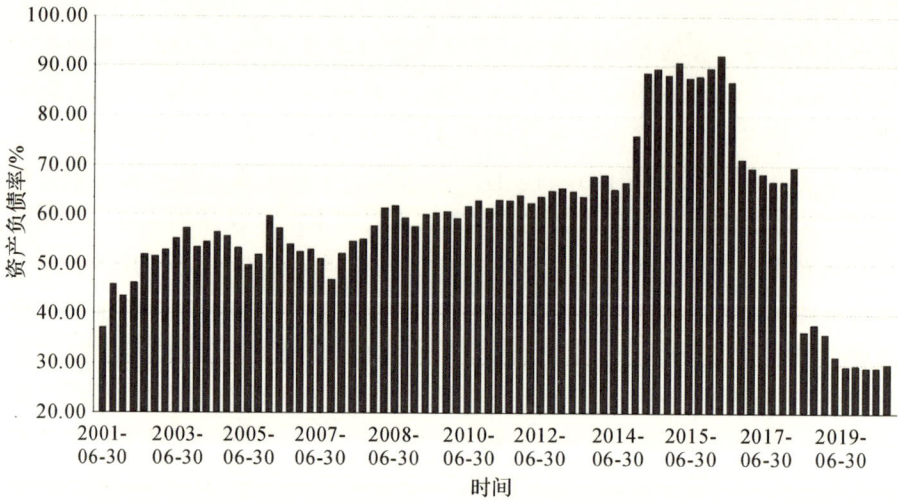

图 7.5　南京新百资产负债率历年情况

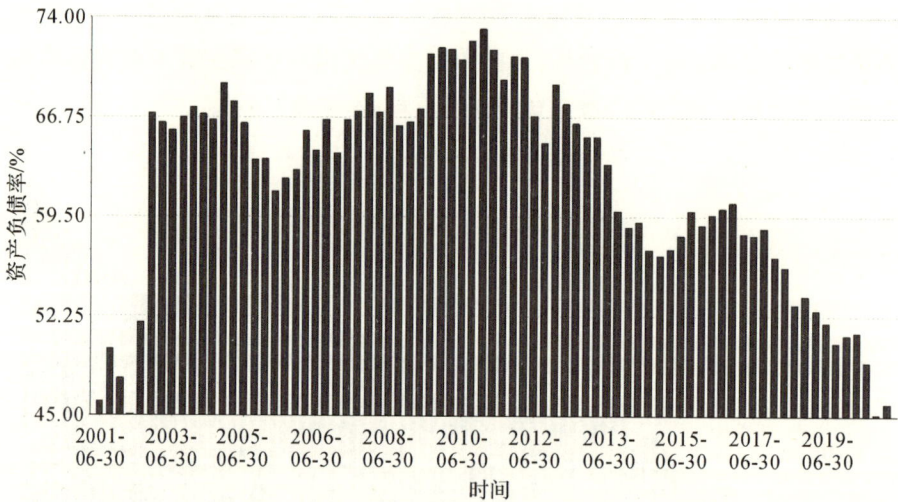

图 7.6　大商股份资产负债率历年情况

二、并购异常风险

近年来,在中国经济增速放缓和互联网电商崛起的背景下,传统零售业面临巨大的挑战,零售百货行业传统的经营模式已经很难适应市场。在这样的背景下,零售行业并购事件频发,企业希望通过并购,更加快速地完成转型和进一步发展。沈阳商业城股份有限公司也不例外。

从 2012 年开始,沈阳商业城总共进行了多达 11 次的并购。其中有 6 项并购都是公司企图摆脱退市风险而进行的保壳游戏,通过出让股票再买回的方式以保证当年的净利润为正,从而保住上市公司的位置。余下的几项并购与沈阳商业城的转型有关,并购对象所属领域也大不相同,分别有汽车租赁领域、电商领域和物业领域等。由此可以发现,沈阳商业城的转型存在严重的定位不清、准备不足的问题。以下是 2015 年和 2019 年的两次具体并购过程。

2015 年,沈阳商业城发起了并购宜租车联网的并购项目,拟购买的资产是一家以汽车租赁业务为基础的,覆盖从车辆采购到车辆处置的全生命周期闭环式服务的车联网企业。并购完成前,沈阳商业城的主营业务为百货、商品零售业,主要地域为以沈阳为核心的东北地区。假如并购成功,沈阳商业城的主营业务将变更为盈利能力较强的车联网业。然而不幸的是,最终因为证监会以沈阳商业城权益存在被控股股东或实际控制人严重损害且尚未解除情形,且标的公司的持续盈利能力具有重大不确定性的缘由强制终止这项并购。商业城试图转型汽车租赁业失败了。

2019 年,沈阳商业城拟非公开发行股份收购优依购 100% 股权。公开资料显示,优依购是一家以大数据应用为支撑的“快时尚”女装设计、销售公司,主要通过天猫、唯品会及京东三大电商平台对外销售。对于这次收购,沈阳商业城出于对优依购的电商业务背景的浓厚兴趣,希望拓展大数据技术驱动应用业务,从而形成“零售百货＋大数据应用”业务双轮驱动的发展模式。由于各方一直未能就相关条款达成一致,再加上复牌以来公司股价距收盘价出现了大幅的下跌,本次重大资产重组最终也以失败告终。

传统百货业试图通过并购加速转型无可厚非,但是沈阳商业城的并购存在诸多问题。从具体实施的几项并购来看,沈阳商业城对于自身未来的发展定位缺少一个清晰的认知,没有试图在一个领域深耕,这样做会使得市场对公司失去信心,使得投资者对公司的“忽悠式并购”不再买单。总体来看,沈阳商业城的并购转型整体表现出一种盲目性,是迫于退市压力寻找买壳对象而非真正改善自身主营业务,这也注定了沈阳商业城几次并购的失败结局(见表 7.2)。

表 7.2 沈阳商业城并购事件

首次披露日	交易标的	交易买方	标的方所属行业	买方财务顾问	交易总价值/万元	最新进度
2020-06-06	崇德物业 100％股权	*ST商城(600306.SH)	房地产经营公司	华泰联合证券有限责任公司	79500.00	股东大会未通过
2020-06-06	铁西百货 99.82％股权;商业城百货 100％股权	—	百货商店,百货商店	—	133000.00	股东大会未通过
2019-07-15	优依购 100％股权	*ST商城(600306.SH)	服装、服饰与奢侈品	—	—	失败
2018-09-27	商业城 5.61％股权	王强	百货商店	—	5830.00	完成
2016-11-12	盛京银行 1.47％股权	太原茂业	区域性银行	—	52155.00	完成
2016-09-30	铁西百货 99.82％股权	莱茵城置业	百货商店	广州证券股份有限公司	35869.91	失败
2015-11-24	宜租车联网 100％股权	*ST商城(600306.SH)	互联网软件与服务	申万宏源证券承销保荐有限责任公司	146000.00	失败
2014-06-27	辽宁物流 99.94％股权;安立置业 100％股权	茂业	房地产经营公司,贸易公司与工业品经销商	—	33690.00	完成
2014-02-18	商业城 11.74％股权	中兆投资	百货商店	—	20698.86	完成
2013-09-18	辽宁物流 48.718％股权	*ST商城(600306.SH)	贸易公司与工业品经销商	—	17900.00	完成
2012-11-30	辽宁物流 48.718％股权	沈阳亚欧	贸易公司与工业品经销商	—	17670.00	完成

第三节 民营企业债券违约风险高企
——新光和盾安

一、浙江省民营企业发债及违约情况

在 2019 年新发行的信用债中,发行人涉及行业主要包括化工、建材、金属非金属、通信设备、电子电气设备、耐用消费品、汽车及零部件、机械、建筑与工程、制药、零售、多元金融服务、媒体、商业服务、贸易公司与工业品经销商、综合类等行业。大多数企业举债仍然集中在建筑业、制造业等传统行业中。

从债券发行种类来看,如表 7.3 所示,2019 年浙江省民营企业共发行 221只,其中短融 38 只、中期票据 17 只、可转债 12 只,支持民营企业融资的公司债仅发行 22 只、金额为 146.85 亿元,相比 2018 年共发行的 85.55 亿元债券而言有所增长,后续可以考虑对低风险、高增长的民营企业提供更广阔的公司债发行空间。

表 7.3 2019 年民营企业债券发行分布

种类	发行金额/亿元	发行只数/只	发行金额占比/%	发行只数占比/%
短期融资券	209.00	38	19.55	17.19
同业存单	185.60	72	17.36	32.58
公司债	146.85	22	13.74	9.95
中期票据	133.50	17	12.49	7.69
资产支持证券	104.44	37	9.77	16.74
可交换债	89.02	12	8.33	5.43
可转债	87.61	12	8.20	5.43
金融债	86.00	4	8.04	1.81
企业债	15.00	3	1.40	1.36

续表

种类	发行金额/亿元	发行只数/只	发行金额占比/%	发行只数占比/%
定向工具	12.00	4	1.12	1.81
总计	1069.03	221	100	100

从主体评级来看，评级为 AA、AA＋、AAA 的民营企业债券数量占总发行民营企业债券数量的 6.79％、50.23％，与之相对的是，地方国企主体评级达到 AA、AA＋、AAA 级的占比分别为 35.64％、44.18％和 11.84％，总体而言，民营企业信用评级水平低于国有企业。

截至 2019 年 12 月 31 日，浙江省债券违约涉及 8 家企业共发生 44 起，违约主体均为民营企业。浙江民营企业是全国民营企业的杰出代表，大部分企业属于制造业企业，有较为丰富的经验积累。自从 2017 年开始，民营企业相继违约给整个浙商融资环境带来了巨大动荡，导致投资者对于浙江无担保民营企业债券产生了投资顾虑，使得民营企业融资雪上加霜，在这样的环境下，民营企业发债接连遭遇困境，特别是新光控股，在此前的积极投资扩张下难以举新还旧，最终导致约百亿违约。表 7.4 展示了浙江省违约债券的概况。

表 7.4　浙江省违约债券概况

债券简称	发行人	发行规模/亿元	违约发生日	所属地区（市）	企业性质
12 金泰 01	湖州金泰科技股份有限公司	0.15	2014-07-23	湖州市	民营企业
12 金泰 02	湖州金泰科技股份有限公司	0.15	2014-07-23	湖州市	民营企业
13 华龙 01	浙江平湖华龙实业股份有限公司	0.10	2015-10-29	平湖市	民营企业
15 春和 CP001	春和集团有限公司	4.00	2016-05-16	宁波市	民营企业
12 春和债	春和集团有限公司	5.40	2017-04-24	宁波市	民营企业
14 厉华债	湖州厉华妤婕联合纺织有限公司	2.60	2017-08-10	湖州市	外商独资

债券简称	发行人	发行规模/亿元	违约发生日	所属地区（市）	企业性质
15 五洋 02	五洋建设集团	5.60	2017-08-14	绍兴市	民营企业
15 五洋债	五洋建设集团	8.00	2017-08-14	绍兴市	民营企业
17 新光控股 CP001	新光控股集团	10.00	2018-09-25	义乌市	民营企业
15 新光 01	新光控股集团	20.00	2018-09-25	义乌市	民营企业
16 新光债	新光控股集团	20.00	2018-10-19	义乌市	民营企业
15 新光 02	新光控股集团	20.00	2018-10-22	义乌市	民营企业
17 三鼎 03	三鼎控股集团	7.35	2018-10-24	义乌市	民营企业
17 新光控股 CP002	新光控股集团	10.00	2018-10-27	义乌市	民营企业
18 新光控股 CP001	新光控股集团	7.10	2018-11-20	义乌市	民营企业
11 新光债	新光控股集团	16.00	2018-11-23	义乌市	民营企业
16 新光 01	新光控股集团	15.00	2019-01-14	义乌市	民营企业
16 新光 02	新光控股集团	15.00	2019-03-18	义乌市	民营企业
16 新控 01	新光控股集团	4.00	2019-03-21	义乌市	民营企业
16 新控 02	新光控股集团	20.00	2019-04-14	义乌市	民营企业
16 新控 03	新光控股集团	16.00	2019-04-29	义乌市	民营企业
18 精功 SCP003	精功集团	10.00	2019-07-15	绍兴市	民营企业
18 精功 SCP004	精功集团	3.00	2019-08-16	绍兴市	民营企业
17 精功 02	精功集团	3.00	2019-09-05	绍兴市	民营企业
17 精功 MTN001	精功集团	10.00	2019-09-06	绍兴市	民营企业
17 精功 PPN001	精功集团	7.00	2019-09-06	绍兴市	民营企业
17 三鼎 01	三鼎控股集团	3.44	2019-09-06	义乌市	民营企业
16 精功 PPN002	精功集团	10.00	2019-09-06	绍兴市	民营企业
16 精功 PPN003	精功集团	5.00	2019-09-06	绍兴市	民营企业

数据来源：根据 Wind 数据库整理。

实际上民营企业违约比例并不是很高，浙江省民营企业共发行债券 3768 只，发生违约 44 起，违约比例为 1.17％。根据标普全球的最新报告，按照中国境内金额调整计算的违约率在 2018 年下半年达到峰值，也没有超过 0.5％。一些报告作出民营企业债券市场净融资为－2981 亿元的推断，甚至鼓吹信用债或民企债违约是常态的观点，2019 年以来全国民营企业 500 强发债甚至直接被标记为垃圾债。目前民营企业在债券市场中受到极大歧视，困难不言而喻。

二、处置民营企业债务违约的案例比较

民营企业债券违约一般来源于两大方面，一是宏观层面上的行业景气程度、经济运行状况，这对于部分强周期行业的企业来说影响更大；二是企业内部自身运营过程中造成的错误或者疏漏，如关联交易、资金占用、实际控制人风险、财务造假、投资策略等。

我们整理跟踪盾安、新光的两个案例，总结了两个案例的发展过程。

盾安集团虽然一度陷入债务危机，但其仍有较多良性资产可以用于抵押，经营有度，在政府的协调下，市场重新对其树立信心。2018 年 4 月 23 日，盾安控股集团未能成功发行总额为 12 亿元的超短期融资券，导致出现流动性紧张的问题。4 月 28 日，鉴于流动性紧张和对后续债券到期所需偿付资金的大量缺口，盾安集团向浙江省政府提交了《关于盾安集团债务危机情况的紧急报告》。5 月 2 日，浙江省金融办主持召开了各家融资债权机构（人民银行杭州中心支行、浙江省银监局、国开行、进出口银行及工农中建交五大行的浙江省分行、浙商银行、兴业、民生、中信银行的杭州分行）的协调会，各大金融机构均表态：不抽贷、不断贷。

盾安集团下属盾安环境（002011）、江南化工（002226）发布公告称重大事项而停牌。此时，盾安集团的各项有息负债已经超过 450 亿元，除了 120 亿元待偿付债券外，还有一大部分的金融机构贷款，全部集中在浙江省内。一旦发生违约，将对省内金融市场造成巨大伤害，并经过风险传染成为系统性金融风险。5 月 3 日，盾安环境发布公告取消原定于 5 月 3 日—5 月 4 日发行的债券。5 月 4 日，大公下调盾安控股集团有限公司主体信用等级至 AA－，并下调相应的债项评级。5 月 7 日，盾安集团发表公告，承认债务压力并说明已向政府求助。5 月 9 日，发表公告，于 7 日办理手续将江南化工的 12.61％ 股份质押予浙商银行杭州分行，仍持有未质押股份比例 24.21％，"17 盾安 SCP008" 如期兑付。5 月 14 日，盾安集团发布公告，于 10 日质押江南化工 3.15％ 的股份

予国家开发银行,仍持有未质押比例21.06%,仍为第一大股东。5月26日,盾安环境出售芜湖海螺型材科技股份有限公司股份进行回款。6月1日,盾安集团公告称5月30日,盾安环境拟向中电系统出售盾安节能科技有限公司及其子公司和相关资产业务。2018年10月8日盾安环境(002011)复牌,债务危机暂时告一段落。2018年10月17日、10月22日、11月19日和2019年1月23日、1月31日盾安环境相继出现涨停,市场恢复了对盾安的信心。

对于新光圆成,自身经营不善决定了政府无法介入协调,市场最终失去信心。2016年,新光圆成借壳上市,周晓光时任董事长。新光圆成主营为房地产业务。新光集团入主上市公司签署对赌协议,承诺2016年度的净利润将不低于14亿元,而2016年度与2017年度合计净利润不低于27亿元,2016年到2018年合计净利润不低于40亿元。但是2017年下半年起,市场就不断质疑新光的兑付能力和可能存在的流动性压力。这主要是因为截至2017年末,新光集团宣称对外担保余额为31.89亿元,相对较大,占期末所有者权益的比重为9.73%。这些担保余额中,如浙江百炼工贸集团有限公司已经破产,新光集团存在较大的代偿风险和或有负债风险。

为了偿债,新光集团从2017年开始陆续处置和转让了包括酒店、物业、股权在内的各项资产,以保证到期债券的兑付和举新还旧。但是杯水车薪,2018年3月,新光集团有息债务余额达到337.64亿元,占负债总额的74.4%。尽管如此,新光集团仍然试图开辟新的融资路径,2018年1月,新光圆成因筹划重大资产重组停牌。半年后,新光圆成公告收购中国传动的计划作为利好消息。中国传动是一家风力发电传动设备制造企业,与新光圆成的主营业务关联性较少。这笔收购新光圆成需要付出83亿—184亿元的资金,其中50亿缺口需向新光集团借款。彼时,新光集团持有的上市公司股权基本已全部质押,无法通过质押获取资金,这笔蛇吞象的收购无疑雪上加霜,对赌协议无法按期完成。2018年9月21日,浙江省高级人民法院对周晓光立案。2018年9月25日,"17新光控股CP001"实质性违约。2018年9月26日,大公将新光控股主体信用评级下调至C;11月22日开始大公将新光控股集团有限公司多只债券信用等级下调至D。新光集团至少涉及49起重大诉讼及仲裁案件;此外,公司及控股股东虞云新所持有的新光圆成(002147)股份被司法冻结及多次轮候冻结,新光控股所持有的中百集团(000759)部分股份被动减持及被司法冻结。

表7.5对比了盾安和新光两家民营企业债务风险过程中地方政府救助的差异。可以看到政府对民营企业的违约债务采取了不同的处置方式,地方政

府在盾安案例中在债券违约前就协商债权人解决，盾安不但没有再爆发进一步债务危机，反而在复盘后多次涨停。相反，新光债连续违约、深陷财务困境，2018 年 12 月 4 日复牌后更名为 ST 新光，并发生公司董事长个人被法院强制执行的事件。

表 7.5　政府援救与否的债务违约案例比较

盾安债务危机	新光债连续违约
2018 年 4 月 23 日盾安控股集团发行的 12 亿元超短期融资券未能成功发行，导致出现流动性紧张的问题	2016 年，新光圆成借壳上市，主营业务为房地产。新光集团入主上市公司时做出对净利润的严格承诺
4 月 28 日，盾安公司向浙江省政府提交了《关于集团债务危机情况的紧急报告》	自 2017 年下半年开始，新光集团就被市场质疑存在流动性压力
2018 年 5 月 2 日，浙江省金融办主持召开了各家融资债权机构（人民银行杭州中心支行、浙江省银监局、国开行、进出口银行的浙江省分行、工农中建交五大行的浙江省分行、浙商银行、兴业、中信、民生银行的杭州分行）的协调会，以浙商银行为首的金融机构均表态：不抽贷、不断贷	截至 2017 年末，公司对外担保余额为 31.89 亿元，占期末所有者权益的比重为 9.73%。被担保单位均为民营企业，其中浙江百炼工贸集团有限公司已经破产，公司面临较大的代偿风险，公司存在较大的或有负债风险
5 月 2 日，盾安集团各项有息负债超过 450 亿元，除了 120 亿元的代偿付债券外，绝大部分银行和非银行金融机构贷款都集中在浙江省内，如果出现信用违约，会对省内众多金融机构造成重大伤害、带来系统性风险	2018 年上半年，为了偿债，新光集团从 2017 年开始陆续处置和转让了包括酒店、物业、股权在内的各项资产，回笼资金，保证了上半年到期债券的兑付
5 月 3 日，盾安环境发布公告取消原定于 5 月 3 日—5 月 4 日发行的债券	鹏元评级在出具的新光控股公司债 2018 年跟踪信用评级报告中将新光集团主体长期信用评级为 AA
5 月 4 日，大公下调盾安控股集团有限公司主体信用等级至 AA—，并下调债项评级	2018 年 3 月，新光控股有息债务余额为 337.64 亿元，占公司负债总额的 74.4%，其中一年内到期的有息债务规模为 130.41 亿元，占有息债务的 39.12%

盾安债务危机	新光债连续违约
5月7日,盾安集团发表公告,承认债务压力并说明已向政府求助	2018年7月,新光圆成拟收购香港公司中国传动,拟出资83亿到184亿元,其中50亿元需向新光集团借款
5月9日,发表公告,于7日办理手续将江南化工的12.61%股份质押予浙商银行杭州分行,仍持有未质押股份比例24.21%,"17盾安SCP008"如期兑付	截至2018年底,新光集团持有的上市公司股权基本已全部质押
5月14日,盾安集团发布公告,于10日质押江南化工3.15%的股份予国家开发银行,仍持有未质押比例21.06%,仍为第一大股东	2018年9月21日,浙江省高级人民法院对周晓光立案案案号(2018)浙执18号,执行标的306650048
5月26日,盾安环境出售芜湖海螺型材科技股份有限公司股份	2018年9月25日,"17新光控股CP001"实质性违约
6月1日,盾安集团公告称5月30日,盾安环境拟向中电系统出售盾安节能科技有限公司及其子公司和相关资产业务	截至2019年3月3日,共计8只债券违约,累计违约债券本金规模达90.2亿元,此外公司存续债券共4只,债券余额55亿元
2018年10月8日盾安环境(002011)复牌	2018年9月26日,大公将新光控股主体信用评级下调至C;11月22日开始将新光多只债券信用下调至D
2018年10月17日、10月22日、11月19日和2019年1月23日、1月31日盾安环境涨停	截至2019年3月3日,新光集团至少涉及49起重大诉讼;公司及控股股东虞云新所持有的新光圆成(002147)股份被司法冻结及多次轮候冻结,新光控股所持有的中百集团(000759)部分股份被动减持及被司法冻结

三、经验总结

总结以上两个案例的比较,可以发现在民营企业债务违约的处置上,浙江有以下两点成功经验。

首先，政府援救解困民营企业债务违约效果显著。盾安环境在2018年5月份深陷债务困境，高达450亿元的巨额有息负债迫使其停牌旗下上市公司向政府求助，5月2日浙江省金融办主持召开协调会议，以浙商银行为首的金融机构均表态不抽贷、不断贷，5月9日到期的10亿超短融债券如期兑付。民营企业的债务危机在政府有效引导下得以解决，被视为地方政府纾解民营企业债券违约的经典成功案例，对于市场恢复民营企业融资信心具有很强的正向引导作用。良好的政企关系能够帮助企业获取短期债务融资（李春涛等，2016），以遏制债务危机的爆发。

其次，大力实施"融资畅通工程"。浙江省首推的"融资畅通工程"以金融稳保障企业稳、以金融活促进企业活，解决民营企业融资难、融资贵是实质性突破。在降低融资成本之外，还要解决融资渠道的问题。例如落实"三支箭"政策，从信贷、债券、股权等多个方面给予支持，在宏观审慎下鼓励金融机构增加信贷投放；政府应当支持并响应央行推出的民营企业债券融资支持工具，通过出售信用风险缓释工具、担保增信等多种方式，为经营正常、但在资金流动上遇到暂时性困难的民营企业发债提供相应的增信支持；推动民营企业股权融资支持工具的实施，针对当前股权质押比例居高不下的平仓风险，对非理性行为加以疏导。在目前债券市场违约风险加剧的条件下，应加大金融机构对民营企业特别是中小微民营企业融资的介入深度和力度（闫真宇和邓舒仁，2018）；进一步建立完善的民营企业的信用担保体系，既能分散银行的信贷风险，优化银行的资产质量，同时也能提供相对公平的融资环境（曹凤岐，2001）。

第四节　庞杂担保链中隐藏巨大风险
——新湖中宝

一、担保链及其风险传染

在中小企业受到规模、资金实力以及信用等级等因素的限制而无法在股票市场、债券市场获得充足资金的情况下，银行贷款便成为中小企业的希望。尤其在2008年金融危机之后，银行为了保证资金安全、降低风险，要求中小企业在贷款时需要有担保人予以保证。

我国股票市场实行核准制,因而上市公司往往具有良好的资产质量与信用等级,发展前景也较为乐观,依托资本市场可以保证充足的资金,因此成为对外提供担保的主体。据统计,我国上市公司对外提供担保的数量和总金额居高不下,已有超过 50% 的公司存在着对外担保。

在融资活动中,单纯作为担保人或被担保人的情况是比较少的,上市公司往往同时扮演着贷款担保人和被担保人的双重角色,在为其他企业提供担保的同时,也要求其他企业为自己的融资活动提供担保。这就造成了一种独特的现象,即企业之间的担保关系会形成一个或有债务链条,甚至一个担保圈。倘若其中的某一环节出现问题,这一链条上的众多其他企业就会受到严重影响,威胁其正常运作。并且一个链条的断裂也会影响其他担保链的状况,如果众多担保链同一时间出现问题,往往波及货币市场与资本市场,进而威胁一国的金融稳定。

担保有两种具体方式,包括对外担保和担保贷款融资。

(一)对外担保

企业间债务风险传染不仅与企业自身的风险(融资脆性)有关,债务风险还会在企业供应链上下游和企业之间的担保链上传染。

图 7.7 汇总了 2008—2020 年我国上市公司对外担保的基本情况,从担保角度呈现我国上市公司之间债务风险传染的可能性大小,以期在风险事件爆发前有一定的预警作用。包括对外担保期限、对外担保金额以及累计担保占

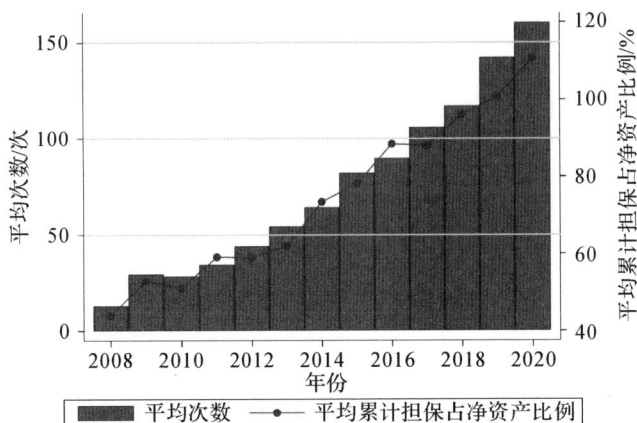

图 7.7　2008—2020 年上市公司对外担保基本情况

净资产比例。总的来看,上市公司对外担保事件次数是不断攀升的,这表明上市公司对外担保越来越成为一个普遍的现象。我国上市公司对外担保期限和担保金额整体呈现上升趋势,平均对外担保金额和平均累计担保占净资产比例均在持续上升。

(二)担保贷款融资

表 7.6 汇总了 2000—2020 年 11 月我国上市公司所有年报中披露的担保贷款情况。PanelA 显示,总体来看,2010 年后获得融资企业数、总次数迅速上升,平均次数在 2014 年后持续在高位,平均金额总体上在增加。在 2001—2002 年,2007—2008 年,2017—2018 年,平均担保金额有较为明显的峰值。可见,担保贷款从次数和金额上都有明显放大。PanelB 按照公司对担保贷款次数和金额进行了汇总,有大量公司存在着多次担保贷款经历,贷款次数主要集中在 2—10 次,只有一次担保贷款的公司仅有 385 家。

表 7.6 2000—2020 年 11 月上市公司担保贷款汇总

Panel A. 按年度汇总

年度	获得融资 企业数/家	总次数/次	平均次数/次	平均担保金额 /百万元
2000	14	17	1	300
2001	34	57	2	290
2002	62	143	2	50
2003	79	189	2	47.5
2004	51	158	3	200
2005	23	52	2	—
2006	20	56	3	40
2007	230	600	3	65.1
2008	467	1846	4	156.3
2009	544	2417	4	133.9
2010	490	2087	4	150.5

2011	582	2889	5	329.3
2012	837	3744	4	150.5
2013	771	3607	5	149.4
2014	956	5052	5	164
2015	1069	5686	5	174.1
2016	1131	7423	7	15771.2
2017	1336	8867	7	224.5
2018	1412	9836	7	183.8
2019	1441	10898	8	271.2
2020	1504	11015	7	328.6

Panel B. 按公司汇总

担保贷款次数	观测个数	总金额/百万元			
		平均	最小值	最大值	中位数
1	399	323.0	1	41500	50
2—10	1056	8389.2	3	8001100	340
11—20	339	2955.4	162.5	64115.1	1505
21—50	309	12275.9	180	2093834	3110
>50	165	82254.9	975.9	10100000	11321

注:根据担保贷款事件公告对企业进行汇总。对担保金额,本文删除了担保金额缺省的观测值进行汇报。

数据来源:CSMAR 数据库。

二、新湖中宝担保链分析

新湖系的担保链如图 7.8 所示。这个担保链中贯穿了很多重大风险,如集团内外复杂关联、担保金额巨大、类金融化、互保假象,这些都是高风险担保链的共同特征。

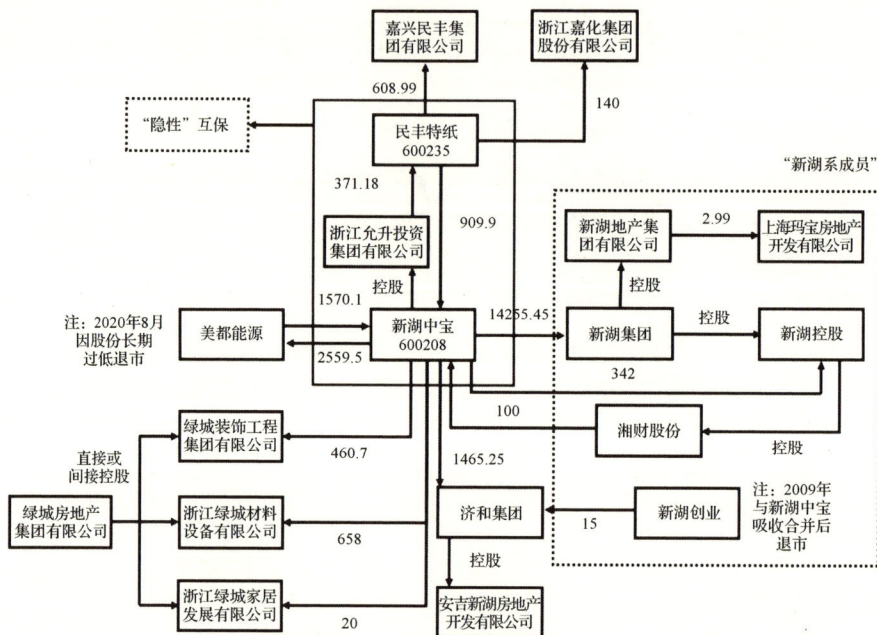

图 7.8 新湖系担保链

(一)集团内外复杂关联、类金融化严重

新湖中宝、新湖地产等新湖系公司与其他各类公司形成了负责的担保关系,主要包括民丰系、绿城系、美都系。图 7.8 右侧虚线框内为新湖系企业。新湖中宝为新湖集团提供了累计 14255.45 百万元的担保;新湖集团通过新湖地产为上海玛宝房地产开发有限公司提供了 2.99 百万元的担保;另外,新湖中宝为新湖控股提供 342 百万元的担保,而新湖控股则通过其控股公司湘财股份,为新湖中宝提供了 100 百万元的担保。

新湖系的外部担保涉及多家上市公司。民丰特纸在 2019 年为新湖中宝提供了 909.9 百万元的担保,而与之对应的,新湖中宝就在次年通过其控股公司浙江允升投资集团有限公司反过来为民丰特纸提供了 371.18 百万元的担保。2018—2019 年,新湖中宝也与美都能源相互提供担保,但美都能源在 2020 年因股价长期过低而退市。新湖中宝还为绿城系的绿城装饰工程集团有限公司、浙江绿城材料设备有限公司和浙江绿城家居发展有限公司这 3 家公司提供了总额高达 1138.7 百万元的担保;同属房地产企业的绿城和新湖在担保方面的合作密切。新湖系企业新湖中宝、新湖创业均为控股新湖系企业的济和集团提供担保。

新湖系内部企业众多、关系复杂,形成了一个房地产、金融、煤化多业并举的巨型集团。从新湖系企业的构成来看,新湖集团控股了新湖中宝股份有限公司、浙江新湖创业投资股份有限公司和哈尔滨高科技(集团)股份有限公司 3 家上市公司,并通过全资控股、绝对控股和相对控股等方式控制了 221 家其他企业。仅随机选取的 20 家新湖系成员中就有 8 家属于金融类,占比接近50%,包括浙江新湖创业投资有限公司等创投机构、金泰富资本管理有限责任公司等资管公司及证券公司,其中对湘财证券实施绝对控股,比例达 61.95%。

(二)担保金额巨大

我们从新湖中宝的担保关系入手,分析其主要的担保关联方。从表 7.7可以看出,自 2016 年起,新湖中宝的担保金额占净资产比例就超过了 50%。尤其在 2019 年,担保金额占净资产比达到了 85.47%。一般而言,无论担保对象是谁、资质如何,担保总额占公司净资产的比例不宜超过 50%。这样看来,新湖中宝的担保比例远超正常水平。

表 7.7 新湖中宝担保统计

	2020 中报	2019 年报	2018 年报	2017 年报	2016 年报
担保金额占净资产比例/%	66.76	85.47	60.26	64.46	55.92

新湖中宝最近 5 年来担保额的趋势变化如图 7.9 所示。

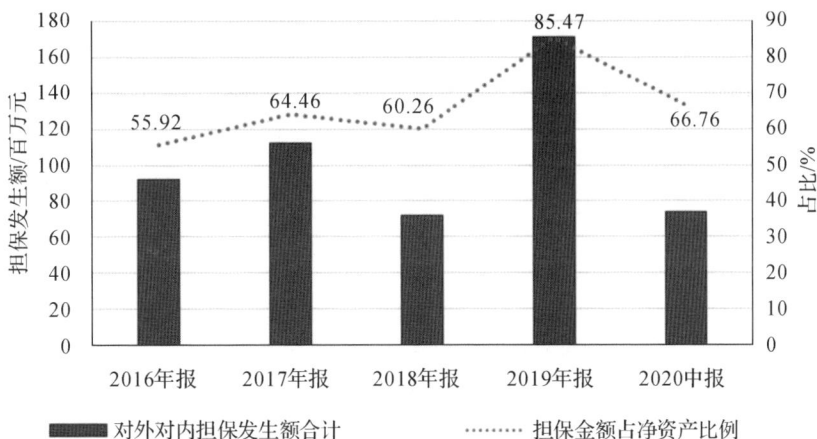

图 7.9 新湖中宝担保统计时间趋势

由于截至 2020 年仅发布中报,因此 2020 年仅有半年内发生的担保金额,但仅 2020 年半年发生的担保金额已经超过了 2018 年全年。可以看出,担保发生额总体上呈现上升趋势。在担保金额占净资产比例方面,比例基本在65％左右,仅有 2018 年达到 85.47％。总体而言,新湖中宝担保发生额的绝对数值较大,且形成上升趋势;新湖中宝担保发生额占净资产的比重超过了 50％,在 2019 年达到极值。

(三)互保关系隐性

新湖系内部存在隐性的互保关系。一般的互相担保指两个企业分别为直接对方提供担保,为降低违约风险,担保的金额、时间可能相近;担保双方也可能存在关联关系。但课题组在新湖系担保链中发现了一种隐性的担保关系:企业可能出于"躲避监管"和"粉饰报表"之目的,并不直接互相提供担保,而是通过其控股子公司,间接为对应企业提供担保。这样一来,双方的担保关系并不直接揭示,但却构成了实质上的担保关系,蕴含了巨大的担保风险。

(四)股权质押严重

股权质押是指出质人以其所拥有的股权为质押标的物而设立的质押,在实质上同样也属于一种担保关系。企业通过股权质押的方式出质股权,同时获得资金,这里的"担保物"即为企业自身的股权。通过表 7.8 的 2020 年新湖集团股权质押关系可以看出,新湖集团股权质押的质权人主要有华鑫国际信托、湖南华菱钢铁集团、海通证券及盛京银行等。其中,2020 年出质给盛京银行的质押数量累计达到 52200 万股,数额巨大。

表 7.8 2020 年新湖集团的股权质押关系

出质人	质权人	出质股权标的企业	质押数量 /万股	公告日期
浙江新湖集团股份有限公司	华鑫国际信托有限公司	新湖中宝股份有限公司	1000	2020-10-16
浙江新湖集团股份有限公司	湖南华菱钢铁集团有限责任公司	新湖中宝股份有限公司	996.68	2020-09-15

出质人	质权人	出质股权标的企业	质押数量/万股	公告日期
浙江新湖集团股份有限公司	盛京银行股份有限公司	新湖中宝股份有限公司	26100	2020-09-08
浙江新湖集团股份有限公司	盛京银行股份有限公司	新湖中宝股份有限公司	26100	2020-09-03
浙江新湖集团股份有限公司	海通证券股份有限公司	新湖中宝股份有限公司	90	2020-07-07
浙江新湖集团股份有限公司	中信银行股份有限公司	上海大智慧股份有限公司	30024.6	2020-06-18
浙江新湖集团股份有限公司	长安国际信托股份有限公司	新湖中宝股份有限公司	15198	2020-04-14

第五节　成功转型的混合所有制企业
——云南白药

近年来我国关于医疗行业的政策密集出台,在医改政策的调控下,产业结构优化,行业集中度不断提升,全产业链布局、多产品并举成为医药行业的发展趋势。云南白药作为中医药行业的标杆企业,较早地实现了全产业链模式。

云南白药通过对产业链的横向整合形成多元化产品集群,提升了抗风险能力,实现了顾客价值创新;通过产业链的纵向整合,外部市场交易"内部化"降低交易费用,并获得新的盈利增长点以及实现多方面占领市场;在全产业链模式下,通过价值链优化整合有效发挥经营、管理及财务上协同效应,对公司绩效产生了正向效果,促进企业竞争优势的形成。

一、多元化发展

公司实行事业部制,经多年发展,尤其是 2011 年确立"新白药、大健康"战略后,已经形成了以健康产品和药品为主,医药商业、中药资源协同发展的格局。健康产品以云南白药牙膏为代表,2019 年拓展了洗护、美白、卫生巾等领域;药品以云南白药系列为主,不断培育气血康等新的大单品。中药资源板块正在打造三七药材全产业链产品,茶业板块将在吸收合并白药控股后注入上市公司。

二、混合所有制改革

2016 年,云南白药在控股层面以增资控股的方式实施混合所有制改革,吸收新华都和江苏鱼跃 200 多亿民营资本,交易完成后,白药控股的股权结构将变更为云南省国资委和新华都各持有 50％股权,白药控股仍持有云南白药 41.52％的股份,仍为公司的控股股东。同时,未来白药控股的董事、监事及高级管理人员均以市场化原则进行选聘。2014 年公司归母利润增速下滑 38.71％,2015 年公司营收增速下滑 8.75％。2016 年混改完成后,公司业绩止跌,2015—2019 年公司营收增速均保持在 9％左右,实现稳定增长。图 7.10 展示了云南白药归母净利润的情况。

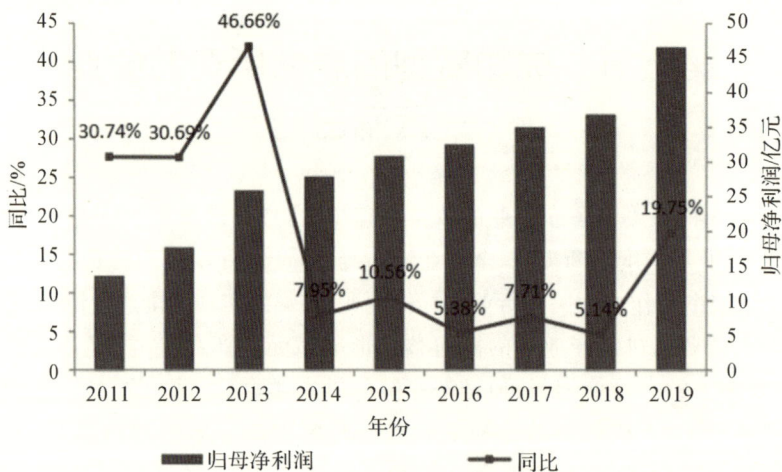

图 7.10　云南白药归母净利润

如图 7.11 所示,2019 年 4 月,经证监会批准,由云南白药集团股份有限公司吸收合并云南白药控股有限公司,实现整体上市。国有和民营资本并列两大股东,理顺了体制,激活了机制,白药混改因其彻底性、开创性被誉为混改的"白药模式"。

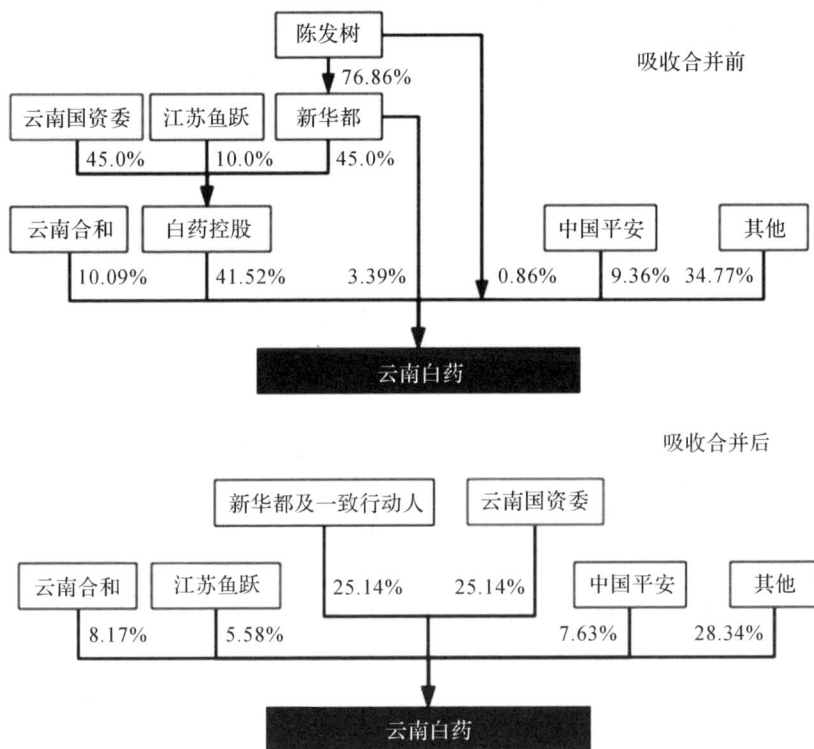

图 7.11 云南白药产品转型前后股权结构

公司的核心管理层在 1999 年加入公司后,面临着公司管理层不稳定、产品结构单一、竞争力不强、市场掌控力不足、营销不畅、利润下滑等问题,采取了加大产品研发、不断推出新品、改造公司治理结构、提升运转效率、布局网络销售及大健康领域等手段,用近 20 年的时间将云南白药从一个市值不足 15 亿、发展缓慢的企业打造成市值千亿级别的国内医药行业第一品牌。

通过 1999—2010 年"稳中央,突两翼"的战略,公司在产品端不断推陈出新,以云南白药为首的中央产品区剂型大大丰富,并带动"两翼"透皮产品和健康产品的长足发展,云南白药膏、创可贴陆续成为公司快速增长大单品;在公司治理端,整合省医药公司,成立电子商务公司,推动事业部管理改革;企业进入蓬勃发展的阶段。

通过 2011 至今的"新白药,大健康"战略,不断深化大健康布局,公司的核心业务由药品业务升级为大健康、药品双轮驱动。通过管理制度创新和组织结构创新,建立起以药品、健康产品、中药资源及商业物流为主的四大业务板块，形成了完整的产业链，行业话语权不断增强。在营销端加强渠道建设，根据产品不断优化队伍建设，推动产品销量增长。

图 7.12 展示了云南白药的发展阶段，国有和民营资本并列两大股东，被誉为成功混改的"白药模式"。这个案例佐证了第四章混合所有制改革能够有效提高效率促进企业发展的新结论。

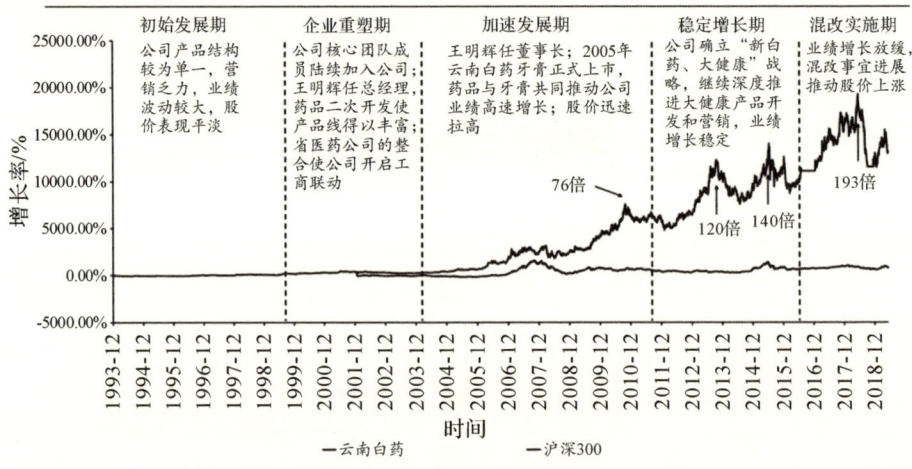

图 7.12　云南白药发展阶段

参考文献

[1] 曹凤岐.建立和健全中小企业信用担保体系[J].金融研究,2001(5)：41-48.

[2] 陈顺殷.标普评级进入中国[J].中国金融,2019(4):70-71

[3] 蒋万进.金融改革重在调整优化结构[J].中国金融,2019(4):1

[4] 寇宗来,盘宇章,刘学悦.中国的信用评级真的影响发债成本吗？[J].金融研究,2015(10):81-98.

[5] 李春涛,王立威,周鹏.政企关系、金融发展与企业融资——来自中国企业的经验证据[J].武汉金融,2016(7):7-12.

[6] 李广子,刘力.债务融资成本与民营信贷歧视[J].金融研究,2009(12)：137-150.

[7] 黎来芳,张伟华,陆琪睿.会计信息质量对民营企业债务融资方式的影响

研究——基于货币政策的视角[J].会计研究,2018(4):66-72.

[8] 梁红英.我国民营企业融资存在的主要问题及改进策略[J].浙江金融,2008(5):52-53.

[9] 刘笃池,贺玉平,王曦.企业金融化对实体企业生产效率的影响研究[J].上海经济研究,2016(8):74-83.

[10] 彭俞超,韩珣,李建军.经济政策不确定性与企业金融化[J].中国工业经济,2018(1):137-155.

[11] 邱枫,刘可可.内部控制质量与债务融资成本——基于不同产权性质[J].财会通讯,2018(8):35-38.

[12] 荣艺华.2018年金融市场回顾[J].中国金融,2019(4):29-30.

[13] 史晋川.疫情加速民营企业分化,应重视创新与产业链安全[EB/OL].中国新闻社采访,2021-01-25.

[14] 闫真宇,邓舒仁.小微企业融资模式、存在问题及建议——以浙江为例[J].浙江金融,2018(12):50-57.

[15] 袁志刚.伴随资产负债扩张的中国经济增长和转型[J].上海经济研究,2018(8):30-36.

[16] 张敏,吴联生,王亚平.国有股权、公司业绩与投资行为[J].金融研究,2010(12):115-130.

[17] 张平."十三五"时期我国各类债务偿还压力研究[J].经济体制改革,2017(1):5-10.

[18] 张小茜,党春辉.基于抵押物处置风险的不良贷款证券化研究——以某国有商业银行的个人住房贷款资产池为例[J].金融研究,2018(8):102-119.

[19] 张小茜,孙璐佳.抵押品清单扩大、过度杠杆化与企业破产风险——动产抵押法律改革的"双刃剑"效应[J].中国工业经济,2017(7):175-192.

[20] 张小茜、王志伟.浙江民营企业债券违约风险研究——以新光和盾安为例[J].浙江金融,2020(6):66-73.

[21] 中金公司.美欧企业破产和债务:盲点何在?[R].2020-12-29.

[22] 中金公司.中国宏观周报,企业盈利带动制造业投资增速加快[R].2020-12-27.